民营企业新生代员工社会责任行为研究

——机制、效应、引导

陆玉梅　高　鹏　著

中国财经出版传媒集团

经济科学出版社
Economic Science Press

图书在版编目（CIP）数据

民营企业新生代员工社会责任行为研究：机制、效应、引导/陆玉梅，高鹏著. —北京：经济科学出版社，2018.12

ISBN 978 - 7 - 5218 - 0127 - 9

Ⅰ.①民…　Ⅱ.①陆…②高…　Ⅲ.①民营企业 - 企业责任 - 社会责任 - 研究 - 中国　Ⅳ.①F279.245

中国版本图书馆 CIP 数据核字（2019）第 011885 号

责任编辑：黄双蓉
责任校对：刘　昕
责任印制：邱　天

民营企业新生代员工社会责任行为研究
——机制、效应、引导
陆玉梅　高　鹏　著

经济科学出版社出版、发行　新华书店经销
社址：北京市海淀区阜成路甲 28 号　邮编：100142
总编部电话：010 - 88191217　发行部电话：010 - 88191522
网址：www. esp. com. cn
电子邮件：esp@ esp. com. cn
天猫网店：经济科学出版社旗舰店
网址：http://jjkxcbs. tmall. com
固安华明印业有限公司印装
710 × 1000　16 开　20 印张　300000 字
2018 年 12 月第 1 版　2018 年 12 月第 1 次印刷
ISBN 978 - 7 - 5218 - 0127 - 9　定价：49.00 元
（图书出现印装问题，本社负责调换。电话：010 - 88191510）
（版权所有　侵权必究　打击盗版　举报热线：010 - 88191661
QQ：2242791300　营销中心电话：010 - 88191537
电子邮箱：dbts@ esp. com. cn）

　　本书获得国家社会科学基金一般项目"民营企业新生代员工社会责任行为机制、效应及其引导策略研究"（14BGL198）和教育部人文社会科学研究规划基金项目"制度环境、政治关联与民营企业员工社会责任行为：基于江苏的经验证据"（13YJA630059）资助

前　言

　　企业社会责任（Corporate Social Responsibility，CSR）行为是一种重要的构建企业与利益相关方之间关系的活动，CSR行为的选择是企业的一种战略决策，这一决策能充分反映出企业对CSR的态度和动机。由于员工是企业的核心利益相关方，企业对员工这一利益相关者承担的社会责任引起各界广泛关注。但现有研究大多从"应然"的社会角度出发，较少关注企业自身的决策动机，有关企业员工社会责任行为选择机制还有待深入探究，现有企业员工社会责任行为效应的研究结论，对新生代员工这一新兴群体是否具有解释力，仍然需要进一步探讨。与此同时，民营企业因其在构建社会主义和谐劳动关系中的重要地位，也自然成为新生代员工社会责任行为研究的重要载体，然而民营企业员工社会责任缺失的现象不时见诸报端，由此引发的如何引导民营企业增加积极履行新生代员工社会责任的行为意愿问题，亟待深入研究。

　　本书以民营企业为对象，以增加企业履行新生代员工社会责任的行为意愿与能力为目标，研究其员工社会责任行为决策机制、效应与引导策略。具体研究目标如下：（1）从企业行为决策的角度出发，以新生代员工为切入点，探讨民营企业员工社会责任的履践机制，拓展目前关于企业社会责任的研究视野；（2）尝试基于企业价值创造的内在过程，探讨企业员工社会责任行为的内外部效应，为民营企业承担新生代员工社会责任的合理性提供直接证据；（3）进一步提出促进民营企业积极履行新生代员工社会责任的引导策略，这将对提升我国民营企业履行员工社会责任的主动性和科学性，建立新型员工—组织关系产生有效作用，进而破解实践中迫切需要解决的劳动关系问题。

本书首先对研究背景与意义、基本概念、内容与方法、特色与创新进行概述，从新生代员工特性及其职场代际差异、员工视角下企业社会责任的行为表征、民营企业员工社会责任的影响因素三个层次进行文献研读和解析，构建了研究的整体逻辑框图。其次，以解决民营企业新生代员工社会责任缺失的现实问题为出发点，按照"现状调查与理论分析→实证研究与模拟仿真→企业实验与策略研究"这一思路开展研究。具体研究内容包括：（1）对民营企业新生代员工的工作价值观及其内在利益要求进行剖析，调研了民营企业新生代员工的职场特征；（2）在民营企业社会责任行为特征分析的基础上，剖析了新生代员工社会责任行为的影响因素与决策机制；（3）嵌入新生代员工的心理特征因素，研究了民营企业新生代员工及其团队的社会责任激励机制；（4）实证检验了民营企业新生代员工社会责任行为效应，以及企业员工社会责任行为在其影响因素与企业绩效之间承担的角色；（5）结合各章节的研究发现和得出的研究结论，提出民营企业新生代员工责任行为引导策略及具体措施。最后，对所得出的主要结论进行整理、分析，并指出了未来可能的研究方向。

通过上述研究工作，本书得出了以下主要结论：（1）成长环境的不同使得民营企业新生代员工的内在利益要求与老一代员工形成了鲜明的代际差异，并且没有得到很好满足。自我表达、物质环境、社会关系、自我发展、创新意识因素共同构建了新生代员工的工作价值观结构。（2）民营企业新生代员工社会责任总体履践水

平不高，且存在较大差异；管理者行为态度、主观规范、知觉行为
控制显著影响民营企业新生代员工社会责任行为意愿与行为决策。
（3）民营企业的新生代员工激励机制由诱导因素集合、行为导向
制度、行为幅度制度以及行为归化制度四部分共同组成，新生代员
工的心理特征因素会对激励效用与效果产生不同影响。（4）民营
企业切实有效履行员工社会责任，会通过新生代员工忠诚度、敬业
度等态度变量，对企业绩效、员工工作行为产生显著影响。民营企
业员工社会责任行为还受到外界制度环境的驱动，并在其影响因素
与企业绩效之间承担中介作用。（5）将民营企业新生代员工社会
责任行为分为"主动型""被动型"和"激励型"三种，进而从
经济效率、制度合法性、传统文化嵌入视角研究了员工社会责任行
为引导策略，并提出了具体引导措施。

　　本书以民营企业为载体，采用质性理论研究和量化模型验证相
结合的方法，解析企业新生代员工社会责任行为，旨在解决民营企
业组织行为管理和人力资源管理面临的现实难题。研究的创新之处
体现在以下几个方面：（1）基于计划行为理论，揭示民营企业新
生代员工社会责任行为的影响因素与决策机制。首先阐述计划行为
理论用于探索员工社会责任行为决策的可行性，其次探索性分析影
响民营企业承担新生代员工社会责任行为意向的因素，并通过严谨
的实证研究而不是依靠经验性、描述性的方法来验证所提出的研究
假设，科学揭示民营企业员工社会责任行为的决策机制。（2）提
出"员工责任激励"概念，从博弈角度探讨民营企业新生代员工
社会责任激励机制。研究以企业承担员工社会责任会产生激励效应
为前提，提出"员工责任激励"概念，采用博弈论中的委托代理
理论，不仅通过设计"标尺竞争"机制降低了民营企业传统代理
成本，更进一步探讨了考虑团队协作的民营企业新生代员工责任激
励机制，并深入挖掘了新生代员工风险规避、公平关切等特殊心理

契约以及团队规模等重要因素对员工责任激励效果的调节作用，为民营企业实施新生代员工责任激励提供了理论基础。（3）借助多种分析方法，分析民营企业履行新生代员工社会责任行为产生的效应。研究从民营企业员工和高管两个层面，采用扎根理论归纳新生代员工工作价值观以及企业员工社会责任行为影响因素，进而基于多元回归和结构方程方法，实证检验了企业履行新生代员工社会责任的内部效应和外部效应，并考察企业员工社会责任行为在其影响因素与企业绩效之间承担的角色，为民营企业新生代员工社会责任行为引导策略的设计提供依据。

目　录
CONTENTS

第 1 章

绪　　论

1.1　研究背景与意义

尽管在我国古代诸子百家的典籍和西方早期伦理道德哲学理念中都蕴含着企业社会责任（Corporate Social Responsibility，CSR）的思想（张明，2007），但企业真正进行社会责任实践是在 20 世纪初，随着企业社会责任运动的不断展开，企业社会责任的内涵与外延均不断丰富和扩展（许婷婷，2014）。与此同时，经济全球化使得兴起于西方发达国家的企业社会责任运动在世界范围内全面展开，许多发展中国家的企业也在积极响应，但总体上仍以呼吁企业履行社会责任为主（疏礼兵，2012）。

改革开放和国际化进程不断推进使得中国企业的社会责任意识呈现逐步增强态势。早期企业社会责任以满足员工提出的工作条件和待遇要求的形式出现（疏礼兵，2010）。近年来，伴随着科学发展观、构建和谐社会、实现中国梦等一系列国家发展战略的提出，我国企业社会责任运动逐步呈现全社会参与、全面加速特征（张川等，2014）。其中，员工社会责任因中国人口红利的逐渐消失和新生代员工日益成为职场主力军等原因，越来越受到企业和相关学者的持续关注。本节将在分析研究理论和实践背景的基础上，引出待研究的问题，并分析研究的理论价值与现实意义。

1.1.1 研究背景

1. 积极的员工社会责任行为是民营企业健康发展的前提

经过近四十年蓬勃发展，我国民营企业克服了复杂经济形势的严峻挑战，已经成为国民经济的重要组成部分，在国计民生发展规划中占据重要地位。而民营企业发展壮大到一定阶段时，要想获得持续发展，必须承担起必要的社会责任，做到关爱员工、保护环境、诚信经营（陈晓峰，2011）。早期的民营企业较其他主体没有或较少受到行政和计划的约束，在一种长期的无责任主体的文化背景下，民营企业受单纯经济利益驱动而不可避免地忽略了对员工的重视。现阶段民营企业的发展业绩已被广为认可，社会责任表现也日渐不凡，许多企业为了生存和发展，以及建立政治关联，选择积极主动承担社会责任。但由于各利益相关者在与公司利益联系的紧密度以及在公司利益关系链中的地位并不相同，公司对各利益相关者承担的社会责任也存在差异，企业社会责任的实现主要依赖权力机构即董事会的商业决策，目标是实现公司利益最大化。实践中，相对于企业的慈善责任、环境责任与消费者责任，在劳动力市场供大于求的背景下，部分民营企业推卸员工社会责任甚至侵犯员工的权益，如缺乏劳动保护、超时加班、拖欠工资等（陆玉梅等，2014）。

一般来说，企业履行社会责任具有道德驱动、经济驱动和政治驱动三种动机。我国民营企业以中小型规模为主，大多自身生存艰难，企业的经济属性及特殊的处境，决定了其更有追逐价值增值而履行社会责任的经济动机（苏蕊芯和仲伟周，2011）。如前所述，在民营企业发展初期，企业社会责任没能成为与企业生存发展相关联的重要营商理念，加之民营企业工会缺位或功能缺失，有些企业主唯利是图，通过侵害劳动者权益来获取经济利益。然而，2004年开始在珠三角地区出现的"用工荒"现象，使得民营企业意识到劳动力市场供求关系已经发生变化，并逐步开始重视员工的权益保护问题（刁宇凡，2013）。另外，在人力资源成本不断增加的背景下，树立"员工是第一资源"的理念，做到"以人为本"，切实履行员工社会责任已成为民营企业获取竞争优势的重要手段。国际上，由国际标准化组织制定的 ISO26000 社会责任指南、SA8000 社会责任标准等，正成为推动企业社会责任实施和评价的重要工具和手段。在国内，包含《中华人民共和国劳动合同法》在内的 40 多部法律法规也涉及员工社会责任方面的引导内容。

在内外部影响因素的作用下，积极承担员工企业社会责任在民营企业生存与发展过程中的地位越来越重要。事实上，人力资源已经越来越成为企业重要的核心资源。相关研究成果显示，企业要实现专业化发展目标必须要借助于人力资源，这使得承担员工社会责任成为提升民营企业竞争力的最优策略（郑文智，2011）。通过积极承担员工社会责任，企业不仅能塑造良好的声誉，更能间接降低人力资源成本，等同于创造了一种利润，并奠定未来竞争优势以实现可持续发展。

2. 新生代员工对民营企业的社会责任履践行为提出新要求

企业社会责任是指企业在对股东承担各种责任的同时，对其他利益相关者以及环境所必尽或应尽的责任。尽管利益相关者涉及的主体较为广泛，但从承担社会责任与企业发展的关系角度来看，劳动权益保护是最直接的内容，企业员工无疑成为最主要的相关利益者。企业与员工通过劳动合约形成一种社会经济利益关系，企业以使用劳动力来实现经济利润，员工则以出让劳动力使用权来换取各类需要。但是，由于劳动合约方面的信息不对称，在劳动者能够以较少的劳动投入获取自身效用最大化的假设条件下，对一般劳动者施加外部监督成为企业最大化利润的首要选择（赵小仕和陈全明，2008）。特别是在一般劳动力供过于求的背景下，企业往往通过提高雇佣条件的苛刻程度、压低劳动者报酬等方式以降低劳动力成本。

经过几十年的改革开放和社会主义市场经济建设，我国企业员工管理正逐渐改变传统的人事管理方式，纷纷将"人事部"更名为"人力资源管理部"，以获取长期竞争优势。现实中，诸多企业人力资源管理的实践与其本质内涵相背离，员工并没有得到真正的重视和关怀，而频发的侵害劳动者权益、员工频繁离职以及各类劳资冲突事件，对现有人力资源管理方式提出挑战。这是因为在当今的企业中人力资源管理的对象已经显著变化，"80 后"和"90 后"员工成为企业用工的主体，他们大多成长于物质丰富时代，是家里的独生子女，具有教育程度高、职业期望高、享受要求高、工作耐受力低的"三高一低"特征（闻效仪，2013）。与"60后""70后"员工相比，这些员工将自身与企业的关系看作纯粹的雇佣关系，在工作中最注重的是能否实现自我成长和自我价值。这种员工职场代际特征的变化要求企业管理者不断探索新的管理思路，建立全新的人力资源管理策略。

纵观历史发展进程，人力资源管理本质上是劳资冲突的结果。企业管理者由于日益严重的"劳工问题"，不得不改变对员工的刚性态度，实施柔性政策。劳动关系问题的根本解决之道，在于人力资源管理回归基本面，把员工的安全、体面、尊严和幸福等基本价值渗透到企业经营管理的每一个环节与细节中（闻效仪，2011）。而为了达到这个目标，企业需要从积极承担员工社会责任视角优化劳动关系，将员工社会责任行为纳入人力资源管理战略，围绕新生代员工的需求进行各种制度建设，积极提高员工满意度和工作效率。

3. 民营企业新生代员工社会责任行为机制亟待深入系统研究

企业社会责任行为是一种重要的构建企业与利益相关方之间关系的活动，企业社会责任行为的选择是企业的一种战略决策，这一决策能充分反映出企业对承担社会责任的态度和动机（眭文娟等，2012）。由于员工是企业的核心利益相关方，员工权益保护、职业安全和发展等是企业社会责任行为的重要组成部分（肖红军等，2010；王跃等，2017）。近年来，学者们对企业承担员工社会责任的必要性（李玮，2007）、现状与影响因素（袁声莉，2008；Cheruiyot and Maru，2012）进行了探索性研究，但大多从"应然"的社会角度出发（Norris and O'Dwyer，2004），较少关注企业自身的决策动机（杨春方，2009），有关企业员工社会责任行为选择机制还有待进一步深入挖掘。

已有研究表明，企业社会责任行为与员工组织认同（卢涛和王志贵，2009）、员工满意度（吕英和王正斌，2009）等呈正相关，并将进一步得到员工回报（李祥进等，2012；王文彬和李辉，2013）。但是，现有研究大多将员工社会责任涵盖在广义企业社会责任管理研究之中，宽泛的研究视角模糊了员工社会责任行为的自身效应。同时，由于研究样本或对象差异，现有研究结论在新生代员工这一新兴劳动群体下还能否成立，需要进一步详细探讨。另外，由于生活环境、教育程度、个性发展等方面的差异，新生代员工的价值观和行为方式独特性显著（Loughlin and Barling，2011；李燕萍和侯烜方，2012；王跃等，2017），民营企业履行新生代员工社会责任行为效应必将因此而不同。

本研究以民营企业为对象，是因为改革开放以来中国民营企业的数量不断增加、地位不断提升，已成为中国经济发展的支柱力量，在解决新增就业、创造价值财富、实现社会稳定等方面作出了重大贡献。民营企业产权清晰，制度体制等相关情境变量影响程度相对于国有企业及其他类型企业比较低，社会责任具有较大的自主性与灵活性。同时，随着劳动力市场形势的改变，民营企业员工社会责任决策正变得越来越复杂，具有较高的研究价值（陆玉梅等，2014）。

1.1.2 研究目的与意义

1. 研究目的

近年来，民营企业在我国国民经济中的重要地位及其建立和谐劳动关系方面的危机，显示了其加强员工关系管理的重要性。与"80后""90后"员工有关的"好逸恶劳""职场蚱蜢"等负面评价，以及与民营企业有关的"员工非正常死亡""职工大罢工"等事件曝光，在一定程度上反映出民营企业新生代员工管理困境与企业员工社会责任缺失现象并存。由此引发的如何针对新生代员工特性引导民营企业增加积极履行员工社会责任的行为意愿和提高行为效应问题，亟待深入研究。21世纪是知识经济时代，人力资源正逐步取代物质资源成为企业生存与发展的根本，因此大部分民营企业都积极把承担新生代员工社会责任逐步上升到战略高度。

基于上述认识与理解，本研究综合运用企业社会责任、人力资源管理、劳动关系管理等领域的理论与方法，将研究目的设定为：①从企业行为决策的角度出发，从新生代员工的价值观和职场行为入手，探讨民营企业员工社会责任行为的决策机制，厘清影响企业履践行为的各种影响因素及作用机理；②尝试基于企业价值创造的内在过程，通过研究员工社会责任投入与民营企业经济绩效、员工工作绩效的相关关系，为民营企业承担新生代员工社会责任的合理性提供直接证据；③进一步提出促进民营企业积极履行员工社会责任的引导策略，这将对提升我国民营企业履行员工社会责任的行为意愿与能力，建立新型员工—组织关系产生有效作用，进而破解实践中迫切需要解决的劳动关系问题。

2. 研究意义

（1）理论价值。

第一，以民营企业为对象，系统研究新生代员工社会责任的行为机制和激励模式，拓展了企业社会责任研究体系。自 1924 年英国学者欧立文·谢尔顿（Oliver Sheldon）首次提出企业社会责任以来，相关的研究主题涉及多个方面，从宏观层面关注外部利益相关者的企业社会责任一直是研究热点，部分研究将员工行为作为中介变量，分析企业社会责任行为效应。近年来，尽管一些学者试图将员工责任从社会责任的范围中分离出来，单独分析其影响因素和行为效应，但仍然较少区分代际差异和企业性质。民营企业在国民经济中所处地位决定了它是承担员工社会责任、建立和谐劳动关系的重要力量。新生代员工的代际特性使得民营企业员工社会责任行为机制研究和基于员工社会责任的激励机制研究具有重要的理论探讨价值。

第二，面向新生代员工，将企业社会责任纳入人力资源管理决策，拓宽了人力资源管理研究的视野。传统的人力资源管理研究较少将员工的社会责任作为人力资源管理的前置变量进行研究，而是结合雇佣关系或劳动关系来研究企业员工社会责任。随着组织的开放程度越来越强，人力资源管理职能中也包括人力资源的一些社会问题，进而突破了组织的界限。当前，新生代员工的管理问题已经成为一个社会问题，引起了企业界和学术界的广泛关注。将新生代员工的责任融入民营企业的人力资源管理活动中，这样员工就能有效感知企业在员工责任方面的投入和效果，这是激励新生代员工成长与职业发展的战略行为，符合战略人力资源管理的主导逻辑，同时又对人力资源管理理论研究和实践创新进行了拓展。

（2）现实意义。

首先，有助于民营企业转变观念，合理承担新生代员工社会责任。随着知识经济时代的到来，人力资源成为企业发展的第一资源，新生代员工是企业核心竞争力中最具活力的一部分。民营企业要想提高可持续性发展能力，必须充分发挥新生代员工的使命感和创造力，进而推动整个经济社会的快速发展。本研究阐述了民营企业充分认识新生代员工的利益需求，进而承担新生代员工社会责任的必要性。在此基础上，民营企业积极承担员工的社会责任，有助于建立积极正向的员工关系，对优良新生代员工产生巨大的吸引力，从而不断提高员工整体生产力。在实践中，企业还应当准确把握不同发展阶段企业的实力，合理承担新生代员工社会责任，不断优化企业社会责任投入效用。

其次，有利于民营企业人力资源管理部门重新定位，优化员工社会责任的实施策略。人力资源管理的目的在于激发企业人力资源的价值性、稀缺性、难以模仿性，形成企业的战略性资产，进而提高企业的经济效益。罗宾斯（Robbins）认为，激励工作是人力资源管理的出发点和基础，因此，如何落实员工的社会责任，满足员工的各种需求，激发员工的积极性，是人力资源管理的核心任务。本研究以民营企业承担新生代员工社会责任会产生激励效应为前提，提出了"员工责任激励"的概念，它可以指导民营企业在积极承担员工社会责任的前提下，设计新生代员工激励机制，将承担员工社会责任作为人力资源管理实践的重要组成部分。同时，在既定的社会责任投资下，通过优化输入结构，提高产出率，不断提高激励效果，进而形成企业的竞争力。

最后，有助于政府有效认识到民营企业承担社会责任的动机和"瓶颈"，促进民营企业健康发展。民营经济是中国经济发展的重要组成部分，民营企业是促进和谐劳动关系与构建社会和谐的主要力量。本研究系统分析了各种内外部因素对民营企业新生代员工社会责任行为的影响机理，旨在从经济、制度、文化的角度构建引导民营企业履行员工社会责任的长效机制。只有整合效率机制、合法机制，接续传统文化基因，才能有效地将承担员工社会责任融入企业战略。如果只是一味地要求民营企业承担员工社会责任，而忽视影响其承担员工社会责任的各种不利因素，必然会影响民营企业的生存与发展。

1.2　相关概念界定

为了准确理解和把握所研究的问题，需要对本研究最核心的概念进行界定和解析，包括民营企业、新生代员工、企业员工社会责任、人力资源管理等。

1.2.1　民营企业

所谓民营是指"民间经营"，是极具中国特色的概念。纵观中国近现代经济史，可知民营企业、民营经济就其起源来说是指私营企业、私有经济的意思。学术界对民营企业有三个主流认识：一是，从所有权的角度来看，民营经济和民营企业具有相同的内涵，是一种经济性质；二是，民营企业既指一种经济性质，也指一种经营方式；三是，民营企业仅指一种经营方式，即与"国营企业"相对应。由此可以看出，民营企业的概念无论从统计意义还是理论意义的角度都具有一定的不确定性。从广义上看，所有国有民营企业、非国有企业都属于民营企业；从狭义的角度来看，民营企业一般是指非公有制企业，主要由投资者经营和管理（崔明华，2006）。

结合上述对民营企业的理解，本研究认为民营企业关注的是所有权的概念。这是因为，一方面，就像不能将由外国人来管理的国有企业理解为外商投资企业一样，我们不能把民营企业理解为由民间人士经营的经济组织，其实质应该是指民间资本经营的经济成分；另一方面，在我国，经济类型的划分标准按惯例是所有权制度而非经营权制度。民营企业、私营企业、个体企业都是作为一种经济成分存在的，当然也是一个所有制的概念。

江苏省民营经济综合统计报表制度规定（2009 年 12 月），民营经济统计调查的范围和对象是除国家控股公司以外的非外资企业。具体来说，包括集体企业、股份合作企业、集体合营企业、其他联营企业、其他有限责任公司（剔除国有控股企业）、股份有限公司（剔除国有控股企业）、私营独资企业、私营合伙企业、私营有限责任公司、私营股份有限公司、其他内资企业和个体经营户。上述企业类型均在我们的研究范围之内。

1.2.2 新生代员工

"新生代"是相对于以往时代而言，国外与"新生代"相类似的概念包括日本的"新新人类"、美国的"Y一代"。目前关于"Y一代"的概念并没有统一的界定，美国时代周刊（2001）将"Y一代"界定为1980~1995年出生的群体。由于西方国家的历史、社会、文化等方面与我国不同，西方国家提出的传统主义者、婴儿潮、X一代和Y一代（Benson and Brown，2011）并不适用于我国。在我国，"新生代"是对20世纪八九十年代出生人群的代称，即1980~1999年出生的人群，包括"80后""90后"（尤佳等，2013；王丽霞，2013），这部分人基本出生于社会转型时期，在中国的独生子女政策影响下大多是独生子女。这一代人出生在一个经济不断发展、社会不断变化的时代里，互联网的不断发展为这代人提供了一种便捷获取知识和信息的工具。与老一代相比，这代人更乐于探索新事物、尝试新角色及锻炼个人独立性（Kwok，2012）。

"80后"起源于国际社会学家们对社会发展的讨论，他们把第二次世界大战以后每10年划为一个单位进行研究，"80后"具体是指1980年1月至1989年12月出生的人群。我国学者大多以时间为标准将"80后"界定为20世纪80年代出生的人群，是伴随着国家改革开放、经济迅速发展而成长的一代，是目前大部分已经在职场中成熟的新生代群体（李琳，2007；贺志刚，2006；谢蓓，2007；胡娟娟，2012）。"90后"是"80后"的派生词，指1990年1月至1999年12月出生的人群。然而从出生背景上来看，"80后"与"90后"不同点在于："80后"属于承上启下的一代，他们经历了中国改革开放的艰难历程并与之共同成长，被贴上"特殊一代"的标签；而"90后"出生时，改革开放已显有成效，他们更多是伴随着中国信息飞速发展而成长起来的，是信息时代的优先体验者（白丽梅，2012）。

新生代员工指出生于 1980～2000 年的劳动力，包括"80 后""90 后"员工（洪克森，2012）。根据中国劳动法的规定，目前，我国"80 后"员工的年龄介于 26～35 岁，"90 后"员工年龄介于 16～25 岁。按照我国目前教育模式，"80 后"员工已完成各层次教育，"90 后"员工学历集中在中专、本科或同等学力。全国第六次人口普查显示，我国"80 后""90 后"群体大约 4.08 亿人，按平均 22 岁大学毕业年龄计算，目前超过 2.7 亿人已进入职场（王丽霞，2013）。本研究的对象为企业新生代员工，他们大多具有一定的教育背景，文化程度偏低的新生代农民工不是我们的研究重点。

1.2.3 企业员工社会责任

企业作为"一种治理和管理专业化投资的制度安排"（Blair，1995），必须认真处理好与利益相关者的关系（陈宏辉，2003），而社会责任行为正是一种重要的构建企业与利益相关方之间关系的活动（Waddock and Smith，2000）。1924 年，美国学者欧利文·谢尔顿正式提出了"企业社会责任"，认为企业社会责任是满足企业内外各类人需要的责任。1953 年，霍华德·R. 鲍恩（Howard R. Bowen）首次从学术上界定"企业社会责任"，认为"企业社会责任就是商人按社会的目标和价值向有关政策靠拢，作出相应的决策，采取理想的具体行动的义务"。随后，企业社会责任的概念出现了"丛林"现象，内涵也日益丰富，企业社会责任实践也不断在世界著名企业内开展。

对企业员工承担相应的责任是企业社会责任的重要组成部分。以往关于企业社会责任的研究中鲜有单独研究企业承担员工社会责任的问题，直到利益相关者理论的提出以及 SA8000 认证机制的实施，才真正推动了相关学者对企业履行对员工的社会责任的关注。同时，相关文献中也有从社会责任履行层次上研究企业员工社会责任问题，如美国经济发展委员会提出的三个同心圈理论，卡罗尔（Carroll）提出的社会责任金字塔模型，罗宾斯提出的企业社会责任四阶段理论。关于企业员工社会责任的研究中，除利益相关者理论外，员工权利理论、社会企业契约理论和人力资本理论（郭志文和简红艳，2012）都是关于企业员工社会责任研究的比较有代表性的理论。利益相关者理论认为员工是企业直接也是重要的利益相关者之一（Frederick et al.，1996；Clarkson，1995），履行对员工的社会责任是企业社会责任管理的重点，企业必须重视员工的利益需求及发展需要（何显富等，2011）。利益相关者理论的提出为研究企业员工社会责任奠定了基石。

然而，目前企业员工社会责任的很多领域都存在争论，如企业员工社会责任内容、评价标准以及员工社会责任与员工工作绩效的关系等（Leipziger，2001）。关于企业承担员工社会责任的评价标准：全球第一个企业社会责任标准 SA8000 给出的标准包括童工、强迫劳动、健康与安全、结社自由和集体谈判权利、平等就业、惩戒性措施、工作时间、工资报酬、管理系统 9 个方面；美国经济发展委员会认为应包括童工和培训、公民权与机会平等、工作场所的安全 3 个方面；ISO26000 社会责任标准（2010 年）中关于企业对员工的社会责任包括人权风险状态、保障基本权益、促进就业及雇佣关系、工作条件及就业保障、保持社会对话、估计工作安全及健康、参与人力资源发展与现场培训等；北京大学经济研究院从员工基本权益保障、工作条件和环境、员工发展三个方面来具体阐述了企业对员工的社会责任。实践中，企业通常将员工社会责任界定为员工权益，或把其等同于员工的法律责任。事实上，员工权益或法律责任仅仅是员工社会责任的最基本要求，因此，本研究认为员工社会责任的内涵应远远超出 SA8000 所规定的基本员工权益内容。

1.2.4　人力资源管理

1954 年，著名管理学家德鲁克（Drucker）在《管理实践》中首次启用人力资源管理的概念，但时至今日仍没有一个相对统一的看法和认知。有学者认为人力资源管理是一种广泛存在的管理职能（Wright Bakke，1958），是员工管理专业化和职业化的结果（Dessler，1986）。人力资源管理相对于传统雇佣管理，更加强调员工对组织的价值性，强调通过激励员工改变其行为以实现组织目标和个人目标（马俊，2014）。

员工关系管理是由企业管理方和员工间的利益关系而引起的权利和义务、管理和被管理的关系，具体表现为合作、冲突、沟通、激励等权利和义务的总和（程延园，2004）。狭义上，员工关系管理主要指企业与员工之间采用柔性、激励、非强制手段的沟通管理，以提高员工满意度，实现组织目标。

我们所研究的员工关系包括经济、法律、伦理与情感等内部管理者与员工之间的关系。在对新生代员工的利益要求辨识基础上，企业通过承担各种责任，在与员工进行交流与沟通的基础上，促进员工形成积极的工作价值观，促成员工的积极工作行为，以实现组织目标。这种嵌入员工社会责任的人力资源管理，是一种主动的、柔性的、激励性的、非强制性的策略与手段。

1.3 研究内容与方法

1.3.1 研究思路

本研究以解决民营企业新生代员工社会责任缺失的现实问题为出发点，研究工作按照"现状调查与理论分析→实证研究与模拟仿真→企业实验与策略研究"这一思路逐步展开，技术路线见图1.1。

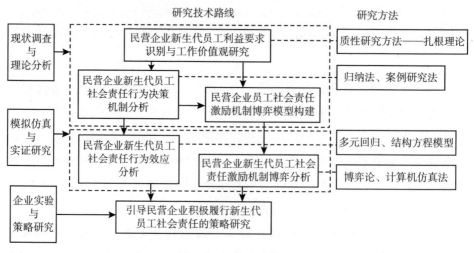

图1.1 研究技术路线

1.3.2 研究内容

本研究以民营企业为对象，以增加企业履行新生代员工社会责任的行为意愿与能力为目标，探讨其员工社会责任行为决策机制、履践效应与引导策略。在明确研究目标和技术路线的基础上，对主要研究内容进行如下安排。

第 1 章 绪论。首先阐述研究背景、研究意义；其次进行核心概念界定和研究思路、研究内容以及研究方法介绍；最后提出研究创新。

第 2 章 文献综述。依次从新生代员工特性及其职场代际差异、员工视角下企业社会责任行为表征、民营企业员工社会责任的影响因素三个层次，对国内外相关文献进行回顾和评述，为后面研究奠定文献基础。

第 3 章 民营企业新生代员工利益要求识别与工作价值观研究。首先，在阐述员工需求理论的基础上分析新生代员工的需求特征，调查识别民营企业新生代员工的利益诉求；其次，建立新生代员工工作价值观结构体系，进一步构建新生代员工"价值观—工作行为"的理论模型；最后，对新生代员工的职场特征进行初步调查。

第 4 章 民营企业新生代员工社会责任行为决策研究。首先，以上市公司为对象，量化分析民营企业承担社会责任总体情况，并对员工社会责任进行时间序列分析；其次，借鉴纳什讨价还价一般模型，分析民营企业承担员工社会责任的内生机制；再次，以计划行为理论为基础，根据探索性案例研究结果，构建各影响因素与民营企业新生代员工社会责任行为之间相互作用的整体关系框架，剖析这些因素的作用机理和测度方法；最后，基于结构方程模型，实证研究民营企业新生代员工社会责任行为决策机制。

第 5 章 民营企业新生代员工社会责任激励机制研究。首先，提出民营企业新生代员工责任激励及其激励机理；其次，利用博弈理论与方法，研究企业风险规避下的员工激励模型及协调机制和"标尺竞争"下同时具有纵向公平关切及风险规避心理特性的员工责任激励机制；最后，假设员工责任能提升团队协作效应并产生责任成本，结合团队激励理论研究员工责任激励机制产生的效果：一是研究团队规模、协作效应、责任成本大小等一般因素的作用机制；二是进一步分析知识型员工的横向公平倾向对员工责任激励机制效果的影响。

第 6 章　民营企业新生代员工社会责任行为效应分析。首先，基于利益相关者理论，分析民营企业新生代员工社会责任行为的内外部效应；其次，采用实证方法研究企业履行员工社会责任与企业经济绩效、员工行为之间的相关性，并考察新生代员工忠诚度、敬业度等态度变量的中介作用；最后，从企业管理者角度，研究制度环境、员工社会责任与企业绩效的关系，并分析企业员工社会责任行为在其影响因素与企业绩效之间承担的角色。

第 7 章　民营企业新生代员工社会责任行为引导策略研究。根据驱动因素的差异，将民营企业新生代员工社会责任行为分为"主动型""被动型"和"激励型"三种，进而从经济效率、制度合法性、传统文化嵌入视角研究员工社会责任行为引导策略，并提出具体引导措施。

第 8 章　结论与展望。总结本研究的总体思路和得出的主要结论，并分析本研究的不足之处，指出后续研究方向。

1.3.3　研究方法

本研究将采用理论推演和实证检验相结合的研究方法。

1. 理论推演

通过概念解析、逻辑推演及文献佐证等方法，①基于计划行为理论，构建民营企业新生代员工社会责任行为决策机制模型；②借鉴企业创新行为、安全投入行为的计划行为理论研究成果，分析影响民营企业承担新生代员工社会责任的各类因素及其作用机理；③提出"责任激励"概念，采用博弈模型，考虑新生代员工的各种心理特征，探究民营企业新生代员工责任激励机制；④构建新生代员工工作绩效、企业经济绩效与民营企业社会责任行为及其影响因素之间关系的理论模型，为实证检验与策略研究提供理论框架。

2. 实证检验

在理论研究基础上，①运用质性研究方法（扎根理论）、统计分析方法，调查分析民营企业新生代员工利益要求、工作价值观，以及民营企业员工社会责任行为特征；②通过探索性案例研究、多元回归、结构方程方法，实证检验民营企业新生代员工社会责任行为的各个影响因素的作用机理、民营企业新生代员工社会责任行为效应，以及民营企业新生代员工社会责任行为在影响因素与行为效应之间的作用；③通过计算机仿真研究各种激励机制、相关参数（团队规模、责任成本、协作效应）的变化对民营企业新生代员工社会责任激励效果产生的复杂影响。

1.4 研究特色与创新

1.4.1 主要特色

1. 研究对象为民营企业

中国民营企业从无到有、从小到大、从弱到强，为国民经济的高速发展作出了巨大贡献。与此同时，民营企业快速发展与员工权益保障之间的冲突而引发的人才危机，使得员工关系管理的重要性日益凸显。现有相关研究大多对一般意义上的企业社会责任问题展开理论探讨和实证研究。本研究从民营企业的经济属性、制度环境等特点出发，重点分析中小民营企业员工社会责任行为，研究对象更为聚焦，研究结论更具现实指导意义。

2. 研究目的在于解决民营企业人力资源管理面临的核心难题

本研究的问题来自民营企业新生代员工人力资源管理困境，具有强烈的实践背景和现实需要。新生代员工正逐步成为我国企业价值创造的主体，但有关新生代员工的负面评价和民营企业员工责任缺失事件的频繁曝光，使得如何引导民营企业积极履行员工社会责任以建立和谐的新型员工—组织关系，成为亟待解决的社会问题。根据社会交换理论，当员工感受到企业对其承担社会责任后会以更努力的工作回报企业，但由于新生代员工具有独特的价值观和职场特征，在此背景下该结论是否有效值得深入探究。因此，本研究重点探讨民营企业新生代员工社会责任行为机制，以指导其解决所面临的员工管理问题。

3. 研究方法侧重实证分析，注重定性理论研究与量化的模型验证相结合

由于中小民营企业面广量大，加之员工权益保护问题的敏感性，目前有关员工社会责任方面的研究较少，已有的成果大多基于经验分析或上市公司的数据。本研究在我国民营经济发达的苏南地区，选取中小民营企业进行问卷调查，运用案例分析、博弈分析、回归分析、结构方程等多种方法研究企业员工社会责任行为的决策机制和行为效应。同时，还注重质性理论研究与量化的模型验证相结合，在此基础上，进行民营企业员工社会责任行为引导策略设计。研究具有较高的有效性和可靠性。

1.4.2 创新之处

1. 基于计划行为理论，揭示民营企业新生代员工社会责任行为的决策机制

有关企业社会责任的相关研究，大多从社会的角度出发研究其应然性，而从企业自身决策角度出发进行系统研究的文献较少。企业是社会活动的微观主体，社会目标的实现必须通过企业决策来实现，因此，应研究"企业社会责任的行为策略与驱动过程"（Wood，1991）。

本研究首先分析了计划行为理论的适用性，然后探索性分析民营企业承担新生代员工社会责任行为意向的影响因素，并通过严谨的实证研究而不是依靠经验性、描述性的方法来验证所提出的研究假设，科学揭示民营企业新生代员工社会责任行为的决策机制，拓展了企业社会责任的研究视野。

2. 提出"员工责任激励"概念，从博弈角度探讨民营企业新生代员工社会责任激励机制

民营企业承担员工社会责任机制不仅是外在社会目标实现的主要方式，更受到其内在经济效益的驱动，而经济效益主要来自对新生代员工的有效激励，即其利益诉求获得满足后付出的工作努力。员工社会责任所强调的非物质型报酬正好与新生代员工关注自我发展、勇于创新和协作的个性特征相符

合，因此具有显著的激励作用。

本研究以企业承担员工社会责任会产生激励效应为前提，提出"员工责任激励"概念，采用博弈论中的委托代理理论，不仅通过设计"标尺竞争"机制降低了民营企业传统代理成本，更进一步探讨了考虑团队协作的民营企业员工责任激励机制，对比分析了民营企业投入员工责任前后，新生代员工努力程度、个人绩效奖励以及团队绩效奖励的变化情况，并深入挖掘了新生代员工风险规避、横向公平关切等特殊心理契约以及团队规模等重要因素对员工责任激励绩效的作用，为民营企业实施新生代员工责任激励提供了理论基础，具有明显的理论创新。

3. 借助多种分析方法，实证检验民营企业履行新生代员工社会责任行为产生的效应

企业社会责任效应是真正考证企业承担社会责任的可然性、必然性与应然性的基础（田虹，2007）。但学术界关于社会责任效应问题尚未形成统一的认识，且专门的、系统的研究较少，特别是缺乏对企业员工社会责任效应的理论与实证进行系统研究。

本研究从民营企业员工和管理人员两个层面，采用扎根理论归纳新生代员工工作价值观以及企业员工社会责任行为影响因素，进而基于多元回归和结构方程方法，实证检验企业履行新生代员工社会责任的内部效应和外部效应，并考察企业员工社会责任行为在其影响因素与企业绩效之间承担的角色，从而为民营企业新生代员工社会责任行为引导策略的设计提供参考依据。

第 2 章

文 献 综 述

  针对民营企业履行新生代员工社会责任的行为意愿和能力不高的现实，本研究的核心问题是"民营企业新生代员工社会责任行为受哪些因素影响？""积极的新生代员工社会责任行为能否给民营企业带来更好的绩效？""如何促进民营企业积极承担员工社会责任？"近年来，学者们对企业承担员工社会责任的必要性、现状与影响因素进行了探索性研究，有关企业社会责任行为对员工工作态度与行为的影响研究成果丰富。通过文献梳理，发现上述学者的研究仍然存在进一步系统化和深入化的空间：一是，现有企业员工社会责任研究大多未考虑新生代员工的独特性，应对新生代员工利益要求的企业员工社会责任行为构成维度与特征亟待深入探究；二是，少有研究从民营企业行为决策的角度来考虑企业员工社会责任问题，因此，民营企业新生代员工社会责任行为的决策机制、影响因素及其协同驱动机制仍然是未被完全揭开的"黑箱"；三是，在我国经济社会转型过程中，是否能在民营企业员工社会责任行为与新生代员工工作回报和企业经济绩效之间构成因果联系仍然存在不确定性。

  基于上述分析，本章将从三个方面对已有的相关研究进行回顾与评述，并提出亟待研究的学术问题，为后续研究奠定文献基础。具体综述内容分为三部分：第一部分，新生代员工特性及其职场代际差异研究；第二部分，员工视角下企业社会责任的行为表征与研究进展；第三部分，民营企业员工社会责任的影响因素分析。

2.1 新生代员工特征及其职场代际差异研究

近年来，新生代员工在工作价值观、职场特征等方面表现出的代际差异，对企业管理方式提出了新要求，给社会发展带来了一定冲击。新生代员工是支撑企业发展的重要人力资源，与企业的持续健康发展息息相关，新生代员工的工作场所如何设计，采用怎样的管理策略来吸引、留住和激励新生代员工，是各类企业管理者需要关注和解决的问题。新生代员工的代际差异及其带来的管理问题，也成为管理学、人口学、心理学和社会学界的重要研究领域之一。本节关于新生代员工特性及其职场代际差异的文献梳理，不仅包括"80 后""90 后"与前辈们的差异，还包括"80 后"与"90 后"之间的差异。

2.1.1 新生代员工的特征分析

1. 新生代员工的基本特征

新生代员工在每个时代都将受到密切关注，因为他们被赋予了具有划时代意义的特征。人们在不同的时代和不同的社会背景下，都会赋予他们不同的头衔。自 20 世纪以来，美国的人口可以分为"最伟大的一代""沉默的一代""婴儿潮一代""X 一代""Y 一代"和"Z 一代"（Howe and Straussw，2000）。皮特（Peet，2014）引入了"千禧一代"的概念，指出生于 1985～1998 年的一代。塔普斯科特（Tapscott，1998）将 1977 年 1 月至 1997 年 12 月出生的一代称为"网络一代"。国内多以 10 年划分一代，新生代员工包括了"80 后""90 后""80 后"与"90 后"员工之间也存在较大差异。

20 世纪 80 年代出生的一批新生代群体家中兄弟姊妹较少，父母收入明显提高，他们从小物质生活宽裕、衣食无忧。奔放的生活使该群体更加前卫、叛逆、创新，在意识形态、行为方式、风格等方面都有显著差异。随着时间的推移，80 年代出生的新生代员工已经成为企业的中坚力量。

20世纪90年代后出生的新一代员工属于真正的市场经济一代，他们是在"蜜罐"中长大的一代。相比"80后"，"90后"更具自由开放的思想和价值，更容易接受新事物，更敢于表达自己的观点。他们既受到西方文化的冲击，也受到中国传统文化影响。

2. 新生代员工的职场特征

尽管国外关于新生代员工的研究至今也没有统一的界定，但都认为这代人与之前的几代人有着明显的不同。以美国为代表，学者们指出"Y一代"生活在高科技时代，计算机水平整体较高（Solomon，2000）；具有强烈的求知欲和好奇心（Kehrli and Sopp，2006）；崇尚自由、追求自我；比前几代人更最追求工作与生活的平等（Eisner，2005）。在国内，学者们对新生代群体特征进行了比较理性的、客观的描述，包括积极和消极两方面。积极方面特征的描述一般包括：新生代员工善于独立思考、创新能力强、容易接受新事物、更灵活、开放；追求个人兴趣目标和价值实现、维护自我权利、淡化权威、自我意识强；喜欢结交朋友、有较强的社交需要和社交能力、重视合作与分享、民主意识强、注重平等、尊重他人；重视精神生活等（冯超阳，2013；高中建和孟利艳，2007；王丽霞和钱士茹，2013）。消极方面特征的描述一般包括：新生代员工以自我为中心、缺乏责任感、享乐主义、生活自理能力差、浮躁、急功近利、好高骛远、依赖长辈、带有盲目性等（冯超阳，2013；高中建和孟利艳，2007）。

新生代员工内部，"80后"员工跨越了经济改革时代和社会转型时期，特别是出生于1980~1985年的"80后"员工们受父辈影响较大，与"90后"员工相比，"80后"员工更多地体现出父辈的特质（白丽梅，2012）。与"80后"相比，"90后"更重视自由和开放，更能接受新鲜事物，更敢于表达自己的观点主张，同时也表现出以自我为中心，抗压和心理承受能力较差，不敢承担责任，容易极度自卑，自尊心较强，自我意识强烈（郑雪艳，2010）。如前所述，"90后"同时受到了中国传统文化和西方文化的影响，因此表现出的群体特征与西方国家"90后"也有明显区别。

我国的新生代员工出生于改革开放之后，是伴随着经济、互联网快速发展而成长的一代，整个社会"断层式变迁"导致新生代员工群体与"60后"

"70 后"等前辈员工相比,在态度、行为习惯上迥然不同,体现出文化上的"断裂"和价值观上的"裂变"(白丽梅,2012)。新生代员工鲜明的个性特征给企业管理带来极大挑战,离职率高、忠诚度低成为新生代员工的显著性"标签"。

2.1.2 代际差异及其影响因素

1. 代际差异理论分析

曼海姆(Mannheim,2005)是最早关注代际问题的社会学家,在现代社会学研究中最早比较系统地阐述了"代"的概念,他认为"代"是指处于同一代或同一年龄阶段的群体,而不是一个特定的团队,同一代人共同分享特定的历史事件或生活经历,形成独特的个性特征和价值观(Benson and Brown,2011;陈玉明和崔勋,2014)。

艾尔曼和特纳(Eyerman and Turner,1998)结合布迪厄(Bourdieu)提出的惯习概念(habitus)和英格尔哈特(Inglehart,1997)的代际价值变迁理论来进一步拓展曼海姆的代际理论。他们将"代"界定为"处于时间队列上"的享有相同的习惯、禀性及文化的群体,会形成一个集体性记忆,从而使该队列上的群体被整合在一个有限的时间段内,成为"一代",即每个世代可认为是被嵌入特定社会文化系统中,从而逐渐形成这代群体特有的价值观、信念、期望和行为。

此外,尽管同一代人共享某些共同的思维和行为模式,但这并不意味着他们的价值观完全一致。个体价值观的形成会同时受到宏观环境和个体自身生活环境的影响。一代人会经历相同的历史事件,因为社会阶层、性别、种族和其他因素的差异,他们会以不同的方式去理解和接受这些事件,形成同一代群体内部价值差异,有时这种差异甚至超过代际之间的差异。由此可见,曼海姆的理论主要是关于社会变革的影响所形成的价值观和个人内在特征的差异。认识到这种价值观差异的存在且认识到这些差异是有效管理代际差异的基础(Joshi et al.,2010)。

2. 代际差异的影响因素

根据曼海姆提出的代际差异理论，主要的社会和历史事件对不同年龄组的群体有不同的影响，而这种差异是代际差异的基础。一旦发生重要社会变革，在主要历史事件持续期间，将影响和塑造各个世代人的价值观，且相同社会和历史事件对不同年龄群体价值观的影响存在分化。因此，在巨大的社会变化时期，价值观之间明显的代际差异经常发生。有关研究显示，对代际差异形成有重要影响的历史事件可能包括：战争及其产生的重要后果；与工作和生活相关的新技术；重大的政治事件；重要社会经济转型。此外，社会学家认为，共同的文化元素也会影响代际差异的形成，如音乐、电影明星、服装等（Parry and Urwin，2011）。

事实上，同一代群体在一个相似及关键的历史发展阶段共同经历了重要历史事件、文化、社会事件以及社会活动，这些共同经验所形成的信念及价值观就是出生于这一特定时间段人群的标志性特征，不同的时代群体则主要根据这些特点来划分（Joshi et al.，2010；Moore et al.，2014）。值得注意的是，重大的历史事件有助于对各代群体的界定，但是对各代群体的界定更多取决于所处的具体位置及经历（Costanza et al.，2012）。

英格尔哈特（1997）提出的代际价值变迁理论是建立在两个假设的基础上：一是社会化假设，即个人的基本价值观在童年和青春期基本是固定的，并且在他们的一生都保持相对稳定；二是稀缺性假设，人的主观价值集中在相对比较稀缺的事物上。在这两条假设的基础上，他对 43 个社会团体研究的结果表明，在不稳定的物理和社会经济环境中成长的群体会学习诸如唯物主义、经济决定论、整合和尊重权威的现代生存价值观。相反，在比较稳定的物理和社会经济环境中成长的群体则会学习诸如个人主义、平均主义、自我表现及提高个人生活质量的后物质主义价值观（Egri and Ralston，2004；Inglehart，1997；Inglehart and Baker，2000）。

2.1.3 新生代员工职场代际差异

目前，职场中包含多个年龄段及代群体，而不同代群体、不同年龄段员工在工作价值观、行为特征等多方面存在差异。代际差异首先是在年龄差距上的表现，更多则反映在代群间价值观之间的差异，这种差异给组织和社会管理带来了诸多挑战：一方面，不同价值观的群体在价值判断、行为方式方面往往不尽相同（Dencker et al.，2008）；另一方面，代际差异导致的价值多样化往往会致使不同代际之间的冲突。因此，工作场所间的代际差异已经成为持续探索的一个重要领域。

1. 工作价值观的代际差异

工作价值观是人们对工作的信念和态度，是个人价值体系的一部分，与生活中的价值观密切相关。在 20 世纪 60 年代、70 年代和 90 年代，西方学者关于工作价值观的研究有几个高潮，进入 21 世纪后工作价值观又逐渐成为西方研究的焦点。中国学者在这方面的研究工作起步较晚，从 20 世纪 70 年代末到 80 年代初开始，在 30 多年中取得了很多研究成果。工作价值观通过职业评估、职业激励和职业抱负等方式在人们工作选择中起着决定性作用。工作价值结构分析是研究工作价值的理论基础，已成为工作价值研究中最重要的分支。

工作价值观的定义最早由舒伯（Super，1970）提出。不同学者从不同角度对工作价值观的理解不同，舒伯将工作价值观描述为个人发自内心地追求与工作有关的目标及其所在工作中所追求的工作属性等；罗斯（Ros，1999）提出工作价值观是一个人对自己工作中的各方面的重要性进行权衡后得出的一个相对水平；国内研究中，尤佳（2013）认为工作价值观是人们应该得到和期望的工作结果，它对员工的态度和行为、工作场所的偏好和工作决策具有重要影响。伊莱泽（Elizur，1984）确定了三种工作价值观：工具性价值观（包括工作、福利、工作时间等）、情感价值观（如和同事及上级之间的关系等）以及认知价值观（包括兴趣、成就感、独立性等），其中，工具性价值观和认知价值观是影响中国员工择业的两个重要因素（Elizur et al.，1991；Nielsen and Smyth，2008），教育程度越高的新生代员工越关注权威、工作的意义等认知价值观。随着代际价值观理论的变化，一个安全稳定的物理和社会经济环境将造就以个人价值观为主的新一代群体，罗尔斯顿等（Ralston et al.，1999）及桑和王（Sun and Wang，2010）的研究表明，中国"80后"员工将自我提升作为最重要的工作目标。根据已有研究可得出，与老员工相比，"80后"员工具有更强的认知工作价值观。

我国改革开放以及互联网技术的发展造就了一代与"70后"和"80后"完全不同的新新人类，即"90后"。随着"90后"群体开始进入职场及其在职场中所表现出来的与包括"80后"在内的老员工之间在价值观、管理度及行为方式上的极大反差，传统管理模式面临严峻挑战。尤佳等（2013）在对国内各行业员工样本研究的基础上得出，中国的职场休闲价值观、外在价值（工资、物质和声望）和内在价值（个人成就等）随着代际的发展稳步发展，新生代员工明显高于"60后""70后"员工，在新生代内部"90后"员工显著高于"80后"员工。

2. 工作报酬认知的代际差异

员工从组织中获得的工作报酬可以被定义为所有财务及非财务利益。根据纽曼和谢赫（Newman and Sheikh, 2012）的研究主要有三种报酬：内在报酬、外在报酬和社会报酬。外在报酬主要是组织用于鼓励生产活动，包括工资和福利；内在报酬来自工作本身，包括自主性、成就感、动机等；社会报酬是指在工作过程中产生的来自上级及同事的支持性关系。

王等（Wang et al., 2010）认为，中国年轻一代员工是在个人主义和物质主义价值观都被认为是高尚的社会环境中成长起来的一代，对工作中能获得的无形利益有着更高的期望。2012年，中国劳工通讯在对中国工人运动的一项研究中指出，出生于20世纪80年代和90年代的新生代农民工有较强的个人合法权益意识和工作报酬及福利待遇的权利意识。根据相关报道，新一代员工比较厌倦工作时间长、环境恶劣且没有职业生涯规划的工作（To and Tam, 2014）。特别是拥有高学历的员工，对从事的反复而简单且收入较低的体力劳动感到沮丧（Chan, 2010）。与老员工相比，我国年轻一代员工的内在报酬、外在报酬及社会报酬相对较低，这使得他们工作积极性不高，特别是在崇尚个人主义和物质主义价值观环境中成长起来的"90后"员工对工作中能获得的有形及无形的利益有着更高的期望，而目前自身学历、知识结构、社会阅历等各方面的缺陷使得他们的内在报酬、外在报酬及社会报酬相对较低，因此，其离职意愿高于"80后"员工，在工作中更倾向追求舒适和安全（Carroll and Blumen，1973；郭志文和简红艳，2012）。

3. 工作满意度的代际差异

工作满意度可理解为一个人对自己工作经历的主观评价（Carroll and Blumen，1973），工作满意度与工作报酬及工作价值有着密切关系（Bokemeier and Lacy，1987）。研究结果表明，代际差异对中国体力劳动者的工作满意度的影响较小（To and Tam，2014）。尼尔森等（Nielsen et al.，2011）的研究得出，高教育背景的体力劳动者的工作满意度反而偏低。洛斯可可和博斯（Loscocco and Bose，1998）也指出教育提升了中国年轻一代员工的工作期望，他们相信自己应得到一份报酬较好的工作。工龄越长的员工的组织满意度越高（Meyer and Allen，1984），员工在单位的时间越长，他对单位的依赖程度越高，他对组织越有同情心，也就越不愿意离开。年轻员工的工作时间不够长，他们对组织没有太多的情感，缺乏对组织的认识和承诺，所以没有依赖关系。鉴于已有研究，在个性特征、自主性、公平、薪酬、工作单调性、社会关系、职业成长、领导方式等众多因素合力作用下，中国年轻一代员工的工作满意度显著低于老员工。

4. 员工社会责任代际差异

企业员工社会责任是企业社会责任的重要组成部分之一，早期关于企业社会责任的研究都包含员工社会责任，但并未明确提出企业承担员工社会责任的问题，直到利益相关者理论的提出以及 SA8000 认证机制的实施才真正推动了学术界关于企业履行对员工的社会责任的研究。特定社会文化系统造就了持有特定价值观、信念、期望和行为的代群，"90 后"出生在改革开放已显有成效、物质相对较为丰富、信息技术飞速发展的时代，而"80 后"出生在老一代向新一代转型时期，其价值观、信念等还更多地体现着父辈的特质（白丽梅，2012），而这些不同在企业社会责任上则反映为"90 后"社会责任意识更强，特别关注工作中自我成长、个人成就感等内在价值方面，会更多利用网络工具来维护自身的合法权利。同时，在职场中也体现出了整体工作满意度降低、辞职率相对较高的特点。

（1）企业社会责任关注内容不同。相关研究显示，员工社会责任评价体系包括员工基本权利、员工发展与培训、员工健康与安全、工作条件与环境及社会对话五个方面（何辉，2013；刘建秋和宋献中，2013）。由于社会发展、经济条件文化环境等条件的约束，大多"80 后"员工比较关注的首先是工作报酬、工作条件与环境、个人发展，然后才更多关注自我价值的实现。改革开放以后，随着物质生活极大丰富、思想观念更加开放，与以往的代际群体相比，"90 后"员工价值观随之发生了较大改变，其内在价值观、外在价值观、休闲价值观有所提升（尤佳等，2013），更多地将工作视为自我价值实现的途径，更加关注自我实现、个人成就感等更高层次的企业员工社会责任。

（2）企业社会责任响应行为不同。从社会责任行为表现上来看，"90 后"员工与"80 后"员工有明显差别。"90 后"大学毕业生走上工作岗位以来，表现出较差的稳定性，特别是在中小企业和民营企业，"闪辞"的短工化行为频繁。《2012 中国薪酬白皮书》的调研数据显示，"80 后""90 后"员工作为职场新生代，离职率超过 30%，高出平均水平 5%，"90 后"员工实际频繁离职的比例更高（李智，2014）。原因之一在于"90 后"员工物质生活相对丰富，自我意识比较强烈，对于工作中的内在价值、社会关系等要求较高。同时，我国企业，尤其是中小企业和民营企业社会责任意识淡薄，未能很好履行对员工的社会责任，因此造成了居高不下的跳槽率，即表现出"90 后"员工以"脚"的方式来表达对企业消极承担员工社会责任行为的不满。同时，"90 后"会积极对企业社会责任作出反馈及评价，以各种行动支持企业履行社会责任。伴随着信息技术成长起来的"90 后"更多地学会了借助网络、大众媒体等工具，采用宣传、法律等手段来监督或促使企业履行各项社会责任。

2.1.4 新生代员工代际差异未来研究方向

员工职场代际差异对员工个体的工作态度及工作行为有着重要影响，新生代员工在价值观、工作满意度等方面所表现出的与老员工的巨大差异，使得探讨员工代际差异以提高企业人力资源管理效率已成为企业管理领域的研究重点之一。基于已有研究，有关新生代员工的未来研究方向包括：

一是新生代员工内部的代际差异问题。现有的有关新生代员工代际差异研究，主要关注新、老员工在工作价值观方面的代际差异，尽管有学者尝试研究"80后"和"90后"员工之间的差异，但研究的深度和系统性还不够，特别是随着越来越多的"90后"进入职场，针对新生代员工内部的不同代际职场差异还需要更深入的研究。

二是新生代员工的社会责任代际差异问题。新生代员工社会责任的相关研究大多包含在社会责任整体框架之内，将员工社会责任独立出来加以深入研究，有利于企业根据新生代员工职场代际差异来选择行之有效的管理策略，以吸引、同化以及最终留住新生代员工。

三是新生代员工代际差异实证研究。目前大多研究只是定性分析新生代员工职场代际差异，而针对具体地域、行业的实证性研究较少，后续可运用更多的验证程序及验证方法来进一步研究。

2.2 员工视角下企业社会责任的行为表征与研究进展

自企业社会责任进入研究者的视野后，学术界对企业社会责任的探讨经历了从股东至上论到以利益相关者理论为主的转变。根据利益相关者理论，企业员工责任是社会责任的重要组成部分，在企业社会责任研究的过程中逐渐分化（王晶晶等，2010）。经济全球化背景下，SA8000社会责任认证标准、联合国"全球契约"计划及国际标准化组织ISO26000的制定进一步推动了企业对员工社会责任实践方面的发展。然而，近年来"民工荒"、职业病发病率提高现象从侧面折射出我国企业员工社会责任管理还存在较多问题。根据对已有文献的整理发现，对企业员工社会责任的专门研究并不多，不同背景的员工社会责任的驱动机制和实际效果缺乏充分的证明（尹珏林，2010），对企业履行员工社会责任与企业持续发展内在关联基本未涉及。

2.2.1 企业社会责任的内涵演进

企业社会责任概念起源于18世纪的欧洲，其内涵随着社会的发展而不断深化，目前尚无统一定论。1924年，欧利文·谢尔顿在《管理哲学》中正式使用"企业社会责任"这一概念，这一阶段企业经理人以最大利润为目标，对企业社会责任基本持否认态度。20世纪30～50年代，发生了伯利（Berle）与多德（Dodd）关于公司管理者控制权的争论及伯利与曼尼（Manne）关于自由市场合理性的社会责任的争论。随后，逐渐形成了以弗莱德曼（Friedman）为代表的股东利润至上论，将企业社会责任与企业营利最大化等而视之，提出"在这种经济中，企业在其法律和监管框架内只有一种社会责任：利用其资源，从事旨在增加利润的活动"（Friedman，1962）。20世纪60年代以后，企业开始重视盈利、社会利益及产业永续三者之间的权衡，学者们也试图更加正规且正确地描述企业社会责任的内涵，其中卡罗尔（1979）提出企业社会责任包括经济、法律、道德和慈善责任，并被广泛应用。

20世纪80年代出现了大量关于企业社会责任的实证研究及分支概念，企业绩效、利益相关者理论、企业伦理成为研究焦点（Vázquez - Carrasco and López - Pérez，2013）。其中，1984年弗里曼（Freeman）提出的利益相关者理论为之后企业社会责任的深入研究奠定了基石。随着企业管理实践及理论认识的加深，对企业社会责任的认识逐步提到了战略高度（Husted and Allen，2000；Baron，2001；Lantos，2001；Husted and Allen，2007），企业社会责任内容的界定得到进一步完善。达尔斯鲁德（Dahlsrud，2008）在对37个使用较为频繁的CSR定义分析后提出，CSR的定义整体上结合了社会、经济、利益相关者、环境和主动性五个维度。穆恩和申（Moon and Shen，2010）对73篇中国企业社会责任研究文献中的CSR定义进行分析，发现对CSR的定义主要围绕社会、环境、利益相关者和伦理这四个维度展开。各国学者对企业社会责任内涵的界定都是在一定的时代和地域背景下提出的，在经济、政治、文化等各种因素的影响下，不同国家关于企业社会责任内涵的描述有所区别（Freeman and Hasnaoui，2011；Hofstede，2005）。此外，也有人认为，企业社会责任是一个不需要定义通用概念的术语（Mcbarne et al.，2009；Palazzo and Scherer，2006）。

综上所述，本研究根据企业社会责任主体、内容、实现目标及在企业管理中的重要性将其界定为：企业社会责任是企业战略的重要组成部分，是企业在生产经营活动过程中承担的以利益相关者为对象，以实现企业自身利益和社会利益均衡可持续发展为目标，包含经济、法律、道德和慈善等维度的责任。

2.2.2 员工视角下企业社会责任的行为表征

对企业员工社会责任的理论研究是在企业社会责任出现之后才逐步兴起的，但是其管理实践最早可以追溯到 19 世纪末。从国内外早期大规模工人运动、组织工会、集体谈判、就业保障运动到新经济环境下产生的求知需要、尊重需要、社交需要、自我实现需要等，都揭示了企业履行社会责任对员工的紧迫性和合理性。

1. 企业员工社会责任意识不断提高

员工作为企业重要利益相关者，企业在享受员工创造的利润的同时必须要对其承担一定的经济及非经济责任，即企业员工社会责任。随着员工整体生活水平及知识水平的提高，员工企业社会责任意识逐渐增强（陆玉梅等，2015）。从关注的内容上来看，员工对所服务公司的关注不再仅仅是基本的薪资待遇或福利，而是工作环境、环保、安全、教育、培训、自我实现等更高层次的企业社会责任。从行为表现上来看，员工不仅会积极对企业社会责任行为作出反馈，以各种行动支持企业社会责任行为，还会学会用宣传、法律等手段来监督或促使企业履行各项社会责任，如 20 世纪 90 年代以工人为首的"反血汗工厂"运动，欧洲和美国的工人正在努力争取高工资和福利，我国工人们也在"民工荒"背景下，通过"用脚投票"的方式来为自身争取更好的工作条件。

2. 企业社会责任行为已成为影响员工工作绩效的重要因素

工作投入是个体对自己的工作绩效的强烈责任感和承诺意愿，工作绩效与员工自身投入存在紧密联系（Britt et al., 2001）。企业履行对员工的社会责任可以对员工行为产生积极影响（Du et al., 2013; Zhu et al., 2014），如吸引潜在员工（Greening and Turban, 2000），提高组织承诺（Kim et al., 2010）、员工满意度（Valentine and Fleischman, 2008）及忠诚度（Bhatta-charya et al., 2008; Bhattacharya et al., 2011）。员工责任绩效与企业经济绩效之间呈显著正相关的关系（赵芸和李常洪，2014），对员工的关注越多，他们的热情就会越高，归属感也就越强。工作投入越多，劳动生产率和内部资源使用效率就越高（孙伟等，2014）。此外，企业积极履行员工、消费者等利益相关者的社会责任可以提高企业声誉，进而更有利于吸引优秀人才，节约员工招聘及培训成本，也可激励员工士气并提高其生产力（Turban and Greening, 1997）。2003 年，希尔和诺尔顿·哈里斯（Hill and Knowlton/Harris）互动式问卷调查的结果显示，当企业在履行社会责任方面有不良记录时，80% 的员工会拒绝在该企业工作（陆庆平，2006）。Hudson 研究所在2004 年对美国企业的调查显示，承担社会责任的企业将得到六倍于未承担责任企业员工的忠诚度（吕英，2008）。人际关系学派通过霍桑实验也认为高度的工作满意感必然带来很高的生产效率。

2.2.3 员工视角下企业社会责任理论研究进展

企业社会责任相关理论在社会科学的众多方面均得到了不同程度的关注，已经成为当今理论界探讨的热点。作为企业社会责任的一部分，员工责任整合了经济学、管理学、伦理学等诸多领域。随着全球化进程的加快，其已经成为企业战略发展的重要部分。

1. 企业员工社会责任行为的驱动机制

企业社会责任是众多理论的一个子集（Argandoña and Hoivik, 2009; Weitzner et al., 2009），如前所述，企业社会责任研究的理论可以大致分为员工权利理论、利益相关者理论、社会企业契约理论和人力资本理论（郭志文和简红艳，2012）。员工权利理论从道德权利和法律权利两条主线出发，强调员工具有普遍的人权，是支撑企业履行员工社会责任的理论基础；根据利益相关者理论，企业社会责任是利益相关者利益斗争的结果，在企业实践过程中应考虑利益相关者的重要性（Jamali，2008）；社会企业契约理论从雇佣关系建立在社会契约之上出发，基于权利与义务对等关系，提出企业享受员工成果的同时应承担对员工的各项社会责任；人力资本理论认为对员工的教育、培训等投入能给企业带来高收益，而这也正是企业承担员工社会责任的动因。大多学者基于以上理论从内、外部动因两个维度分别研究政府、社会和企业自身对企业承担员工社会责任的驱动作用。曹丽（2011）在总结国内外已有研究的基础上提出企业履行员工社会责任的行为能否带来长期利润的增加，是企业是否履行员工责任的内在驱动力。张兆国等（2012）基于利益相关者理论，提出企业社会责任既是一种信号传导机制，也是一种交易实现机制，还是一种价值创造机制。随着国际及国内竞争日趋激励和国际标准 SA8000、ISO26000 等社会责任标准的实施，企业履行对员工的社会责任成为企业参与国际竞争的必要条件。

此前研究表明，企业履行员工社会责任的驱动力来源于两个方面：一是来自企业自身的内生动力；二是来自国家法律和政策规定、外部利益集团及道德伦理的外在动力。企业为增加经营利润，规避经营风险，提高企业竞争力而可能产生承担员工社会责任的内生动力；工会、行业协会、客户等外部利益集团的施压是强有力的外在驱动力；国家法律和政策规定是企业履行员工社会责任强制机制；道德伦理约束则可以作为有益补充。然而，外在驱动力是被动且难以长久维持的，只有在外部驱动力转换为企业内生动力的情况下，企业才能持续履行员工社会责任（孙伟等，2014）。

2. 企业员工社会责任的行为效应

利益相关者理论的提出，使得国内外学者对企业社会责任的员工效应加以关注。员工对企业社会责任的积极响应是国内外学者的共识，而这种积极响应主要体现在员工对企业的向心力（Aiman - Smith et al.，2001）、员工满意度（Greening and Turban，2000；Valentine and Fleischman，2008）、组织承诺（忠诚度、组织归属感）（Bhattacharya et al.，2012；Bhattacharya et al.，

2011；吴静静，2008）等方面。比较有代表性的研究有：特伯恩和格林宁
（Turban and Greening，1997）等学者发现，履行对员工、消费者、环境等的
社会责任的企业对员工的吸引力大于不履行社会责任的企业；沃多克和格雷
夫斯（Waddock and Graves，1997）指出建立员工社会责任政策的企业，可
以提高企业员工的集中度，帮助企业提高生产率，树立积极正面的印象；李
艳华（2008）研究发现与企业履行企业社会责任行为有关的因素都有益于
提高员工的满意度；哈德森（Hudson）研究所对美国企业的员工调研发现，
履行员工社会责任的企业员工忠诚度是未履行企业的六倍（吕英，2008）；
彼得森（Peterson，2004）研究得出企业公民行为与组织承诺存在显著的正
相关关系；杨文（2008）指出员工工作态度在员工社会责任与工作绩效之
间起调节作用。

20 世纪七八十年代开始，战略管理学者开始更多地关注企业社会责任，
认为企业社会责任的履行有助于其长远发展，从而企业社会责任的研究应被
提升到战略高度（何显富等，2011）。现代企业人力资源战略观表明人力资
源的获取、发展和激励已成为企业最重要的战略任务。因此，履行员工社会
责任对企业来说不再是单纯的应急机制，通过实施员工社会责任所带来的员
工行为效应，是建立长期竞争优势的战略行为。

3. 企业员工社会责任的引导机制

企业承担员工社会责任的基本方式可以分为他律方式、博弈方式及自律
方式，企业在实施员工社会责任管理过程中会根据自身情况（如发展阶段、
行业性质等）及所处外部环境作出不同的选择。随着社会经济发展、个体及
企业责任感的成熟，企业承担员工社会责任的方式将逐步经历从外在强制方
式、博弈方式到自愿承担方式的转变。然而，建立健全的引导机制仍然是企
业履行其对员工的社会责任的必要条件，它能有效地促进企业迅速主动承担
员工的社会责任。

目前，针对企业履行对员工的社会责任的引导机制的研究还处于空白状
态，国内外对企业社会责任引导机制的研究主要集中在基于整个社会责任的
层面来展开。何辉（2013）从社会学新制度主义理论视角，研究建立了一
个通过社会工作介入来引导企业承担员工、消费者等利益相关者的社会责任

行为模型，该模型基本思路为：将社会工作介入社区及企业内部，社会工作人员在社区内及企业开展各种公益活动，同时地方政府在社区进行倡导和规制等，以此给企业造成压力，促使其履行对员工、顾客、股东等利益相关者的社会责任，先行企业在得到认可后，发生组织同构现象，以此来吸引更多企业加入履行企业社会责任的队伍。刘建秋、宋献中（2013）认为有效的社会责任沟通机制是实现社会责任价值驱动的关键，包括企业与利益相关者沟通社会责任内容、选择的渠道和方式、如何提高沟通效益等问题。伍德和卡罗尔（Wood and Carroll）在总结西方企业管理行为特征的基础上，将企业对社会责任的反应行为分为妨碍型、防御型、适应型及先行型，这种分类有利于提高企业员工社会责任管理的针对性及有效性（黄蕾，2008）。

西方国家企业社会责任管理实践是在良好的人文环境下通过企业内部结构调整、独立的非政府组织、政府有力推动来引导企业履行社会责任。而国内研究则停留在借鉴国外研究成果的基础上，对构建具有中国特色的企业社会责任引导机制还有待进一步研究。根据国内外学者关于企业社会责任引导机制的思考，应从企业的内部和外部两个方面引导企业履行社会责任，采用内部主动推进、外部政府管制性引导及社会监督推动的思路来构建企业社会责任引导机制。

2.2.4 员工视角下企业社会责任未来研究方向

在对企业员工社会责任行为表征与理论演进两个方面综述的基础上，根据企业员工社会责任理论研究中存在的不足及管理实践的需求，提出企业员工社会责任研究可以从以下几个方面继续推进。

首先，对不同环境及不同类型企业员工社会责任的细化研究依旧是未来的研究重点。国内外学者研究得出制度、文化、企业规模、企业性质都会对企业社会责任产生影响（周中胜等，2012）。一方面，不同区域企业社会责任不同，如穆恩和申（2010）提出中国背景下的企业社会责任与西方企业社会责任完全不同；另一方面，目前大多研究仅从普遍意义上探讨企业员工责任，并没有对不同性质、不同规模企业进行差异化研究，如大多数研究都集中在一些规模较大的企业，对中小企业的关注则偏少（Baumann - Pauly et al.，2013；Fassin et al.，2011；Baden et al.，2011；Perrini et al.，2007；Murillo and Lozano，2006）。然而，由于外部环境及自身条件的限制，加之中小企业大多具有民营性质，其对员工的社会责任的承担很难得到保障。随着员工社会责任意识不断提高、中小企业用工形势日益严峻，有必要对中小民营企业承担员工社会责任进行更多的研究（Perrini et al.，2007；Høivik and Shankar，2011；Morsing and Perrini，2009）。

其次，企业员工社会责任战略性研究有待深入展开。在 20 世纪七八十年代，战略管理学者开始关注企业的社会责任，在社会责任背景下逐渐形成"企业社会责任战略管理方向"。随之而来的是企业如何进行与企业战略协同的员工社会责任战略定位、如何实施战略、如何评价战略实施绩效等一系列问题有待解决。目前国内外学者对社会责任战略的制定和执行等方面进行了详细探讨，然而有关企业各利益相关者的社会责任战略专门研究比较少，无论从管理实践抑或理论体系中，对企业员工社会责任行为的战略研究都需要深入。

最后，构建企业积极履行员工社会责任的长效引导机制是未来的研究方向之一。现有的企业员工社会责任研究涉及企业员工社会责任动机及对员工组织行为和满意度的影响等方面。然而，进一步厘清各驱动因素作用下的员工社会责任战略管理过程和行为效应，探索针对各个驱动因素的促进企业积极承担员工社会责任的指导机制，解决企业在履行员工社会责任方面普遍存在的长效机制与应急体系缺乏问题，仍然是未来的研究方向之一。

2.3　民营企业员工社会责任的影响因素分析

如前所述，民营企业员工遭遇的社会责任缺乏现象普遍存在（黄蕾，2008），如安全事故频繁，加班工作司空见惯，拖欠工资一再发生，体面的工作受到了挑战。面对和谐社会的建设要求和当前的就业环境，这些消极的问题都影响着社会的健康发展和民营企业自身的发展。一般来说，企业履行社会责任具有道德驱动、经济驱动和政治驱动三种动机（苏蕊芯和仲伟周，2010）。民营企业的特殊成长背景决定了其单纯出于道德上的原因很难承担社会责任。与此同时，尽管中国的市场进程取得了巨大进步，但在转型经济背景下，政府对其影响依然明显。因此，有必要运用组织社会学制度理论，强调政治关系，突出企业制度环境，揭示民营企业履行社会责任的行为逻辑。

2.3.1　民营企业员工社会责任行为特征分析

1. 企业员工社会责任及其衡量

西方企业的员工社会责任管理实践最早可以追溯到 19 世纪末，关于企业员工社会责任的内容，考克斯圆桌商业原则（Caux Round Table Principles）明确规定包括"提供工作机会和薪水、尊重雇员的健康和尊严、与雇员坦诚沟通、避免歧视行为"等（恩德勒，2003）。鉴于企业能够提供工作人员满足基本生存需要的工作环境，支付薪酬公平的工资，目前，有关西方学者则更加关注促进公平就业、平衡工作和家庭、职业健康安全、工作有意义和其他更高层次的内容。

我国学者从 20 世纪 90 年代开始对社会责任进行研究，目前对企业员工社会责任方面的专门研究不多见，员工社会责任的范围界定尚无定论。赵涛等（2008）借鉴 SA8000 标准，从劳工权益和人权保障两方面构建了企业员工权益保障评价体系；雷振华等（2010）以马斯洛需求层次理论为指导，系统地设计了不同需求层次的员工责任指标；邢晓柳（2013）基于卡罗尔提出的企业"四项社会责任"概念，设计了员工视角下的企业社会责任评价指标。实践中，SA8000 标准、工作生活质量运动及体面劳动为企业履行员工社会责任、政府监督劳动者权益保护提供了标准及方向（凌玲，2011）。

2. 民营企业员工社会责任行为特征

企业社会责任是一种建立企业与利益相关者关系的重要活动（Waddock and Smith，2000），社会责任行为的选择是企业的一种战略决策，这一决策能充分反映出企业对社会责任的态度和动机（Clarkson，1995）。以所有权为角度的国内相关研究主要是对民营企业和国有企业的比较研究，一些学者重点关注企业员工社会责任。根据喻权域（2005）的调查数据显示，民营企业员工的平均工资和国有企业员工平均工资的比值持续下降，而第六次全国民营企业抽样调查结果显示，雇员工资有不升反降趋势（吴燕霞，2012）；邹洁和武常岐（2015）根据对中国1000多家工业企业的员工福利和慈善捐赠两个社会责任维度开展的数据调查发现，国有企业更重视员工福利，民营企业则更多参与慈善活动；苏蕊芯和仲伟周（2010）从"富士康"现象研究民营上市公司履行社会责任动机，发现民营企业比国有企业在经济利润追求方面的动机更为明显。从企业规模角度，雷波多和希内（Lepouter and Heene，2001）认为企业的规模越大，来自社会各界的关注和压力越大，企业的社会责任水平就越高；《中国企业社会责任研究报告（2012）》结论显示，社会责任指数和承担员工责任的能力均与民营企业规模呈正相关（彭荷芳和陆玉梅，2014）。由此可见，中小民营企业承担员工社会责任的状况令人担忧。

2.3.2 制度环境对民营企业员工社会责任的影响机理

1. 制度环境对民营企业员工社会责任行为的影响

现有的关于员工社会责任的研究更多地讨论了企业社会责任的经济动机，以及对员工组织行为和员工满意度的影响，对企业社会责任行为本身的研究较少，许多企业的员工社会责任行为被描述为理性选择行为。然而，研究企业社会责任的影响机制的"经济理性"视角下缺乏统一的结论（郝云宏等，2012），差异的表象是不同的研究方法和范式，如财务绩效与社会责任测度、调查样本的限制，实际上是忽视了企业社会责任行为背后的更重要的因素，即企业的制度环境，从而忽视企业在制度压力下的合法性驱动。诺斯（North，1990）的制度变迁理论指出，制度是一系列基本的政治、社会与法律规定，它构成了各类交易行为的激励机制。企业总是在特定的制度环境中，通过适应环境来避免威胁，因此，企业的行为是在特定的制度环境下产生的，是对制度的回应（夏立军和陈信元，2007）。

2. 民营企业的制度环境和员工社会责任行为压力

在企业社会责任行为决策方面，制度环境往往对企业管理者，尤其是对企业高管产生制度上的压力。这些压力促使企业积极履行社会责任。一般来说，感受制度压力越大的企业越倾向于主动承担社会责任，反之亦反（费显政，2010）。沈奇泰松、蔡宁等（2012）的探索性案例研究发现，制度环境的规制性、规范性和认知性压力对民营企业社会反应策略和民营企业社会绩效有积极的影响。全国工商联对"民营企业 500 强"的调研发现，我国民营企业存在严重的区域差异问题，而这种差异在过去 10 年均没有收敛趋势（赵世勇和香伶，2010），民营企业员工社会责任行为的制度压力也必将因此而不同。彭荷芳和陆玉梅（2015）以制造企业新生代员工为对象分析员工社会责任驱动因素，发现《中华人民共和国劳动合同法》、SA8000 标准体系等外部制度约束对企业履行员工社会责任具有积极影响。杜莹和刘珊珊（2012）提出企业对员工承担社会责任需要政府制定相应制度加以保障，通过立法和出台行业规章等形式，明确员工社会责任的具体内容和履行标准。

2.3.3 政治关联与民营企业员工社会责任的交互作用

政府构成了中国企业最重要的生存环境，夹缝中成长起来的中国民营企业（张建君和张志学，2005），在发展的制度约束下，将寻求一些替代的非正式机制来支持企业的发展（Allene et al.，2005）。作为一种非正式的制度，政治关联对于中国民营企业来说是一种非常有价值的无形资产，它可以带来很多好处（张萍和梁博，2012）。苏蕊芯和仲伟周（2011）指出，相对国有企业，民营企业追求价值和社会责任更受经济动机的影响，将积极寻求政治因素的政治保护，试图建立政治关联。陆玉梅等（2014）指出许多民营企业为了生存和发展以及建立政治关联，会选择积极主动承担员工社会责任。但施莱弗和维什尼（Shleifer and Vishny，1998）从相反方向分析了企业与政府的关系，他们认为政府通过政治关系维持对公司的控制，并在政治上为公司服务，由于政治目标的影响，企业经营不完全是为了最大化股东价值（Boycko et al.，1993），企业管理者决策过程中受到的政治干预会导致目标多样化。这些政治目标包括员工福利最大化、促进区域经济发展、维持社会稳定、保持低价格维持的商品和服务等（Boubakri et al.，2008）。李文川等（2012）指出面对国际采购商不断推进的社会责任运动，政府部门要权衡员工权益与企业发展之间的关系。张萍和梁博（2012）以沪、深两市的民营企业为例，也研究发现政治关联与社会责任履行之间的关系取决于制度环境的好坏。

2.3.4　民营企业员工社会责任影响因素未来研究方向

国内外学者就制度环境、政治关联与民营企业员工社会责任行为的关系进行了广泛深入的研究，但仍然存在一定不足。结合我国企业员工社会责任行为研究和实践的需要，未来相关研究应关注以下问题。

第一，全面分析民营企业新生代员工社会责任的驱动机制。从企业决策行为的角度来看，不能仅限于经济理性角度的效率机制论证，还应探讨制度理性逻辑起点的民营企业社会责任实践机制，甚至考虑传统文化的嵌入，扩大当前的企业社会责任研究领域。

第二，实证检验民营企业新生代员工社会责任的行为机制。以民营经济发达的省份为例，先通过探索性案例分析方式提出各影响因素对民营企业新生代员工社会责任行为决策的作用机制。然后，基于大样本调查，以转型期制度为背景，实证检验各影响因素与民营企业员工社会责任行为之间的关系。

第三，进一步探索民营企业新生代员工社会责任行为治理策略。在已有研究文献的基础上，重点关注制度环境、社会文化的影响。这不仅有助于政府部门和社会组织从制度和规则层面加以干预和监督，也有助于提高民营企业履行员工社会责任的外生动力。

2.4　本章小结

本章是整个研究的起点。通过挖掘需要进一步探索的研究领域，指出了研究的方向和目的。首先，对新生代员工的代际差异进行文献回顾，发现需要扩展的相关研究空间，本研究对新生代员工的研究定位于"80 后""90 后"员工与老一代员工的职场代际差异，新生代员工内部的差异仅做初步探索；其次，对员工视角的企业社会责任研究进行了回顾和梳理，本研究拟将员工社会责任从整体社会责任体系中分离出来，系统研究其决策机理、行为效应与引导策略；最后，对民营企业员工社会责任的研究状况进行了总结，结合实际需要将研究对象确定为中小民营企业。

本书在总结和分析上述研究文献的基础上，拟对民营企业新生代员工的社会责任行为进行一系列研究。新生代员工和老员工的利益要求和工作价值观是否存在显著差异？这些差异主要体现在哪里？新生代员工的利益要求与民营企业员工社会责任行为之间，通过怎样的激励机制联结起来？民营企业的员工社会责任行为受哪些因素影响，有怎样的决策机理？民营企业员工社会责任对企业经营绩效、员工的工作态度和工作行为会产生怎样的影响，工作价值观是否能够通过作用于员工的工作态度，进而改善新生代员工的工作产出？如何整合内外部影响因素，建立民营企业新生代员工社会责任行为引导机制？这些是本书需要进一步研究和探索的问题。

基于此，本书后面的内容将组织如下。

第 3 章，对民营企业新生代员工的利益需求、工作价值观及工作行为进行深入研究。以新生代员工个人行为为视角，采用扎根理论，真实展示民营企业新生代员工在职场中的工作价值观和行为表现，并在此基础上提炼出"工作价值观—自我感知的工作状态—工作态度—工作行为"的工作价值观理论模型，诠释新生代员工工作价值观对工作行为的影响。

第 4 章，研究民营企业新生代员工社会责任的履践行为决策机制。该部分把研究视角转向民营企业，提取民营企业社会责任行为的维度与特征，阐述员工责任在所有企业责任中的重要地位，构建各影响因素与民营企业新生代员工社会责任行为之间相互作用的整体关系框架，剖析这些因素的作用机理，从而揭示民营企业进行员工责任投入的根本动机。

第 5 章，在第 3 章和第 4 章的基础上，把新生代员工的利益诉求与民营企业员工社会责任行为进行结合，以激励机制为契合点，从微观视角探讨民营企业新生代员工社会责任行为的内部驱动机理。本章重点着眼于员工责任在非物质激励方面的显著成效，结合团队协作理论，提出新的激励机制——企业员工责任激励机制。运用博弈论中的委托代理理论，定量揭示员工责任激励机制在提升员工努力、扩大协作效应、增加新生代知识型员工的绩效产出以及提高民营企业收益方面的重要作用，并在此基础上深入探讨风险规避、公平关切、互助协作等普遍存在于新生代员工中的心理行为特征对企业员工责任激励机制的影响。

第6章，对民营企业新生代员工社会责任行为产生的内外效应进行实证检验。在分析民营企业新生代员工社会责任行为的内外部效应的基础上，采用访谈、座谈会和问卷调查等相结合的方式来获取江苏省苏南地区民营企业承担员工社会责任的实际数据。采用多元回归方法，以员工忠诚度、敬业度等态度类变量为中介，实证检验企业履行员工社会责任对企业经济绩效的影响和企业员工社会责任行为与新生代员工工作行为的关系。

第7章，对策建议部分。根据现有关于社会责任驱动机制的研究以及本研究相关调查结论，构建民营企业新生代员工社会责任行为的驱动模型，在此基础上，对经济合理性和制度合法性进行详细分析，揭示各因素对民营企业履行新生代员工社会责任的促进作用，然后从经济效率、合法性、传统文化角度研究民营企业新生代员工社会责任行为引导策略，并提出具体的对策建议。

各章节之间的逻辑关系如图 2.1 所示。

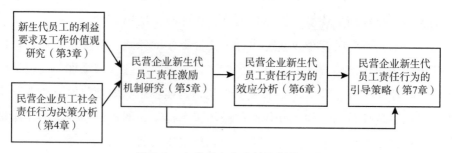

图 2.1　本书研究内容的逻辑关系

第 3 章

民营企业新生代员工利益
要求识别与工作价值观研究

根据本书第 2 章得出的逻辑框架，要研究民营企业新生代员工社会责任行为机制，首先必须明确新生代员工在个人层面的利益诉求，并概括其工作价值观的显著特征，据此才能使得民营企业的员工责任机制有的放矢。因此，本章将详细识别民营企业新生代员工利益要求，探索性研究其工作价值观的内涵与作用机制。具体研究内容分为三部分：一是，在对员工利益要求与企业激励机制、社会责任行为关系进行梳理的基础上，对民营企业新生代员工利益需求进行调查识别；二是，采用质性研究方法，分析民营企业新生代员工工作价值观的结构及其与员工工作行为的关系；三是，对民营企业新生代员工的职场特征进行调查，初步了解新生代员工工作状态与利益要求满足情况。

企业社会责任和利益相关者理论问题原本是两个不同的研究领域，由于两者之间有许多共通之处，学者们开始尝试将利益相关者理论与企业社会责任行为结合起来进行研究（沈洪涛，2007）。企业社会责任包含多个维度，将利益相关者理论引入企业社会责任研究后，提出了企业员工责任（何奎，2017）。弗莱曼（Freeman，1984）根据所有权、经济依赖性、社会利益等的不同对利益相关者进行区分，员工、债权人、供应商、社区等均对企业具有经济依赖性，企业应该对这些利益相关者承担相应的社会责任。克拉克森（Clarkson，1995）则认为，作为企业重要的利益相关者，员工与企业荣辱与共，共同承担经营风险，企业自然要相应地承担对员工的社会责任。与此同时，企业社会责任的研究借用了利益相关者的概念，厘清了社会责任的范围，并利用利益相关者的关系来衡量企业社会责任的效果与响应（陈昕，2011）。适当满足员工福利是企业社会责任的重要内容，它不仅有利于企业员工的稳定，而且能吸引人才，从而提高企业的绩效或实力（郭淑宁，2008）。

工作价值观是个体关于工作的原则、伦理、信念的认知（Robbins，1993），反映了个体的利益要求及在从事活动时所追求的工作特质或属性（Super，1970），是一种直接影响个体动机和行为的内在思想体系（Elizur，1984），也是员工在工作中期望通过努力而获得的满意产出（Brown，2002）。员工工作价值观的类型决定其在工作中想要满足的需求及其相应的偏好（霍娜和李超平，2009）。随着全球化的不断推进和我国经济的快速发展，人们的思想观念、生活方式和价值观呈现多元化发展态势，工作价值观也处在发展变化之中。其中，新生代员工工作价值观差异引起的职场冲突问题，因关系到很多家庭的幸福而越来越受到公众的关注。这些新生代员工成长于我国经济结构和家庭结构双重变迁的时代背景下（杨涛等，2015），受益于高等教育改革而具有高学历背景（Lyons，2005），经历了大数据时代的洗礼和多元文化的融合（Tapscott，1998），塑造出新生代员工独特的利益需求和工作价值追求。

综上所述，对民营企业新生代员工的工作价值观及其内含的利益要求进行剖析并加以实证调查，不仅有助于企业有的放矢地履行员工社会责任，还可以为企业员工社会责任行为效应评价和引导策略的制定奠定基础。

3.1 民营企业新生代员工利益要求识别

3.1.1 相关理论基础

1. 员工的利益要求

根据现代企业理论（Jensen and Meckling，1976），企业是不同利益主体

之间的若干复杂契约相互作用而构成的一种法律实体。各利益主体基于自身
向企业提出利益要求，企业必须对各利益相关者的合理利益要求作出慎重考
虑并且尽量满足，才能实现企业的长久生存与持续发展（多纳德逊和邓非，
2001）。员工是企业的重要利益相关者之一，员工在企业投入的是知识、技
能、体力等无形资产，企业员工的利益要求是指其根据自己的投入而希望从
企业获取的较高的劳动报酬、良好的工作条件、丰富的工作经验等。当企业
所提供的报酬水平和工作条件使员工感到满意，就能有效激发员工的能动作
用，促进企业经营目标的实现。因此，企业要有效管理员工，必须科学识别
员工有哪些基本需求、员工对企业有哪些现实利益要求，这就要从需求理论
入手进行分析。

　　20 世纪 50 年代以来，需求理论成为众多学者关注的焦点，具有深远影
响的研究成果不断涌现。其中，以美国心理学家马斯洛提出的需求层次论最
为著名，该理论将人的需要从低到高分为五个层次，并认为只有未得到完全
满足的需求才具有激发动机的作用；当低层次需求得到满足后，会产生更高
层次的需求；在层次结构需求中亟待满足的需要支配个体行为的趋向
（Maslow，1954）。鉴于马斯洛的需要层次论是针对人类广泛的需要，且固化
了需求的层次性规律、没能考虑不同组织类型的影响，奥尔德弗（Alderfer，
1972）对马斯洛的需要理论进行了拓展和改进，提出了 ERG（Existence -
Relatedness - Growth）理论，建立与组织情景有关的需要框架，将个体的需
要类型概括为更一般的三种类型：基本生存的需要、相互关系的需要和成长
发展的需要。ERG 理论在马斯洛需求层次递进观念的基础上提出了"挫折—
回归"思想，并且认为个体在任意时点上可能存在多个需要。这些观点为研
究新生代员工的利益需求奠定了重要理论基础。

　　2. 员工利益要求与企业激励机制

　　随着经济全球化的不断发展，企业面临的竞争环境日趋复杂，越来越多
的企业希望通过激发员工积极性、创造性来提升企业的活力。根据组织行为
学理论，需要是行为的动力，员工因需要产生的对企业的期望决定着员工未
来行为的发展方向（葛青华和林盛，2012）。因此，为了将企业发展目标和
员工工作目标统一起来，企业应当正确辨识员工的利益要求，明确员工对

组织的期望，通过积极的员工社会责任行为达到员工的预期，激发员工的工作能动性，进而保障企业绩效的顺利达成，增强企业在全球市场范畴的竞争力。

由于人的需求具有多层次性和复杂性，进行人的行为激励也应采取多种方法。在人力资源管理的实践中，要想有效激励企业员工，首先应该对企业员工的结构特征和各类员工的激励因素加以辨识。从一般意义上说，凡是能够促进员工的组织公民行为或减少员工反生产行为的因素，都可以称为激励因素。通过对不同类型员工的当前需求加以分析，有针对性地进行激励，并注重综合运用各种激励手段，才能达到预期的激励效果。因此，企业的激励机制包括两个层面：一是，为改善员工生活水平和工作条件而提供的有形酬劳与无形酬劳，旨在调动员工的积极性；二是，给予员工相应的股份期权、营造积极向上的工作环境、提供更多的发展机会，激发员工的创造性（陈竞晓，2002）。

3. 企业激励机制与民营企业员工社会责任

企业社会责任思想源于服务公众利益的思维，是针对自由经济理论指导之下企业置社会公共利益于不顾而带来一系列的社会问题，要求企业在追求利润的同时关注国家与社区的需求。随着企业社会责任研究的不断推进，学者开始关注企业社会责任行为所带来的员工动机（Davis and Blomstrom，1971），将企业社会责任与员工激励联系起来。进入 20 世纪，人力资源管理理论的发展为从企业社会责任视角分析劳资关系提供了基础，而企业社会责任的经验研究进一步提供了可以借鉴的操作性研究成果。奥沙利文（O'Sullivan，2006）认为对员工承担责任，有利于降低产品不合格率与包装成本，因此企业冒险不承担责任是缺乏战略思维的表现。奥宾格和弗莱曼（Albinger and Freeman，2000）发现，承担员工社会责任能够产生人才竞争优势，一个具体表现就是有更多的员工可供选择。类似的实证研究结果显示，女性会更倾向于选择或支持积极履行员工社会责任的企业。

改革开放以来，中国的民营经济从无到有、由弱变强。由于与国有企业的社会地位和政治地位不平等，早期的民营企业往往游离于社会政治之外，企业履行社会责任的积极性不高。随着民营企业逐步成为经济发展的重要组成部分，企业发展的外部环境有效促进了民营企业社会责任的履践行为。然而，大量与新生代员工工作行为有关的负面报道，说明企业员工社会责任仍存在范围不广、程度不够、决策不科学等现象。企业员工行为受到多种要素的综合影响，其中员工的动机需要是重要的前置影响因素之一（郑文智，2011）。因此，需要根据员工的代际差异分析不同类型员工的动机需要，有的放矢地履行企业社会责任，实现企业绩效的实质性提升。全国第六次人口普查显示，我国"80 后""90 后"群体大约 4.08 亿人，按平均 22 岁大学毕业年龄计算，目前超过 2.7 亿人已进入职场（王丽霞，2013）。如何根据新生代员工需求激发人力资源潜力，取决于企业如何承担对员工的社会责任，承担哪些社会责任，以及如何对员工社会责任行为进行有效管理。

综上所述，促进民营企业积极承担新生代员工社会责任，需要通过构建一个内外部调节机制来实现（见图 3.1）。在企业内部，管理者应该有效组织管理员工，注重公平、科学激励，以提升人力资源利用效率；在企业外部，需要统一公正的市场、严格的规制环境，以促进企业积极履行社会责任。鉴于民营企业承担员工社会责任存在成本压力，真正能持续地促使企业提升承担雇主社会责任的动力因素，在于利益驱动的企业责任战略。民营企业经济地位的不断提升和人才短缺现象的持续存在，使得民营企业需要系统地审视员工社会责任问题，制定基于利益驱动的企业责任战略。

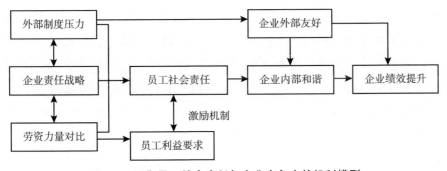

图 3.1　平衡员工社会责任与企业竞争力的机制模型

3.1.2 民营企业新生代员工利益要求的测量

1. 新生代员工成长环境特征

1978 年在我国经济社会发展历史上具有划时代意义，经济领域的改革开放政策使得我国进入高速发展阶段，计划生育政策的实施使得之后 30 年出生的人大部分是独生子女，在这一经济社会背景下出生的一代人称作"新生代"，包括"80 后""90 后"和"00 后"。总体来看，已经进入职场的"80 后""90 后"群体，是在改革开放、经济转型升级、信息技术快速发展的环境中成长起来的，相对稳定的社会环境给予了他们平静、祥和的生活氛围，快速发展的经济环境为他们提供了更好的生活条件。这些外部环境因素使得新生代员工的利益要求与老一代员工形成了代际差异。

一是政治经济环境的影响。1978 年以来，中国政治局势稳定，法律法规不断健全，社会主义民主政治不断完善，形成了安定团结的政治局面。与此同时，中国从计划经济向市场经济转变，与世界经济的整体联系也更加紧密，经济实力不断增强。新生代员工伴随着中国经济高速发展而逐渐成长，优越的生活环境使得他们没有太多的生存压力，而是更多追求"自我实现"等精神层面的需要。

二是科学技术环境的影响。随着人类历史的发展，科学技术已经对我们的日常生活产生了深远的影响，在经济社会的发展中扮演着重要的角色。20 世纪 90 年代以来，计算机网络技术、电子信息技术等的飞速发展极大地提高了我们日常生活传播信息的速度和频率。对新生代员工，尤其是"90 后"而言，信息技术的快速发展为他们提供了一个巨大的信息沟通与交流平台，使新生代员工能接触到各类信息，极大开阔了他们的视野，逐步培养了他们较强创新意识。

三是社会文化环境的影响。随着我国改革开放政策的深入实施，全球化一体化进程不断推进，中国与世界各国的关系越来越紧密，对新生代员工来讲，增加了他们接触世界的机会。在东西方文化的碰撞下成长，新生代员工大多表现出多元价值观，比老一辈员工表现得更为"见多识广"。同时，伴随着教育体制和教育方式的改革，新生代员工的学历水平普遍提升，具备了更强的理解和判断能力。

2. 民营企业新生代员工利益需求调查

（1）调查问卷设计与发放。本研究采用问卷调查方式辨识民营企业新生代员工利益需求，需求因素包括五大类 21 个子要素（曾艳，2003），以李克特五点量表设计，员工逐一对量表给出的 21 个利益需求题项的重要性进行判断，按重要程度分别记为 5 分、4 分、3 分、2 分、1 分。在五大类需求要素中，个人成长、工作自主、业务成就和金钱财富四要素来自玛汉·坦姆仆模型。借鉴玛汉·坦姆仆模型进行民营企业新生代员工利益需求调查，是因为该模型已被知识型员工激励研究学者认可和广为使用，新生代员工普遍文化程度较高，采用此模型进行调查，可以通过与以往研究结果进行比较分析，探索民营企业新生代员工利益需求特性。问卷还设计了受访者的个人基本情况，包括性别、年龄、公司性质、工作性质和受教育程度（见附件 1）。

因为是探索性研究，数据收集的重点主要是江苏省苏南地区的民营制造企业，调查对象主要是企业的新生代员工，共发放问卷 191 份，回收问卷 191 份，剔除无效问卷，最终统计有效问卷 175 份。问卷回收率为 100%，回收问卷有效率为 91.6%。从样本性别来看，受访员工的男女员工比例相当，占比分别为 49.1% 和 50.9%；员工的受教育水平普遍较高，分布在企业的各个重要岗位上，已成为职场主力军。

（2）调查数据统计及分析。为了对诸多利益要求题项进行分类研究，本研究将采用因子分析法提取公因子。首先，对原始数据进行标准化处理，并进行主成分分析法的适应性检验。根据 KMO 检验和 Bartlett 球度检验，发现检验变量间偏相关性 KMO 值为 0.843，超过了 0.6，符合主成分分析的要求。其次，根据球形假设检验结果，Bartlett's 检验值为 1489.517（Sig. = 0.000），小于显著性水平 0.05，球形假设被拒绝，因此认为适合主成分分析。最后，通过主成分因子分析，选取特征值大于 1 的因子，在迭代 25 次的情况下，可以从原始的 21 个变量中提取 5 个因子，这 5 个因子可以解释总方差的 61% 以上。表 3.1 为旋转成分矩阵，剔除两个题项，并对相关因子进行了重新命名。

表 3.1   旋转成分矩阵

	成分					因子命名
	1	2	3	4	5	
良好的制度环境（健全的管理制度）X11	0.828					环境支撑因子
好的团队工作氛围 X12	0.813					
科学合理的员工价值与业绩评估体系 X13	0.77					
优秀的企业文化（共同的价值观）X14	0.746					
良好的双向沟通环境和人际关系 X15	0.635					
知识共享的学习型组织 X16	0.616					
能力在工作中可以得到提高 X21		0.798				个人成长因子
享有培训和学习的机会 X22		0.746				
能从工作中获得满足感和成就感 X23		0.605				
工作能得到上级的信任或被授权 X24		0.557				
工作目的是为了获得物质报酬 X31			0.843			金钱财富因子
能以自身价值拥有股权，分享公司利益 X32			0.692			
物质报酬仅是自身价值的体现 X33			0.667			
享有一份与自己贡献相称的报酬 X34			0.524			
获得新的工作机会和承担新的责任 X41				0.706		业务成就因子
承担具有挑战性的工作 X42				0.693		
工作岗位能发挥自己的潜能 X43				0.592		
享有灵活的工作场所和工作时间 X51					0.847	工作自主因子
能按自己的方式安排生活 X52					0.779	

表 3.2 给出了五大类员工利益要求及其所属变量的均值、方差，并通过计算 Cronbach's alpha 值来检验数据的可靠性。计算结果显示，Cronbach's alpha 值均超过 0.6，具有较高的可靠性。各个利益要求重要性的均值为 4.2，表明新生代员工的利益要求较高。其中，"好的团队工作氛围"（X12）和"能力在工作中可以得到提高"（X21）的均值在 4.5 及以上。

从五个一级需求因素的重要性程度来看，个人成长得分为 4.3977，而且其下属的二级需求得分均大于 4，在各类需求中排名第一。可见，员工希望能在工作期间享有培训和学习机会，得到充分授权，并不断提升能力。员工还希望能够在工作中有一个良好的环境，包括情投意合的项目团队、健全的管理制度、和谐的人际关系等。虽然对金钱财富的需求排在最后，但其重要性评分也不低，平均分值为 3.8343，说明员工希望获得一份与自己贡献相称的报酬。总体而言，新生代员工的利益要求水平较高，除了确保适当的薪酬福利外，他们还关心工作的成长和发展，他们大多具有较为强烈的成就感和晋升愿望，为实现他们的目标还要求提供良好的环境来支撑。

表 3.2　　　　　　　　　　新生代员工需求要素的统计结果

员工需求要素		重要性程度及相关性		
维度（均值/可靠性）	变量	均值	标准差	相关系数
环境支撑 （4.3521/0.883）	X11	4.41	0.781	0.899 **
	X12	4.52	0.718	0.866 **
	X13	4.35	0.773	0.858 **
	X14	4.3	0.847	0.830 **
	X15	4.37	0.655	0.792 **
	X16	4.17	0.865	0.781 **
个人成长 （4.3977/0.812）	X21	4.5	0.742	0.817 **
	X22	4.42	0.768	0.781 **
	X23	4.41	0.8178	0.809 **
	X24	4.47	0.595	0.738 **
金钱财富 （3.8343/0.770）	X31	3.37	1.02	0.740 **
	X32	3.47	0.976	0.748 **
	X33	3.42	0.955	0.756 **
	X34	4.46	0.717	0.718 **
业务成就 （4.0627/0.693）	X41	4.21	0.755	0.816 **
	X42	3.75	0.82	0.819 **
	X43	4.23	0.84	0.821 **

员工需求要素		重要性程度及相关性		
维度（均值/可靠性）	变量	均值	标准差	相关系数
工作自主 （3.9400/0.613）	X51	4.01	0.918	0.881 **
	X52	3.92	0.867	0.867 **

注：表中"相关系数"是指五大需求要素分别与其各所属变量之间的相关性，** 在 0.01 水平（双侧）上显著相关。

3. 民营企业新生代员工利益需求特性分析

关于员工的利益需求，国内外学者以知识型员工为对象进行了不少实证研究，得出的结论如表 3.3 所示。尽管通过因子分析重新划分了五大类员工利益需求，本研究结果与曾艳（2003）的研究结论大体相似，说明新生代员工具有知识型员工特质，可以借鉴知识型员工的人力资源管理方式加以激励与管理。但是，与其他的知识型员工激励需求研究结论相比还存在一定差异。

表 3.3　　　　　中外学者对企业知识型员工的需求要素研究结果

员工需求要素模型		第一位	第二位	第三位	第四位	第五位
国外	玛汉·坦姆仆模型（%）	个人成长（33.74）	工作自主（30.51）	业务成就（28.69）	金钱财富（7.07）	—
	安盛咨询公司模型	报酬	工作性质	提升	同事关系	影响决策
国内	彭剑锋、张望军（%）	工作报酬与奖励（31.88）	个人成长与发展（23.91）	公司的前途（10.15）	有挑战性的工作（7.98）	有稳定的工作（6.52）
	黄枚立、郑超（国有企业%）	提高收入（48.12）	个人发展（23.71）	业务成就（22.30）	工作自主（5.87）	—
	本研究结果（均值，满分为5分）	个人成长 4.40	环境支撑 4.35	业务成就 4.06	工作自主 3.94	金钱财富 3.83

一方面，在玛汉·坦姆仆模型中，"金钱财富"因素重要性最低，与"个人成长""工作自主""业务成就"差距较大，但本项研究的"金钱财富"因素的重要性尽管排列在最后，但与其他因素的重要性差距不大。这一比较结果说明，与发达国家企业员工相比我国企业员工的经济收入水平比较

低，薪酬因素仍然是新生代员工关注的重要因素。另一方面，与国内研究比较发现，即使在相同的经济文化背景下，由于区域市场环境不同、企业性质不同、员工代际特征等诸多原因，员工的需求特征也不同。张望军和彭剑锋（2001）十几年前的研究发现知识型员工对"工作报酬与奖励"需求最高，国有企业中的知识型员工对"提高收入"尤为关注。相比之下，民营企业的新生代员工更看重"个人成长"与"环境支撑"，同时也关注"金钱财富"。

3.2　民营企业新生代员工工作价值观与作用机制研究

3.2.1　概念界定与理论机理

工作价值观的研究，源于人们对价值观概念的讨论。组织行为学者认为价值观是个体对某一特定行为模式或存在的最终状态的长期稳定偏好，在许多情况下可用以解释个人的行为（Rokeach，1973），并随着社会发展、文化变迁、代际更迭而不断变化。工作价值观是个人在工作选择中倾向的工作类型和对工作环境的偏好（Super，1970），是个体在工作中坚持的原则、伦理和信仰，是一种直接影响个体工作行为的内在思想体系（Elizur，1984）。现有的相关研究要么侧重于从需求层面，要么侧重于从判断标准层面界定工作价值，侧重前者的学者认为工作价值观是个体期望从工作中所获得满足的需求（Schwartz，1999）。

近年来，随着新生代员工日益成为企业的核心人力资源，其在工作价值观上呈现出不同于老一辈员工的特点，以及因此而表现出的工作行为特征，引起了社会各界的广泛关注。国外学者的研究表明，新一代的员工在工作中表现出成就导向和自我导向明显，渴望平等和不为权威左右（Shri，2011），注重寻找工作与生活之间的平衡（Twenge et al.，2010）等工作价值观特征。尽管存在社会、经济、文化等方面的差异，这些研究仍然一定程度上反映出新生代员工工作价值观的时代内涵，但总体而言比较分散。近年来，国内学者有关新生代员工工作价值观的研究成果日渐丰硕，但大多受限于西方已有的概念架构，虽有学者尝试探索嵌入中国情境的新生代员工工作价值观（李燕萍和侯烜方，2012），但没有对企业性质加以区分。

对于员工工作价值观对其工作行为的作用机理，贝克尔和麦克林托克（Becker and Mcclintock，1967）等认为，员工的工作价值观决定着员工的工作行为与决策；洛克和亨（Locke and Henne，1986）认为，员工的工作价值观会影响员工的行为意向，进而影响员工的工作绩效。巴尔迪和施瓦兹（Bardi and Schwartz，2003）运用实证方法对贝克尔等人的研究结论加以验证，发现传统价值观或激励性价值观对行为的影响更为显著。陈东健和陈敏华（2009）认为，工作价值观是员工职业抉择的核心，当员工发现他们与组织氛围不相容时，可能会选择离职或跳槽。事实上，不仅仅是离职行为，员工的工作价值观对其日常工作行为也具有激励作用（倪陈明和马剑虹，2000）。可以看出，员工工作价值观与其工作行为的关系问题已经引起国内外学者的研究兴趣，形成了不少研究成果，但员工工作价值观对其工作行为的影响路径及其作用机制仍存在争议，有关新生代员工这一新兴群体的相关研究比较缺乏。

目前中国经济社会正处在急速转型阶段，民营企业新生代员工管理问题突出，对中国情境的民营企业新生代员工工作价值观结构及其影响路径进行探索性研究变得尤为重要。尽管已有研究阐述了新生代员工工作价值影响其工作行为的机理（李燕萍和侯烜方，2012），但民营企业员工的特性有必要通过质性研究方法进一步挖掘。扎根理论是一种运用系统化的程序，针对某一现象来发展并归纳式地引导出理论模型的一种质化研究方法（陈向明，1999），经常被用于各种主题的探索性研究。借鉴前人的研究思路（王聪颖和杨东涛，2015），本研究采用扎根理论探索新生代员工的工作价值观及其作用机制。

3.2.2　探索性研究设计与实施

1. 研究设计

（1）研究方法。本研究采用扎根理论中最为常见的设计方式，即凯西·

卡麦兹（Charmaz，2006）提出的建构型扎根理论。首先，确定研究主题和需要解决的问题，并根据研究主题确定调查范围、调查对象和调查拟获取的数据资料类型；其次，设计访谈提纲（见附件 6），采用半结构式访谈法收集数据资料，并对数据资料按一定规则进行编码分析；最后，对编码信息加以整理，发现新生代员工的价值观体系及工作行为特征，揭示新生代员工工作价值观对其工作行为产生影响的理论机制，提出研究假设和理论模型，为后续章节进行新生代员工社会责任行为决策机制及行为效应研究提供研究基础。

（2）数据采集。本研究的数据搜集过程完全遵循建构型扎根理论程序进行。在样本选择上，采用目的性抽样方法，以保证研究样本的典型性，而且符合研究设计的要求，特别需要考察被调查企业及其员工在社会责任权责方面确实存在的各种值得研究的问题。为了保证质性研究结果适用于不同类型的民营企业，样本尽可能涵盖各个行业、各种规模的民营企业。因此，本研究从江苏省的苏南、苏中、苏北等地的大中型及小微民营企业中随机选择了 50 名员工作为访谈对象，符合扎根理论关于目的性抽样的基本要求。最终经过筛选，有效样本为 46 人，其中：男性 30 名，女性 16 名；年龄均在 23 ~ 35 岁；他们主要工作在生产、市场、财务等岗位。

2. 开放性编码

根据扎根理论方法，整个数据资料的分析过程包括三个步骤，分别是开放性编码、主轴编码和选择性编码。其中，第一步就是开放性编码，这是整个扎根研究最基础、最重要的工作，编码过程就是对数据资料进行概念化和范畴化的过程。为了全面深入地收集归纳与新生代员工的价值观、工作行为有关的数据资料，本研究采用了面对面访谈、实地观察记录等方式进行调研，然后课题组的老师带着学生对搜集的原始资料进行逐行编码，共贴出了 325 个标签，用"aa + 序号"表示，各标签彼此独立。贴标签过程示例如表 3.4 所示。

贴标签过程中，我们提炼并定义了每个标签所反映出来的现象。继而，将各个现象的定义概念化，将相同或类似现象的概念归集到相应的范畴之下，并用专业的术语命名范畴。这一过程中，将 325 个标签（aai）概括成了 96 个初始概念（ai），对初始概念归纳总结得出 30 个主要概念（Ai），并进一步浓缩成了 9 个范畴（Fi）。具体开放性编码过程及范畴化表达如表 3.5 所示。

表 3.4 开放性编码：贴标签和概念化过程示例

样本资料	贴标签	概念化
由于本人是市场营销专业，所以在找工作的时候就较优先考虑与之有关的工作（aa1）。我比较注重能力的提高，当初选择这家公司的主要原因之一就是在这家公司努力工作，专业技能能够得到较大提升（aa2）。最关键的是这家公司离我家很近，同时也节约了我很多时间（aa3）而我本人的特点是能吃苦，不喜欢公司对员工有过多约束，比较喜欢个性化管理（aa4）也十分喜欢尝试新方法，比较喜欢营销这样的能够有灵活工作方式的约束（aa5）。比较喜欢吃苦（aa6），比较喜欢营销这样的能够有灵活工作方式的工作（aa7）。我会主动加班内尽量帮助完成（aa8），也会主动做好领导安排的额外任务（aa9）我身边"80后""90后"的同事比较重视薪酬（aa10）、工作的条件（aa11），工作稳定性（aa12）、"90后"的自我成就感（aa13），所以对于工资的要求更高，一般工作过几年的"80后"老员工都比较有经验，所以对于工资的要求更高（aa14）他们来说是"铁饭碗"，因此对于工资的要求更高（aa15）。同时对他们比较重视同事之间要相互尊重，多沟通、建立和谐的关系（aa16）我身边的"80后""90后"同事，特别是"90后"因为初步入工作岗位不久，还有着学生气息，求知的欲望比较强，对于领导布置的工作任务都会积极地完成（aa17），责任感也很强（aa18），一般情况下都会认真负责地完成自己的各项任务（aa19），公司经常加班，员工基本对于加班没感觉，不会反对加班（aa20）	aa1 选择与自己学习专业相关的工作 aa2 专业技能能够得到较大提升 aa3 公司离家近，节约时间 aa4 不喜欢公司对员工有过多约束，比较喜欢个性化的管理 aa5 乐意尝试新方法 aa6 喜欢营销这样的能够有灵活工作方式的工作 aa7 接受并尽量完成领导安排的额外任务 aa8 主动加班完成任务 aa9 尽职尽责做好领导分配的任务 aa10 身边"80后""90后"同事比较重视薪酬 aa11 身边"80后""90后"同事注重工作的条件 aa12 身边"80后""90后"同事注重工作稳定性 aa13 身边"80后""90后"同事注重自我成就感 aa14 老员工对于工资的要求更高 aa15 重视积极向上的工作关系 aa16 重视同事之间置的工作关系 aa17 积极完成领导布置的工作 aa18 责任感很强 aa19 一般情况下都会认真负责完成自己的各项任务 aa20 对加班没感觉，不会反对加班 aa21 工作氛围同事之间积极交流 aa22 同事之间都会积极交流	a1 与所学专业相符（aa1……） a2 专业技能提升（aa2……） a3 地理位置（aa3……） a4 个性化的管理（aa4……） a5 勇于尝试（aa5……） a6 工作方式多变性（aa6……） a7 接受额外工作（aa7……） a8 主动加班（aa8……） a9 工作责任感（aa9、aa18、aa19……） a10 薪酬（aa10……） a11 工作条件（aa11……） a12 工作稳定性（aa12……） a13 自我成就感（aa13……） a14 工资（aa14……） a15 积极向上（aa15、aa16……） a16 同事工作关系（aa16、aa17……） a17 工作积极性（aa17……） a18 接受加班行为（aa20……） a19 主动交流（aa22、aa33……） a20 协作行为（aa22、aa23……） a21 个性张扬（aa24……） a22 不受约束行为（aa25……） a23 违纪行为（aa26……） a24 工作适应性（aa27……） a25 能力匹配（aa29……） a26 专业承诺（aa30……） a27 积极参加培训（aa31……） a28 主动学习（aa32……） a29 发展潜力感知（aa34……）

续表

样本资料	贴标签	概念化
我们公司的工作氛围积极（aa21），上班时间几乎没有闲聊，除非在中午休息时间，工作量太大，没有人会浪费时间在闲聊上。工作中，同事之间都会积极交流（aa22），团队协作性强（aa23），但一些"90后"员工相对个性张扬（aa24），偶尔出现迟到、上班玩手机、聊天的行为（aa25），一些"90后"公司约束的行为（aa26）	aa23 团队协作性强 aa24 一些"90后"员工相对个性张扬 aa25 一些"90后"员工工作行为不太受公司约束 aa26 偶尔出现迟到、上班玩手机、聊天的行为	
我觉得我应该能适应现在的工作（aa27），因为我做的是市场推广，而我的专业是市场营销，专业十分对口（aa28）。我觉得这份工作能将专业知识与理论结合起来，能充分发挥我的专长（aa29）。工作一年多以来，我深切体会到个人工作能力大幅提升（aa30），还有很多知识需要学习。我积极参加公司组织的各种培训（aa31），主动学习各种知识（aa32），主动与老员工交流经验（aa33）。目前公司业务发展不错，公司在行业内也有很好的口碑，我认为只要自己好好干，会有很好的前景（aa34） ……	aa27 我觉得我应该能适应现在的工作 aa28 专业十分对口 aa29 我觉得这份工作能充分发挥我的专长 aa30 注重个人能力提升 aa31 主动参加培训 aa32 主动学习各种知识 aa33 主动与老员工交流经验 aa34 我认为自己在公司有很好的发展前景 ……	

表 3.5 开放性编码过程及范畴化表达

概念化	主要概念	范畴化
a1 与所学专业相符；a2 专业技能提升；a3 地理位置；a4 个性化的管理；a5 勇于尝试；a6 工作方式多变性；a7 接受额外工作；a8 主动加班；a9 工作责任感；a10 薪酬；a11 工作条件；a12 工作稳定性；a13 自我成就感；a14 工资；a15 积极向上；a16 同事工作关系；a17 工作积极性；a18 接受加班行为；a19 主动交流；a20 协作行为；a21 个性张扬；a22 不受约束性；a23 违纪行为；a24 工作适应性感知；a25 能力匹配；a26 专业承诺；a27 积极参加培训；a28 主动学习；a29 发展潜力感知；a30 办公环境；a31 抱怨；a32 表彰；a33 成就感知；a34 充实感；a35 创新思路；a36 创新行为；a37 待遇；a38 对公司的认可；a39 发展前景感知；a40 福利；a41 付出与收获成正比；a42 个人价值实现；a43 遵守纪律行为；a44 个性张扬行为；a45 工作内容丰富性；a46 工作能力提升；a47 工作挑战性；a48 工作压力；a49 工作与生活的平衡；a50 公司地位；a51 公司发展前景；a52 和谐；a53 积极；a54 工作压力感知；a55 家人认可；a56 奖罚公平；a57 接受新知识；a58 互助行为；a59 晋升；a60 同事认可；a61 经验积累；a62 奖励；a63 拒绝额外工作内容；a64 拒绝加班；a65 离职行为；a66 领导认可；a67 满意度感知；a68 能力提升感知；a69 偏激；a70 亲属关系；a71 轻松；a72 人际关系感知；a73 人脉积累；a74 人文关怀感知；a75 上司关系；a76 社交能力的提升；a77 思想独立；a78 同工同酬；a79 追求自由；a80 团结行为；a81 推卸责任；a82 违纪行为；a83 享受生活；a84 懈怠行为；a85 信息积累；a86 兴趣爱好；a87 行业地位；a88 行业前景；a89 以自我为中心行为；a90 愉快；a91 知识积累；a92 职业承诺；a93 职业前景；a94 主动承担额外工作；a95 主动提出意见；a96 主动向他人推荐公司	A1 能力提升（a1、a2、a25、a46、a76、a91） A2 工作环境（a3、a11、a30） A3 自我导向（a4、a21、a22、a77、a79、a86） A4 变革创新（a5、a35、a57） A5 多样刺激（a6、a45、a47） A6 工作投入（a7、a8、a18、a94） A7 工作情感（a9、a17） A8 薪资待遇（a10、a14、a37、a40） A9 安全感知（a12、a48） A10 自我实现（a13、a42） A11 工作氛围（a15、a52、a53、a71、a90） A12 人际关系（a16、a70、a75） A13 自我发展行为（a19、a27、a28） A14 集体行为（a20、a58、a80） A15 消极偏差行为（a23、a31、a63、a64、a65、a69、a81、a82、a84） A16 工作现状（a24、a39、a54、a72、a74） A17 自我发展倾向（a26、a92） A18 自我认可（a29、a33、a67、a68） A19 组织认可（a32、a59、a62） A20 生活情感（a34、a49、a83） A21 建言行为（a95） A22 创新行为（a36） A23 组织忠诚行为（a38、a96） A24 公平性（a41、a56、a78） A25 纪律行为（a43） A26 自我导向行为（a44、a89） A27 工作地位（a50、a87） A28 发展空间（a51、a88、a93） A29 重要他人认可（a55、a60、a66） A30 资源积累（a61、a73、a85）	F1 物质环境（将 A2、A8、A9 范畴化所得） F2 自我发展（将 A1、A28、A30 范畴化所得） F3 社会关系（将 A11、A12、A24、A27 范畴化所得） F4 自我表达（将 A3、A10、A20 范畴化所得） F5 创新意识（将 A4、A5 范畴化所得） F6 自我感知的工作状态（将 A16、A18、A19、A29 范畴化所得） F7 工作态度（将 A7、A17 范畴化所得） F8 积极工作行为（将 A6、A13、A14、A21、A22、A23、A25 范畴化所得） F9 消极工作行为（将 A15、A26 范畴化所得）

3. 主轴编码

本研究通过开放性编码得到了 F1～F9 共九个范畴（见表 3.5），字里行间可以看出九个范畴之间有一定的联系，但联结方式需要科学方法加以确定。进行主轴编码就是将开放式编码总结得出的若干范畴用各种逻辑关系联结在一起，主轴编码阶段的主要任务包括：建立概念和范畴之间的联系；分辨出主范畴；通过主范畴把握事件发展脉络；回答关于"何时、何地、谁、怎样、结果如何、为什么"这样的问题。如果研究主题有学者提出了相关理论模型，在主轴编码过程中可以加以借鉴，进而确定主要范畴和次要范畴。借鉴前文综述中罗列的典型模型，本研究得到四个主范畴，并用"Z + 序号"的形式表示，分别是工作价值观（Z1）、自我感知的工作状态（Z2）、工作态度（Z3）、工作行为（Z4）。具体的主要范畴、次要范畴及其对应的开放式编码范畴如表 3.6 所示。

表 3.6　　　　　　　　　　　　主轴编码形成的主范畴

主范畴	对应范畴	关系的内涵
Z1 工作价值观	F1 物质环境	一种将物质占有视为人生重心，追求物质财富的富足及工作环境舒适的价值观念
	F2 自我发展	个体追求自身能力的提升、资源的积累，具有强烈的成功愿望，将实现自我价值作为追求的最高目标
	F3 社会关系	工作情境中追求工作的体面性及良好的人际关系、工作氛围等社会关系
	F4 自我表达（个人导向）	突出个人偏好，注重生活质量，同时具有强烈的成功愿望，将实现自我价值作为追求的最高目标
	F5 创新意识	认为开拓创新的意识是工作必备要素
Z2 自我感知的工作状态	F6 自我感知的工作状态	个体从感知的工作现状及自我认可，组织或领导、家人对自己工作的认可程度来感知目前工作状态的好坏
Z3 工作态度	F7 工作态度	工作中，包括责任感、积极性等对组织的态度及对个人未来发展负责与否的态度

主范畴	对应范畴	关系的内涵
Z4 工作行为	F8 积极工作行为	对公司认可，工作中表现出团结协作、积极主动、自觉遵守规章制度等积极的工作行为
	F9 消极工作行为	对公司存在不满，表现出以自我为中心、不受约束的自我导向行为或离职、违纪、懈怠等消极工作行为

（1）主范畴一：工作价值观。物质环境属于员工低端的价值观，在员工生活成本和竞争压力日趋增长的情况下，薪酬待遇、工作稳定性、行业风险、安全感知等物质环境因素成为新生代员工择业的重要因素。新生代员工是伴随着信息技术、经济快速发展而成长起来的一代，一般具有追求自由、思想独立、个性张扬、追求工作与生活的平衡等一系列自我导向及反感枯燥、追求生活多样性的个性特征。在员工追求多变性刺激的状态下，往往更喜欢挑战性工作，要求工作内容丰富、工作方式多变，其工作中表现出勇于尝试、愿意接受新知识、积极创新思路的特点。在物质生活基本能满足的前提下，新生代员工会更多地关注发展空间，追求自我发展，同时在工作情境中追求良好的工作地位、人际关系及工作氛围等社会关系。由此可见，自我表达、物质环境、社会关系、自我发展、创新意识五个因素共同构成了民营企业新生代员工的工作价值观。

（2）主范畴二：自我感知的工作状态。在自我价值观的引导下，新生代员工进入职场后会将对工作的预期和实际感知的工作状态进行对比，根据对比结果形成两种自我感知的工作状态：一种是快乐、顺利、满足，自己、组织或家人等重要他人认可的工作状态；另一种是迷茫、工作单调乏味、难以进入角色、难以应付复杂人际关系，得不到自己、组织或家人等重要他人认可的消极状态。

（3）主范畴三：工作态度。工作中，员工若持续感知到消极的工作状态就比较容易产生沮丧、失望的消极情绪。在新生代员工更加关注自身发展空间、自身专业技能提升的情况下，极易出现认为现有工作对自己而言没有发展空间，自己能力也得不到提升，无法实现自己的目标，无法体现自己的价值等问题，从而产生不满意情绪，对工作失去积极性，缺少责任感、忠诚度。相反，新生代员工在能够顺利进入工作状态的情况下，则会表现出对未来充满希望，主动吸收新知识，提升自身能力，乐于奉献的积极工作状态，也会更多地向他人推荐自己的单位，阻止损坏公司名誉的行为。

（4）主范畴四：工作行为。员工的工作态度是其工作行为形成的主要原因。当员工认为目前的工作状态达不到自己的预期，同时在新生代员工特有的追求自由、思想独立、个性张扬，追求充实感及自我成就感等自我导向特征的驱使下，就会产生张扬、过分追求自己感受、自律性较差等各种自我导向行为以及偏激、跳槽、较大情绪波动、抱怨、诋毁公司形象等消极偏差行为。当员工对自己工作非常满意时，往往表现出各种积极的工作行为：一方面表现出关注自己的发展空间，愿意投入更多的时间和精力去提升自身技能，积累各种资源等关注自我发展的行为；另一方面表现出忠诚行为、责任行为、创新行为、纪律行为、建言行为等集体倾向行为。

4. 选择性编码

经过开放性编码、主轴编码，有关民营企业新生代员工的工作价值观和工作行为的各层级范畴及其相互关系有了进一步描述。本部分要进行选择性编码，就是要从主要范畴中挖掘出核心范畴，然后分析次要范畴、主要范畴与核心范畴之间的关系，并以故事线的形式将整个事件的逻辑主线描述出来。

通过对原始资料、概念、范畴进行不断比较和分析，本研究发现工作价值观、自我感知的工作状态、工作态度、工作行为这四个主范畴可以范畴化为"民营企业新生代员工工作价值观结构及其对工作行为的影响机理"。由此，本研究构建新生代员工"工作价值观—工作行为"理论模型（如图 3.2 所示）。

最终，研究形成了一个关于民营企业新生代员工工作价值观对员工工作行为影响的故事线，从而使各类范畴及概念能够联系起来，即"特定的生长环境造就了民营企业新生代员工特有的价值观结构。进入职场后，在自我价值观的指引下感知到物质条件得不到满足、自我发展受限、社会关系难以把控、无法体现自我，工作单调乏味或是得不到自己、组织及家人等重要他人认可的情况下，便会产生迷茫、难以进入角色的消极状态，从而产生不满意，工作懈怠，对组织缺失责任感、忠诚度，对自己的未来失去信心的工作态度，长此以往引发张扬、过分追求自己感受、自律性较差等各种自我导向行为以及偏激、抱怨、跳槽等消极偏差行为。相反，如果对自己的工作感知到的是人际关系和谐、能顺利进入状态、基本物质条件得到满足、足以体现自己价值、能够得到自己、组织及重要他人认可的积极状态，则会表现出对未来充满希望，主动吸收新知识，提升自身能力，对组织忠诚且有责任感的积极工作状态，进而引发主动学习行为、纪律行为、建言行为、协作行为等自我发展倾向及关注集体发展倾向的一系列积极工作行为"。

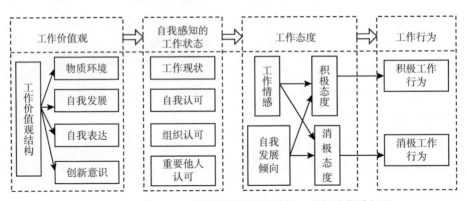

图 3.2　新生代员工工作价值观结构及其对工作行为影响机理

5. 理论饱和度检验

为了验证编码过程中提炼的概念、范畴是否全面，需要进行理论饱和度检验。本研究将剩余的 7 份有效样本按照扎根理论的编码分析方法进行编码分析，没有形成新的范畴和关系，得到的结果符合前面模型中表现的脉络和关系。由此可以认为，本研究建立的"新生代员工工作价值观结构及其对工作行为影响机理"理论模型达到了理论饱和的要求。

3.2.3 模型解析与研究启示

1. 民营企业新生代员工工作价值观分析

本研究基于扎根理论分析方法,采用半结构化访谈方式进行调查研究。根据搜集的一手资料,分析构建了民营企业新生代员工工作价值观结构体系,并对自我表达、物质环境、社会关系、自我发展、创新意识五个因子的内涵进行了界定。其中,自我表达和自我发展维度较贴切地反映了新生代员工所具有的注重工作成就(Zemke et al., 2000),以自我为中心(Smola and Sutton, 2002),关注工作意义、乐趣(Macky et al., 2008),工作自主性强(Dries et al., 2008)及不喜欢程序化的工作(Wilson et al., 2008)等职场特质。这两个维度与国外工作价值观的相关维度较为接近,反映了整个职场的时代特征。

本研究也发现了不同国家员工工作价值观的区别,体现出不同国家的文化差异。一方面,受集体主义价值观及意识形态影响,中国员工特别关注社会关系,即使是新生代员工也很重视职场中的关系,这不同于以自我为中心的西方文化下的员工工作价值观(Lyons et al., 2009);另一方面,本研究还突出了新生代员工的创新导向价值观,这与中国经济社会发展所处的变革阶段相匹配,新生代的员工希望在竞争日益激烈的就业市场中立于不败之地,只有通过不断创新才能获得持续的竞争优势。

这项研究的结论表明,尽管新生代员工具有鲜明的时代特色,但是在对民营企业开出的薪酬待遇方面的需求和预期似乎更加理性,这与李燕萍和侯烜方(2012)的研究结果一致。薪酬待遇属于"保健因素",任何代际的员工都会具有这一"经济人"价值观特征,民营企业的经营特征使得新生代员工更加关注薪酬福利和等价回报等保健内容。此外,物质环境维度表明民营企业新生代员工的工作动力不仅来自从工作中获得的物质报酬,还希望拥有舒适工作的外部环境。总体可见,物质回报和利益驱动在民营企业新生代员工的工作价值观中占据重要地位。

总而言之,通过质性研究开发的包含自我表达、物质环境、社会关系、自我发展、创新意识五要素的民营企业新生代员工工作价值观体系，很好地继承和发展了现有研究成果，具有较高的可信度。

2. 工作价值观对员工工作行为的影响分析

本研究表明，工作价值观通过员工态度对其工作行为产生影响，并由此探索性地构建了"工作价值观—自我感知工作状态—工作态度—工作行为"理论模型，对李燕萍等（2012）的"工作价值观—工作偏好—工作行为"模型进行了拓展。

一是，深入挖掘了民营企业的新生代员工利益需求，丰富了工作价值观在需求层面的考量。弗鲁姆（Vroom，1964）的期望理论认为，员工总是渴望满足某些需求，并试图实现某些目标，当目标尚未实现时，这些需求或目标表现为一种期望。本研究显示，民营企业新生代员工在工作中表现出许多不同于以往世代员工的利益需求：他们在职业价值观上更为丰富（张国民，2008），喜欢扁平化组织结构，漠视权威，希望自我管理（Shri，2011）。这些高层次利益需求使新生代员工对组织的期望更高，工作对他们来说不只是谋生手段，还是自我成长的过程（Crampton and Hodge，2009）。

二是，增加了"自我感知工作状态"调节变量。新生代员工的组织期望通过匹配感知对其工作态度、工作行为产生影响。当他们感知到组织给予的支持能够满足其心理需求时，就产生了组织期望与组织支持相匹配的认知，则新生代员工能够拥有良好的工作态度，产生积极的工作行为；反之，则会导致消极态度和工作偏差行为。新生代员工的这一"自我感知工作状态"过程符合希金斯等（Higgins et al.，1987）的自我差异理论，根据这一理论，当一个人确信他目前的现实不符合理想自我状态时，就会产生失望和不满等消极情绪。这一研究结论值得民营企业管理者注意。

三是，揭示了工作价值观对员工工作行为的影响路径。工作价值观可以用来反映员工对工作的判断标准，它会直接影响新生代员工的工作态度和工作行为。本研究发现，一旦员工通过期望对比现实后形成了积极的情绪，随之而来的是较高的工作满意度和积极的工作行为；反之则相反。受成长环境影响，新生代员工更倾向于实用主义和个人主义，较之忠诚于某一组织，他们更加关注自身专业能力的提升和职业生涯发展，并会通过不断寻找更好的组织去实现这一目标。

综上所述，通过扎根理论分析方法，得出了员工工作价值观对员工工作行为的整个机理过程：在对组织期望与组织支持进行比较的基础上，新生代员工工作价值观通过个体工作态度积极抑或消极，引发其积极在职行为和消极偏差行为。

3.3 民营企业新生代员工的职场特征调查分析

目前我国改革和发展进入了一个崭新的历史阶段，人们对企业的责任以及企业家的使命有了新认识。民营企业不但需要关注外部的市场与制度环境，更要正确辨识新生代员工的利益要求，有针对性地履行员工社会责任，这样才能有效解决企业面临的人力资源管理问题。和谐劳动关系构建不能仅仅依靠企业与员工的简单博弈来实现，还需要调查研究新生代员工的利益需求与企业所提供的工作条件的匹配情况，为企业承担员工社会责任提供参考。

3.3.1 调查设计与实施

本次调查选择江苏省苏南地区的民营制造企业新生代员工作为研究对象，重点调查员工的工作状况，具体内容包括：员工基本信息与工作状态、员工工作需求与压力状态、员工的工作行为等（见附件 1）。在问卷填写结束后，与参与调查的员工进行座谈，在没有管理人员参加的情况下进行半结构式访谈。收集的调查问卷剔除无效问卷后采用数据分析软件 SPSS20.0 进行统计分析，研究结论会参考访谈获取的信息。

本次研究问卷收集历时半个月，共发放问卷 191 份，回收问卷 191 份，将空白问卷和反馈内容存在明显不符的问卷剔除，最终统计有效问卷 175 份。问卷回收率为 100%，回收问卷有效率为 91.6%。

从性别、出生年月、婚姻状况、教育程度、岗位性质、工作年限 6 个方面概括描述研究样本的基本信息如下：受访员工的男女员工比例相当，占比分别为49.1%和50.9%；"80后"已婚员工占大多数，员工的受教育水平普遍较高，即使在制造业类企业中仍然有58.9%的员工接受过高等教育；新生代员工分布在企业的各个重要岗位上，工作年限集中在4年以上，已成为职场主力军。

3.3.2　调查结果与分析

1. 新生代员工的工作条件与感受分析

（1）新生代员工普遍面临超长工时问题。尽管劳动合同法规定："职工每日工作8小时，每周工作40小时"，但2015年8月智联招聘发布的《2015年白领8小时生存质量调研报告》显示，有1/3的白领每周加班超过5小时。本次调研数据也验证了这一现象，大部分新生代员工的工作时数远超于此。长时间紧张、重复而持续地工作一方面降低了员工的劳动效率；另一方面对员工身心健康也产生了极其不良的影响。

从图3.3和图3.4调查数据来看，新生代员工每周工作时间在5~5.5天的人数占28%，每周工作时间在5.5~6天的人数占61%，每周工作超过6天以上人数占11%；平均每天工时数8小时以下23人，占调查人数13.1%；工时数8~9小时125人，占调查人数71.4%；工时数在9小时以上有27人，占调查人数15.4%。由调查数据可以了解到新生代员工面临着超长工作时间的问题。

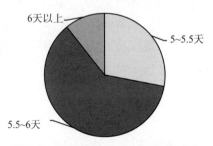

图3.3　新生代员工周工作时数统计

（人）

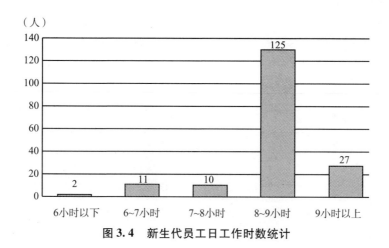

图3.4　新生代员工日工作时数统计

（2）新生代员工面临的工作压力超过警戒线。调研数据显示有接近60%的新生代员工承受着来自经济、工作、人际和个人感情等方面的压力（见图3.5），其中，工作压力排在第二位。在压力的应对方式中（见图3.6），倾诉、交流成为员工缓解工作压力的最主要方式，运动、上网宣泄也是比较常用的方式，有部分员工选择酗酒等消极的解决方式，另有2人有自杀的想法。可以看到新生代员工面临的工作压力已突破警戒线，合理有效的压力干预机制应该在企业内部启动。

（人）

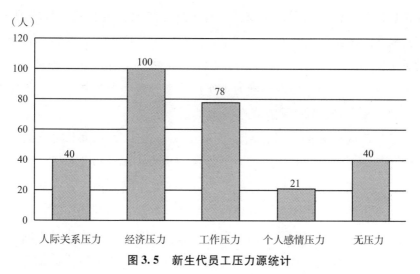

图3.5　新生代员工压力源统计

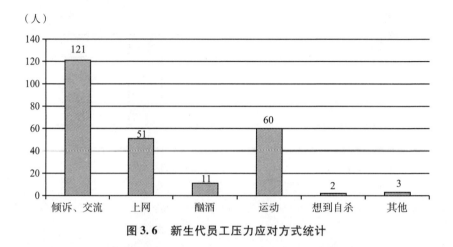

图3.6　新生代员工压力应对方式统计

对于"80后""90后"员工而言，从小到大优越的生活条件削弱了他们的抗压能力和抗挫折能力，在面临激烈的竞争和高强度的工作时，他们容易产生负面情绪。但是许多企业并未作出积极应对，表现为企业压力咨询部门的匮乏和压力教育管理活动的缺失。调研中发现仅有19%的企业设置了专门的压力咨询部门，开展压力教育管理活动和教育的企业仅占37%，没有企业进行效果跟踪。

（3）新生代员工因频繁跳槽难以形成正确的工作价值观。员工具有正确的工作价值观不仅有利于企业发展，对其自身的成长也有着非常好的影响。这就需要企业承担起沟通和引导作用，针对新生代员工的个性特点，建立起鼓励员工参与的组织管理氛围，分阶段对新生代员工进行职业规划，使其逐步认清职业发展方向，形成正确的工作价值观。现实中，新生代员工频繁跳槽的现象，使得企业缺乏相应的管理动力。

从图3.7调查数据来看，新生代员工就业后工作变动1次及以下的占31.4%；2~3次的占49%，4~5次的占13%；6次及以上的占7%，频繁的跳槽不利于新生代员工形成正确的职业价值观。同时由图3.8调查数据显示，工作变更的原因集中在对发展前途的预期、薪资福利问题、同事关系和管理层问题、工作环境问题、离家远等方面。这表明，新生代员工的工作价值取向大多比较现实，具有短期的功利性特点。但也有新生代员工希望通过努力工作得到社会的认可，并在工作中取得成就，实现自身的价值。

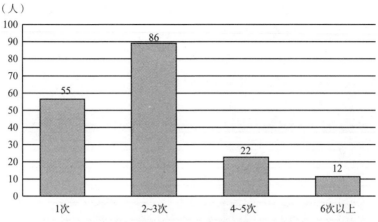

图 3.7　新生代员工工作变更次数统计

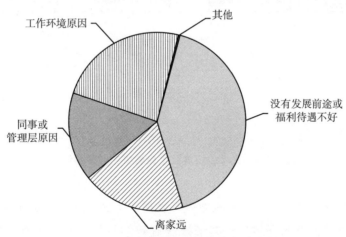

图 3.8　新生代员工工作变更原因统计

（4）新生代员工普遍对工作现状不满。新生代员工对于现状的不满集中在两个方面：一方面，对工作的薪酬制度不满，渴望通过合理的奖惩制度提升自己的薪酬水平。调查数据显示有 58% 的新生代员工表达了对奖惩制度的不满，认为奖惩制度存在不完善、领导实施不到位的情况。同时，与老一代员工相比，新生代员工更看重内心的需求，更勇于维护自己的权利，希望获得的奖励中，除薪酬提高以外，领导认可、职位晋升、被人尊重、旅游休假、得到向往已久的培训机会、在同事前得到表扬等也依次包括在内。图3.9显示，在员工迫切需要企业解决的问题中，83%的员工提到了提高工资待遇，印证了新生代员工的谋生价值取向。企业应该在正视薪酬待遇起到的积极作用的同时，适当注重激励方式的多样化、系统化。

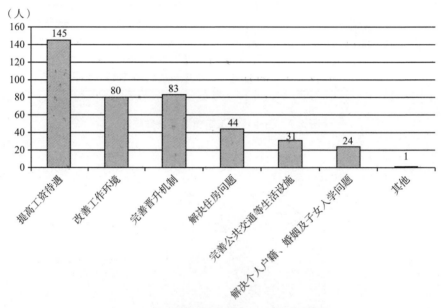

图3.9　员工迫切需要企业解决的问题统计

另一方面，对自身的技术能力提升表现出不满。新生代员工对职业的未来既表达出了积极的渴望，同时又缺乏有效的规划。调研中有74%的员工对五年后自己的发展持乐观态度，能够认清阻碍自己职业进步的障碍是专业知识技能的局限性，但对自己技能的提高持迷茫状态。如图3.10所示，49%的员工认为在企业没有得到专业知识和技能的培养，47%的员工认为在企业没有得到社交能力的培养，43%的员工认为在企业没有得到社会责任感方面的培养，57%的员工认为在企业没有得到自我塑造能力的培养。同时，新生代员工也普遍没有寻求到自主提高专业知识技能的有效路径。

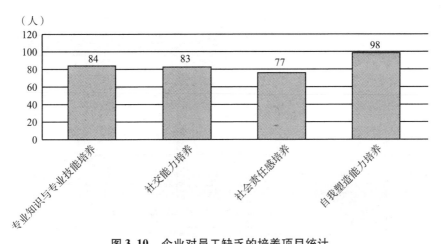

图 3.10 企业对员工缺乏的培养项目统计

2. 新生代员工的工作态度与行为分析

（1）新生代员工的敬业度水平不高。1990 年卡恩提出了员工敬业度以后，国内外学者纷纷对其概念和结构维度进行研究。本研究借鉴查淞城（2007）的敬业度测量表，从组织认同、工作投入和工作价值感三个维度对敬业度进行测量。为了更好地解读本次调研结果，我们将回答结果划分为三类：认可百分比包括基本同意和完全同意；中立百分比包括说不清楚；反对百分比包括完全不同意和基本不同意。所得调查结果如图 3.11 和图 3.12 所示。

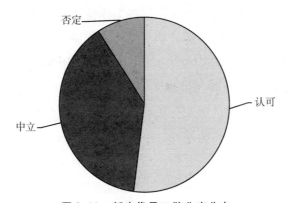

图 3.11 新生代员工敬业度分布

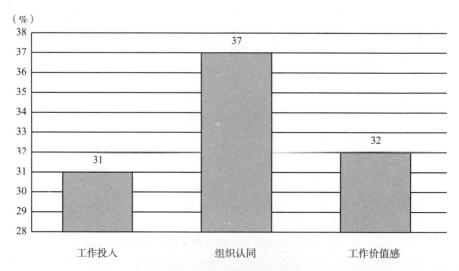

图 3.12　新生代员工敬业度维度

　　由图 3.11 和图 3.12 可以看出，本次新生代员工敬业度的调研结果并不理想，其敬业度仅为 52%，远远低于高绩效标准 77%（高绩效基准是肯耐珂萨公司用三年时间在全球组织调查的排名前 25% 的企业的敬业度得分。该公司认为敬业度高于 77% 的组织为高绩效组织，低于 66% 的为低绩效组织）。由此可见，新生代员工的敬业度堪忧，这对公司绩效与新生代员工的可持续性发展都将形成极大的阻力。从敬业度的三个维度来看，新生代员工对于工作投入的认可度要高于组织认同和工作价值感的认可度，说明新生代员工对于所从事工作本身的挑战性和激励性不甚满意，组织认同度不高。

　　（2）新生代员工工作行为有待引导。员工的工作行为不仅与其敬业度有关，还受其他外部因素影响。借鉴洪克森（2012）的研究，通过新生代员工的角色行为、指向组织的组织公民行为和指向个人的组织公民行为三个维度观察到新生代员工工作行为现状。

　　由图 3.13 和图 3.14 可以看到，新生代员工对工作行为持积极态度仅为 30%，同时持中立态度的占到了 61%，这也意味着，通过组织的有针对性的引导，新生代员工的工作行为能够更积极主动。从工作行为的三个维度来看，角色行为仅为 15%，指向组织的组织公民行为和指向个人的组织公民行为分别为 52% 和 33% 。这充分说明了新生代员工的工作积极性不足，对于本职工作的完成有懈怠行为，对自己的工作行为也存在着不满。但对同事间的利他行为的认可度较高，与同事关系和睦，乐意对同事提供帮助，在必要的时候分担同事的工作任务，注重和谐组织氛围的建立。

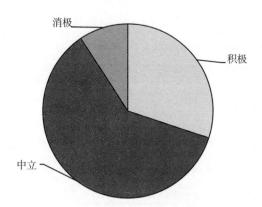

图 3.13　新生代员工工作行为态度分布

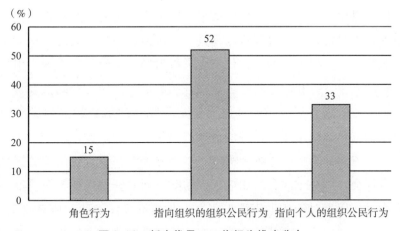

图 3.14　新生代员工工作行为维度分布

3.3.3　结论与管理启示

本研究对民营制造企业新生代员工的工作状况进行了探索性分析。发现新生代员工普遍存在工作时间长、工作压力大、工作稳定性偏低、工作满意度不高等问题，导致他们敬业度不高，工作行为有待进一步引导。针对研究反映出的问题，建议企业从以下几个方面来加以改善。

一是，以效率提升代替疲劳加班。超长工时并不是企业赢得收益的唯一路径。超长工时造成的工作效率低下和高员工离职率会对冲超长工时所获得的收益，不利于企业的可持续发展。企业应不断改善工作条件、改进工作方法、优化工作流程，通过"机器换人"将新生代员工从烦琐、低效的劳动中解放出来，提升员工的价值创造能力。

二是，以良好工作氛围减轻员工压力。员工的心理健康与工作场所的氛围密切相关，企业应针对新生代员工特点加以改善和优化。一方面，企业应解决压力咨询部门匮乏和压力教育管理活动缺失问题，帮助员工清楚掌握自己工作的重心及如何提高工作效率，更好地完成工作；另一方面，从企业文化建设着手，营造宽松的工作氛围，建立真诚、平等的内部沟通机制，从而稳定员工工作情绪，激发员工工作热情，进而产生合力，实现组织目标。

三是，引导新生代员工工作价值观。新生代员工的工作稳定性差、工作场所偏差行为时常发生等管理难题是其工作价值观的显性表现，这就决定了组织有必要对新生代员工的工作价值观进行引导与培育。一方面，引导员工树立正确的人生目标和职业目标，建立开阔的职业格局，准确把握自己的职业路径；另一方面，从组织制度层面制定阶段性的培训扶持和激励引导制度，以激励强化健康工作价值观的形成与固化。

四是，建立健全多样化激励机制。本研究表明，新生代员工的谋生价值取向是由社会环境决定的，组织应正视薪酬待遇对新生代员工敬业度和工作行为的积极作用。对于新生代员工而言，薪酬不仅仅是劳动所获得的酬劳，更是自我价值的体现。此外，企业还应注重激励方式的多样化、系统化，在薪酬设计时应充分考虑是否符合员工的期望，提供具有公平性的薪酬，并积极探索非物质激励形式。

3.4　本 章 小 结

本章分别对民营企业新生代员工的利益需求、工作价值观及工作行为进行了深入研究，主要体现在以下三个方面。

首先，阐述了员工利益要求的理论基础，分析新生代员工的需求特征，得出了新生代员工的利益需求包括个人成长、环境支撑、业务成就、工作自主和金钱财富五个方面，其中个人成长需求受到新生代员工的重点关注，金钱财富虽然排名第五但均值不低，说明薪酬福利也是新生代员工关注的重要内容。

其次，以新生代员工的利益需求为基础，采用扎根理论方法，结合新生代员工的评价，对民营企业新生代员工在职场中工作价值观和行为表现的关系展开研究。一是建立了新生代员工工作价值观结构体系，即自我表达、物质环境、社会关系、自我发展、创新意识；二是分析新生代员工工作价值观对工作行为的影响机理，构建新生代员工"工作价值观—自我感知的工作状态—工作态度—工作行为"理论模型，为本书第 6 章进一步实证检验民营企业新生代员工社会责任的行为效应奠定基础。

最后，对民营企业新生代员工的职场特征进行调查，发现新生代员工普遍存在工作时间长、工作压力大、工作稳定性偏低、工作满意度不高等问题，这些问题导致他们敬业度不高、工作行为亟待进一步引导。这些调查结果也说明，新生代员工的利益要求尚未得到很好满足，工作价值观需要积极引导和干预。

本章主要从新生代员工个人利益需求和工作行为的角度进行研究，下一章我们将把视角切换至民营企业，探讨民营企业社会责任的决策行为，找出企业承担新生代员工责任行为的根本动机。

第 4 章

民营企业新生代员工
社会责任行为决策研究

伴随着我国经济社会的快速发展，越来越多的人开始关注企业社会责任，期望企业能够自觉履行相应的社会责任（张三峰和杨德才，2013）。但中国企业的总体表现却差强人意，频繁出现食品安全、员工权益、环境污染以及社会捐赠等问题，不断挑动着人们的神经，不仅影响了利益相关者的利益，也使公司自身的市场形象和财务绩效大受影响（郏宝云等，2016）。与此同时，不同企业在各类社会责任活动中表现出较大差异，如"最具领袖气质的年度最佳雇主"万科集团，在汶川大地震当天仅捐款 200 万元；因员工跳楼事件而被贴上"血汗工厂"标签的富士康公司，在汶川大地震期间捐赠6000 万元，多年来慈善投入总计超过 12 亿元（田虹和王汉瑛，2014）。万科集团重视对员工的责任，富士康公司注重社会慈善事业，两家公司都在积极履行社会责任，但实际效果却不尽如人意。那么，民营企业的社会责任行为为什么会呈现异质性？

伍德和琼斯（Wood and Jones，1995）曾经构建了从"原则"经过"过程"最终导致"结果"的范式来研究企业社会责任问题。然而，此范式只是显性地认知企业社会责任行为表现形式，没有理解企业社会责任行为的影响因素及作用的中间过程，无法解释不同企业社会责任行为存在差异的真实原因（Snider et al.，2003）。近年来，有关企业社会责任水平高低影响因素的研究被多视角展开，包括社会制度、经济环境、市场机制等宏观因素，也包括企业特性、管理者特征等内部因素。但是，关于各类因素对企业社会责任行为的作用过程和作用机理的研究还不够深入、系统（冯臻，2010）。本书的研究对象是民营企业新生代员工社会责任行为，从企业员工社会责任行为表现出发，通过对企业行为的前置影响因素进行分析，以及对这些因素作用的中间过程进行研究，能够全面解析企业员工社会责任行动的决策过程机理。

　　基于上述分析，根据本书第 2 章得出的逻辑框架，本章把研究视角从第 3 章的新生代员工转向民营企业的责任行为，将在民营企业社会责任行为特征分析的基础上，剖析新生代员工社会责任行为的决策机制。具体研究内容分为四部分：第一部分，基于上市公司年报数据，定量分析民营企业社会责任行为特征；第二部分，借鉴纳什讨价还价一般模型，分析民营企业承担员工社会责任的内生机制；第三部分，采用探索性案例分析法，研究民营企业新生代员工社会责任行为及其影响因素；第四部分，基于问卷调查和实地访谈，实证研究民营企业新生代员工社会责任行为的决策机制。

4.1　民营企业社会责任行为特征分析

4.1.1　理论背景

　　民营企业新生代员工社会责任包含于企业社会责任总体行为表现之中，分析企业的社会责任行为的总体表现，是进一步研究企业员工社会责任行为影响因素作用过程和作用机理的前提。在分析包括新生代员工社会责任在内的民营企业社会责任行为特征之前，有两个问题需要明确，即企业社会责任的内涵范围及其行为表现水平的衡量方式。

　　1. 企业社会责任的内涵范围

　　企业社会责任是一个多维度概念，是指企业应该承担的经济、法律、伦理和社会责任的总和（Carroll，1979）。美国经济发展委员会（1971）提出了"同心圆"假说，将社会责任分为三个不同的层次：最内层是企业为自身发展而承担的经济责任，中层责任是指企业配合社会价值观的变化而承担的经济职能，外层责任是指企业积极参与改善社会环境（季学凤，2011）。我国学者阳秋林（2005）基于投资者、职工、消费者等利益相关者视角，建立六大系列社会责任分析指标体系。金立印（2006）则从保护消费者权益、开展社会慈善活动、参与公益事业、保护自然环境、承担经济责任五个维度，开发了包含16个具体指标的测评企业社会责任运动的量表体系。因为是基于消费者视角构建的评价体系，国外学者关注的注重员工的安全与健康、提供良好的员工关系与福利、对员工教育培训等没能列入其中。事实上，企业承担员工社会责任与消费者响应密切相关（周延风等，2007）。

2. 企业社会责任行为表现的测量实践

就企业社会责任评价实践而言，社会责任国际组织（SAI）联合欧美跨国公司和其他国际组织，联合制定的SA8000社会责任国际标准，被认为是第一个属于第三方认证的社会责任标准体系；由独立调查和评级机构KLD公司（Kinder, Lydenberg, Domini and Co. Inc）的分析师创建的KLD指数以及道琼斯可持续发展指数，均具有较高影响力。在中国，《南方周末》（2003年开始评选至今）主要从经济指标、就业与员工权益、公益慈善、环保责任意识、产品质量五个方面对选取的民营企业、国有企业、外资企业的社会责任履行情况进行比较、评价。北京大学民营经济研究院（2006）发表了《中国企业社会责任调查评价体系与标准》，指标分类与国内学者的研究基本吻合。2008年开始，润灵环球作为中国首家独立的第三方社会责任评级机构，主要对上市公司进行ESG（环境、社会责任、治理）评级、CSR（企业社会责任）报告评级。

目前，对于企业是否应当承担社会责任已经不存在争议，但对于应该履行哪些社会责任、如何评价社会责任履行状况等问题，仍需进一步深入研究。民营企业在我国经济社会中所处的核心地位及其屡屡出现的人才危机，显示了民营企业员工关系管理的重要性，加强对民营企业新生代员工社会责任行为机制的研究就显得尤为迫切。鉴于不同行业企业的社会责任行为表现各异，而同一行业中实力较强的上市公司，其社会责任履行情况的好坏将会对其他经济主体起到引领和借鉴作用，因此，选择典型行业研究上市公司的企业员工社会责任行为特征和新生代员工社会责任行为决策机制，具有重要的现实意义。

4.1.2　研究设计

1. 样本选择与数据来源

制造业是国民经济最重要的支柱产业，江苏省是闻名全国的制造业大省，其制造业产业总体规模大、有活力、基础好。机械工业信息研究院（2015）发布的《2013 年中国（全口径）装备制造业区域竞争力评价报告》显示，江苏省制造业的区域竞争力稳居榜首。这也是继 2012 年排名后，江苏省蝉联桂冠（司建楠，2015）。所以本研究以江苏制造业非国有控股上市公司为代表，研究民营企业社会责任行为特征。这些公司属于民营企业中的佼佼者，往往比较重视企业社会责任，以提升企业形象。

本研究以在我国沪、深两市上市的江苏省制造业上市公司作为原始样本，查找到 187 家公司，剔除异常值后剩余 164 家，经过数据的收集和整理，发现只有 17 家（占 10.37%）公司同时披露了对外捐赠费用、教育经费以及排污费用，大部分公司只披露了其中的一项或两项（见表 4.1）。本研究所需数据均收集于上海证券交易所网站（www. sse. com. cn）和深圳证券交易所网站（www. sse. org. cn）提供的上市公司 2013 年度财务报表。其中，股东人数、员工人数来自财务报告中的说明项，企业的捐赠和赞助总额来自财务报表附注中的"营业外支出"项目，环保经费则来自报表附注中"管理费用"项目下列示的"排污费"。数据处理与实证分析采用了 SPSS17. 0 for Windows 软件和 Excel 软件。

表 4.1　　　　　　　　　信息披露情况统计

序号	项目	家数（家）	比例（%）
1	披露捐赠费用	128	78.05
2	披露环保费用	29	17.68

续表

序号	项目	家数（家）	比例（%）
3	工会经费与教育经费合并披露	159	96.95
4	捐赠＋环保＋教育（含工会经费）	17	10.37
5	披露捐赠费用与教育经费	123	75.00
6	披露环保经费和教育经费	28	17.0
	总家数	164	100.00

2. 变量界定

企业社会责任活动的异质性表现为对主要和次要利益相关者的社会责任活动强度和范围不同（Hillman and Keim，2001）。其中，主要利益相关者是指与企业经营直接相关的利益相关者，而次要利益相关者的关联性次之（Freeman et al.，2008）。马丁利和贝尔曼（Mattingly and Berman，2006）将针对主要利益相关者的企业社会责任活动称为技术性 CSR，针对次要利益相关者的企业社会责任活动称为制度性 CSR，技术性 CSR 的作用对象是股东、员工、消费者等主要利益相关者，典型的制度性 CSR 是对社会的慈善捐赠。

为了使所选指标可量化、可对比，并能客观地评估民营上市公司的社会责任行为特征，本研究综合考虑了中国经济和社会转型期的特点，立足于现阶段的基本国情，采用利益相关者理论，从技术性 CSR（投资者、债权人、政府、员工、消费者、供应商）和制度性 CSR（社会和资源环境）两个方面共 8 个维度来测量企业社会责任。具体选择的指标如表 4.2 所示。

表 4.2　　　　　　　　　　　　　　变量定义

评价内容	评价指标	变量代码	计算公式
对投资者的责任	每股收益（X_1）	EPS	期末净利润/发行在外的股数
	股东获利率（X_2）	SR	分配股利、利润支付的现金/净利润
对债权人的责任	资产负债率（X_3）	LEV	负债总额/资产总额
	流动比率（X_4）	CR	流动资产/流动负债

评价内容	评价指标	变量代码	计算公式
对员工的责任	薪金支付率（X_5）	GOVR	支付给职工以及为职工支付的现金/营业收入
	员工人均年教育费率（X_6）	ED	员工教育经费总额/员工总人数
对消费者的责任	营业成本增长率（X_7）	CSGR	（当期营业成本－上期营业成本）/上期营业成本
	营业收入增长率（X_8）	IRR	（当期营业收入－上期营业收入）/上期营业收入
对供应商的责任	应付账款周转率（X_9）	APTR	营业成本/期末应付账款
	欠款未偿率（X_{10}）	PAR	（应付账款＋应付票据＋预收账款）/资产总额
对政府的责任	单位资产就业率（X_{11}）	ER	员工人数/总资产
	资产税费率（X_{12}）	ATR	（支付的各项税费－收到的税费返还）/总资产
对社区的责任	捐赠收入比（X_{13}）	DIR	捐赠和赞助金额/营业收入
	社会捐助率（X_{14}）	SD	捐赠金额/净利润
对环境的责任	环保经费投资率（X_{15}）	EP	环保经费总额/营业收入

4.1.3　结果与分析

1. 上市公司社会责任信息披露情况分析

根据资料收集情况以及数据的可得性，本研究主要以员工的受教育情况、对外捐赠情况，以及对资源环境的重视情况，对江苏省制造业上市公司社会责任信息披露情况进行行业分析（见表 4.3）。

表 4.3　　　　　　　　江苏省制造业披露三项费用情况统计

序号	所属行业	总家数（家）	披露家数（家）	比例（%）
1	电气机械	21	2	9.52
2	纺织服装	8	2	25
3	非金属矿物	6	2	33.33
4	化学化工	24	5	20.83
5	计算机、通信	23	0	0
6	金属制品	10	2	20

续表

序号	所属行业	总家数（家）	披露家数（家）	比例（%）
7	酒、饮料和茶	3	0	0
8	木材加工	2	0	0
9	其他制造业	1	0	0
10	汽车制造业	7	0	0
11	铁路、船舶	4	1	25
12	通用设备	18	1	5.56
13	橡胶和塑料	7	0	0
14	医药制造业	7	0	0
15	仪器仪表	3	0	0
16	有色金属冶炼	4	1	25
17	专用设备	16	1	6.25
	总家数	164	17	10.37

注：三项费用是指教育经费、捐赠费用、环保费用。

从表4.3看出，164家上市公司共分布在17个行业，其中披露三项费用的有9个行业，占52.94%；未披露的有8个行业，占47.06%；披露和不披露各占近一半，说明江苏省制造业上市公司社会责任披露情况并不理想。本研究所选取的17家公司均来自披露三项费用的9个行业（见表4.4）。

表4.4   **17家公司所属行业**

序号	名称	所属行业	序号	名称	所属行业
1	南京化纤	化学纤维	7	宝馨科技	金属制品
2	恒立油缸	专用设备	8	亨通光电	电气机械
3	江苏旷达	纺织业	9	亚威股份	通用设备
4	中航动控	铁路、船舶	10	九九久	化学原料
5	华昌化工	化学原料	11	常宝股份	金属制品
6	辉丰股份	化学原料	12	沙钢股份	黑色金属

序号	名称	所属行业	序号	名称	所属行业
13	亚玛顿	非金属矿物	16	宝胜股份	电气机械
14	云海金属	有色金属	17	红太阳	化学化工
15	江苏阳光	纺织业			

2. 上市公司社会责任行为的异质性分析

首先，利用 SPSS 与 Excel 软件，用统计方法对原始数据进行标准化处理，并进行主成分分析法的适应性检验。根据 KMO 检验和 Bartlett 球度检验，发现检验变量间偏相关性 KMO 值为 0.612，超过了 0.6，符合主成分分析的要求。同时，根据球形假设检验结果，Bartlett's 检验值为 218.983（Sig. = 0.000），小于显著性水平 0.05，球形假设被拒绝，因此认为适合主成分分析。然后，确定提取主成分的个数。根据总方差解释表（表格略）中所列出的主成分，按照特征根从大到小的次序排列。第 1 个主成分的特征根为 3.688，解释了总变异的 24.589%，依此类推，至第 6 个主成分时，已经解释了总变异的 86.651%，因此 15 个变量只需要提取 6 个主成分即可。

根据各主成分载荷值解释其经济意义：第一个因子主要解释资产负债率和股东获利率，表示企业对股东和债权人的责任；第二个因子主要解释单位资产就业率和营业收入增长率，表示企业对政府和消费者的责任；第三个因子主要解释应付账款周转率和环保经费投资率，表示对供应商和环境的责任；第四个因子主要表示对员工的责任；第五个和第六个因子都是表示对社会捐赠的责任。

最后，根据主成分得分矩阵以及变量的观测值，构建得分函数并计算因子得分 F_1、F_2、F_3、F_4、F_5、F_6 和综合值 F（见表4.5）。

表 4.5   主成分因子得分及排名

序号	名称	因子1（F_1）	因子2（F_2）	因子3（F_3）	因子4（F_4）	因子5（F_5）	因子6（F_6）	因子综合得分（F）	排名
15	南京化纤	-0.267	1.810	2.729	0.116	-1.110	0.480	0.657	1
17	恒立油缸	0.639	0.848	0.528	0.448	1.454	-2.259	0.410	2

续表

序号	名称	因子1（F_1）	因子2（F_2）	因子3（F_3）	因子4（F_4）	因子5（F_5）	因子6（F_6）	因子综合得分（F）	排名
10	江苏旷达	0.454	0.412	0.865	-0.415	0.960	0.241	0.365	3
2	中航动控	2.144	0.136	-0.538	-0.293	-0.838	-0.128	0.357	4
5	华昌化工	0.021	-0.070	-0.637	3.690	-0.418	0.240	0.339	5
8	辉丰股份	0.322	0.934	-0.632	-0.368	0.791	1.561	0.289	6
9	宝馨科技	1.199	-0.023	-0.128	-0.597	-0.373	-0.010	0.165	7
14	亨通光电	-0.561	-0.488	0.331	0.170	2.788	0.949	0.134	8
11	亚威股份	0.696	0.195	-0.917	-0.518	-0.151	0.348	0.015	9
6	九九久	0.840	-1.517	0.435	0.035	-0.107	-0.248	-0.036	10
7	常宝股份	-0.460	0.532	-1.159	-0.595	0.078	0.585	-0.216	11
3	沙钢股份	-0.111	-0.999	-0.352	-0.002	-0.655	1.234	-0.236	12
12	亚玛顿	-0.228	0.875	-1.146	-0.390	-0.620	-1.606	-0.280	13
4	云海金属	-1.276	-0.330	0.688	0.071	-0.637	-0.280	-0.333	14
13	江苏阳光	-0.024	-2.419	1.120	-0.489	-0.446	-0.398	-0.418	15
16	宝胜股份	-1.589	0.470	-0.424	-0.444	-0.905	0.667	-0.447	16
1	红太阳	-1.800	-0.365	-0.765	-0.418	0.190	-1.374	-0.765	17

从主成分载荷值看，江苏省制造业上市公司主要重视对主要利益相关者（股东、雇员、客户、供应商、政府、债权人）的责任，轻视对次要利益相关者（社会和环境）的责任；从主成分得分以及其综合值看，有近1/2的公司综合值为负数，说明即使属于同一行业（制造业）的上市公司，其社会责任履行情况也参差不齐，有的甚至差距很大。

3. 上市公司社会责任行为的综合评价指数分析

基于上述运算结果，将不同的样本公司看作是 m 个备选方案，将主成分分析中得到的综合指标（因子）看作是样本公司社会责任行为所具有的 n 个属性，则可以采用 TOPSIS 计算方法进行多目标综合评价（龚志文和陈金龙，2010）。

TOPSIS 计算方法的步骤如下：首先，构建由 m 个备选方案和 n 个决策属性（指标）组成的初始判断矩阵，并对初始判断矩阵进行归一化处理，得到规范决策矩阵；其次，将所提取的因子作为 TOPSIS 法的评价指标，评价指标的权重为各因子的方差贡献率（提取了6个因子，则因子1到因子6的权重分别为 0.24589、0.18975、0.15367、0.12500、0.08053、0.07168），计算加权规范决策矩阵；再次，确定备选方案的正理想解 S_i^+ 和负理想解 S_i^-，计算各评价对象（样本公司）到正理想解的距离 D_i^+ 和到负理想解的距离 D_i^-，最后计算各方案到正理想解的相对接近度 C_i（即综合评价指数）。根据相对接近度 C_i 对评价对象进行排序，相对接近度的值大的方案相对较优，得出如下排名（见表4.6）。

表4.6　　　　　　　　　　TOPSIS 评价结果

公司	D_i^+	D_i^-	C_i	排序结果
南京化纤	0.202	0.273	0.574	1
恒立油缸	0.183	0.233	0.561	3
江苏旷达	0.197	0.217	0.524	4
中航动控	0.209	0.275	0.568	2
华昌化工	0.215	0.213	0.497	7
辉丰股份	0.221	0.221	0.501	6
宝馨科技	0.214	0.224	0.512	5
亨通光电	0.245	0.166	0.403	11
亚威股份	0.234	0.204	0.466	8
九九久	0.238	0.184	0.437	9
常宝股份	0.270	0.172	0.389	12
沙钢股份	0.263	0.144	0.353	13
亚玛顿	0.264	0.184	0.412	10
云海金属	0.282	0.133	0.321	16
江苏阳光	0.290	0.145	0.332	14
宝胜股份	0.306	0.150	0.329	15
红太阳	0.331	0.103	0.238	17

将排名第一和排名最后的两家公司的各指标数据列示如表4.7所示。

表 4.7　　　　　　　　　　　各数据指标对比

序号	名称	每股收益	股东获利率	资产负债率	流动比率	薪金支付率	TOPSIS 排序
1	红太阳	0.733	0.604	0.655	8.011	0.028	17
15	南京化纤	0.080	3.502	0.685	0.853	0.082	1

序号	名称	人均年教育费率	营业成本增长率	营业收入增长率	应付账款周转率	欠款未偿率	TOPSIS 排序
1	红太阳	675.095	− 0.029	0.009	16.322	0.063	17
15	南京化纤	618.927	0.289	0.351	4.809	0.156	1

序号	名称	单位资产就业率	资产税费率	捐赠收入比	社会捐助率	环保经费投资率	TOPSIS 排序
1	红太阳	0.003858	0.011311	0.000224	0.004358	0.000403	17
15	南京化纤	0.009094	0.044838	0.000151	0.012633	0.011408	1

从表4.6和表4.7中可以看出，两家公司对主要利益相关者的责任指标大部分都差不多，红太阳的有些指标甚至超过了南京化纤，但是因对次要利益相关者责任的某些指标较低，经过TOPSIS排序后，使得其排名降到了最后。由此可见，对次要利益相关者责任履行的好坏，会影响公司的形象和业绩排名。所以上市公司要想维护自身的形象，今后应该重视对次要利益相关者的责任。

4. 样本员工社会责任行为的纵向比较分析

为了深入了解企业员工社会责任履行情况，对17家公司的相关指标进行连续年度统计。从表4.8可以看出，这17家公司都有对员工支付工资、资金、社会保险、福利费，都承担了对员工素质提升和未来发展的社会伦理责任，且两类指标总体呈现增长态势。其中，有10家（58.82%）公司的薪金支付率超过了8%，有的甚至达到了32%，有11家（64.71%）公司的员工人均年教育费接近或超过了1000元，有的甚至达到3600多元。并且，薪金支付率高的公司相应的员工人均年教育费也比较高。这说明这些公司除了重视员工基本生活保障外，还很重视员工的发展和提升，知道人才对公司发展的重要性。

表 4.8　　　　　　　　17 家公司 2013～2016 年员工社会责任投入

序号	名称	所属行业	2013 年		2014 年		2015 年		2016 年	
			X_5	X_6	X_5	X_6	X_5	X_6	X_5	X_6
1	南京化纤	化学纤维	8.15	618.93	10.19	584.39	13.40	723.00	12.42	573.85
2	恒立油缸	专用设备	16.40	741.56	19.75	1382.32	21.39	1234.59	23.15	1215.00
3	江苏旷达	纺织业	9.56	1176.27	9.61	1210.54	11.49	1269.81	9.22	1811.50
4	中航动控	铁路、船舶	32.67	2406.38	36.50	2213.67	39.12	2270.57	44.60	2476.02
5	华昌化工	化学原料	5.61	992.47	6.70	991.11	7.83	1119.12	8.06	1220.40
6	辉丰股份	化学原料	8.92	1224.96	10.61	1728.65	9.19	1574.71	5.67	1240.82
7	宝馨科技	金属制品	21.87	473.30	20.45	447.55	17.82	698.46	18.12	780.87
8	亨通光电	电气机械	5.96	60.11	6.44	986.91	5.73	936.90	6.25	994.62
9	亚威股份	通用设备	10.14	2315.78	10.66	3695.56	11.52	2707.04	10.24	2353.90
10	九九久	化学原料	11.79	1213.10	10.70	1373.12	9.35	52.73	8.01	470.86
11	常宝股份	金属制品	4.25	686.88	4.47	628.71	6.11	169.63	7.46	246.75
12	沙钢股份	黑色金属	3.44	1524.10	3.64	1122.48	5.21	869.07	4.86	887.99
13	亚玛顿	非金属矿物	10.92	968.06	10.46	1422.32	9.88	1335.37	8.60	981.20
14	云海金属	有色金属	4.08	117.60	4.86	1957.69	6.13	883.05	5.44	1197.28
15	江苏阳光	纺织业	12.82	133.16	14.93	113.44	16.69	157.48	16.53	151.72
16	宝胜股份	电气机械	2.22	581.06	2.40	406.85	2.64	650.04	2.51	545.08
17	红太阳	化学化工	2.77	675.09	3.48	848.49	5.04	742.59	6.30	536.17

注：X_5 为薪金支付率；X_6 为员工人均年教育费率。

4.1.4　结论与管理启示

（1）采用主成分分析法和 TOPSIS 组合评价法进行企业社会责任行为评价，两种方法得出的结论基本相同且相互印证（除亨通光电和亚玛顿排名出入稍大外）。采用 TOPSIS 组合评价法对样本公司的社会责任履践水平进行排序，多途径获取的相关信息显示排序情况较为客观。但有些社会责任行为因无法量化，没能适时加以反映，对样本企业的社会责任总体表现的评价会有所影响。

（2）从主成分及其综合评价看，股东和债权人在江苏省制造业上市公司社会责任的履行中排在首位，对政府和消费者的责任排在第二位，对供应商和环境的责任排在第三位，对员工的责任排在第四位，对社会的责任排在最后。由此可见，江苏省制造业上市公司对这两类异质性很强的活动重视程度是有差别的，重视对主要利益相关者的责任，轻视对次要利益相关者的责任。

（3）根据 TOPSIS 组合评价法结果，17 家上市公司的综合评价指数在 0.4~0.5，红太阳的得分仅为 0.2382，说明江苏省制造业上市公司对社会责任的总体履行水平不高，且存在较大差异，而大多数上市公司只披露一项或两项社会责任的现实表明上市公司主动承担社会责任的意识不强。今后，应加强对企业社会责任的宣传与引导，让江苏省制造业上市公司能负起制造业大省的责任，在为投资者创造出大量财富的同时也能积极履行好对其他利益相关者的责任，为创造和谐稳定的社会环境作出应有的贡献。

（4）通过对 17 家公司 2013~2016 年员工社会责任投入情况分析，发现上市公司都能够较好地承担员工社会责任，尤其在薪金支付和员工培训方面投入较多。然而，我们的实地调研结果却显示，中小民营企业的员工社会责任履行现状堪忧。为什么上市民营企业与未上市中小民营企业在承担员工社会责任方面有如此大的差距？需要通过研究民营企业员工社会责任行为决策机制来揭示内在原因。

4.2 民营企业承担员工社会责任的内生机制分析

4.2.1 民营企业承担员工社会责任的内生机制研究必要性

员工是企业的核心利益相关者，企业对员工承担必要的社会责任（以

下简称员工社会责任）是企业社会责任体系的重要组成部分。自 1924 年
英国学者欧立文·谢尔顿首次提出企业社会责任以来，员工社会责任的研
究也随着企业社会责任研究的发展而发展，但是，相关研究大多将员工社
会责任涵盖在企业广义社会责任管理研究之中（周燕等，2004；邬爱其
等，2008；张萍等，2012）。为数不多的员工社会责任专题研究主要讨论
了企业承担社会责任的经济动因（肖红军等，2010），以及对员工组织行
为（何显富等，2011；晁罡等，2012）和员工满意度的影响（王新宇等，
2010；张振刚等，2012），缺乏有关企业承担员工社会责任内生过程机制
的研究。

　　根据利益相关者理论逻辑，企业是否承担相关社会责任，主要不是企业
基于市场竞争作出的策略选择，而更可能是一个企业与员工或消费者以及社
区居民等利益相关者相互博弈的过程与结果（王明亮，2013），有必要将企
业社会责任行为放到企业与利益相关者的博弈格局当中展开分析。同时，根
据莱特等（Right et al.，1996）的观点，人力资源管理活动中的因果关系不
明显，因而带有一定模糊性，企业承担员工社会责任作为人力资源管理活动
之一，其实现问题同样面对供给难以计量、需求环境复杂的现实，需要企业
员工与用人单位就社会责任水平进行磋商。因此，本小节借助讨价还价博弈
模型，来探求民营企业承担员工社会责任的内生机理。

　　本研究以民营企业为对象，是因为中国经过 40 年的改革开放，民营企
业已成为中国经济发展的重要支柱，在解决新增就业等方面作出了巨大贡
献；且民营企业产权相对清晰，相对于国有企业或者其他类型企业，体制等
相关情境变量的影响较少，社会责任具有较大的自主性与灵活性（陈爽英
等，2012）；同时，随着劳动力市场形势的变化，民营企业员工社会责任决
策正变得越来越复杂，非常具有研究价值。

4.2.2　民营企业承担员工社会责任的内生机制博弈关系解析

1. 企业社会责任与人力资源管理的关系分析
追求经济利益的同时承担必要的社会责任，正逐渐成为众多国内企业的

共识。实践中，企业人力资源管理作为企业管理中的核心，在很大程度上影响着企业社会责任的执行效果和水平，而企业社会责任又能够赋予人力资源管理以新的理念与价值，企业社会责任与人力资源管理相互依赖、互动共赢。

一方面，企业社会责任的履行依赖于企业人力资源管理实践和活动。企业能否真正承担起自己的社会责任，有赖于企业决策管理者和全体员工在日常工作中以及在某些特殊情况下的具体行动（傅缨茗和廖磊鑫，2012）。只有将社会责任的价值观培育成为企业文化的主要内容之一，并通过人力资源管理活动向员工传递、沟通、激发社会责任意识，强化社会责任行为，才能够真正使企业社会责任落实到位、效果明显，企业才能成为社会公众认可的积极的社会公民。而企业切实履行社会公民行为的最为重要的一个方面，恰恰是为员工提供必备的人力资源产品和服务，即承担员工社会责任。

另一方面，企业的人力资源管理受到企业社会责任的深刻影响。时代的发展决定了人力资源管理必须随之融入更多新的元素，目前广受关注的企业社会责任正是其中最为重要的一个方面（何显富等，2011）。尽管从短期来看，企业对利益相关者承担一定的社会责任，会在一定程度上增加企业的经营成本，但从长远来看却有利于企业的发展。以企业承担员工社会责任为例，对外可以通过塑造良好雇主品牌形象来吸引更多优质人才，对内能够提高员工对组织的认同感和归属感，从而促使员工为企业创造更大价值。因此，企业应将承担员工社会责任与人力资源管理进行有效整合，从一个全新的视角构建具有社会责任的人力资源管理模式，以企业员工社会责任的要求推进企业人力资源管理的创新。

2. 民营企业人力资源管理部门与董事会间就员工社会责任的博弈动机分析

民营企业的社会责任行为，随着我国经济社会的发展而不断变化。早期的民营企业较其他主体没有或较少受到行政和计划的约束，在一种长期的无责任主体的制度文化背景中，民营企业受单纯的自我利益驱动，出现暂时的道德"真空"在所难免（周燕和林龙，2004）。现阶段民营企业的发展业绩已被广为认可，其社会责任表现也日渐不凡，许多企业为了生存和发展，以及建立政治关联，选择积极主动承担社会责任。但由于各利益相关者在与公司利益联系的紧密度以及在公司经济结构中的地位并不相同，公司也并非对他们承担同等程度的社会责任，企业社会责任的实现主要依赖权力机构即董事会的商业决策，其目标是实现公司利益最大化（李建伟，2010）。实践中，相对于企业的慈善责任、环境责任与消费者责任，在劳动力市场供大于求的背景下，部分民营企业推卸员工社会责任甚至侵犯员工的权益，如缺乏劳动保护、超时加班、拖欠工资等。

一般来说，企业履行社会责任具有道德驱动、经济驱动和政治驱动三种动机。我国民营企业以中小型规模为主，大多自身生存艰难，企业的经济属性及其特殊的处境决定了其更有为追逐价值增值而履行社会责任的经济动机（苏蕊芯和仲伟周，2011）。面对当前的国际贸易规则与用工环境，民营企业只有将承担员工社会责任纳入企业人力资源管理战略，才能实现持续健康发展目标。但民营企业承担多少、怎样承担员工社会责任，受劳动力市场供求状况、企业所处的发展阶段与经营目标以及员工的素质和谈判能力等因素的影响。对于大多数民营企业而言，通常不存在员工参与公司治理以及与董事会共商共决的机制，特别是那些初始创业或处于成长期的民营企业，人力资源管理部门代表员工就社会责任承担与董事会进行谈判，将直接影响企业员工社会责任策略选择。

根据以上分析，本研究把企业承担员工社会责任“一维化”为人力资源（HR）投入，而 HR 投入水平最终取决于 HR 管理者与董事会的讨价还价能力（郑文智和叶民强，2009）。质言之，民营企业员工社会责任的实现问题归根到底是 HR 部门与企业董事会的讨价还价问题。HR 部门与董事会之间的博弈主要围绕 HR 的投入（I）与产出率（O）之间进行讨价还价。但是对于 I 与 O，HR 部门与董事会对这两个因素的理解与要求不同。HR 部门希望较高的 I 与 O，但对董事会来说，他们则希望降低 I 来实现较高的 O，特别是缺乏人力资源战略管理意识的企业。基于此，采用讨价还价博弈模型分析 HR 部门与董事会的谈判行为。

4.2.3 民营企业承担员工社会责任的内生机制博弈策略选择

1. HR 部门与董事会间的动态博弈分析

为了简化分析，假设董事会只关心一个根本目标，那就是利润，即董事会的效用函数可以直接用利润函数来表示。利润是收益与成本之差。假设董事会的收益是对 HR 部门的投入水平 I 的函数 $R(I)$，再假设董事会只有在对 HR 部门投入时产生的成本 IO，其中 O 为 HR 部门的产出率，因此，董事会的利润函数为 $\pi = R(I) - IO$。我们将 HR 部门的效用函数抽象为 $U(I, O)$。

董事会与 HR 部门就董事会对 HR 部门的投入水平 I 以及 HR 部门的产出率 O 进行动态博弈。一般情况下，HR 部门先动，即 HR 部门先提出年度的 HR 部门的产出率（O），然后董事会根据观察到的 O 后选择未来对 HR 部门的投入水平 I。为方便起见，假设董事会对 HR 部门的投入水平 I 和 HR 部门的产出率 O 是连续可分的，因此，双方有无限多种选择。

我们采用逆推方法求解如上的动态博弈模型。双方的完全信息动态博弈模型如下：

$$\text{董事会（后动）：} \underset{I>0}{\text{Max}} \pi = R(I) - IO \tag{4.1}$$

$$\text{HR 部门（先动）：} \underset{R>0}{\text{Max}} U(I, O) \tag{4.2}$$

第一步，先分析第二阶段董事会的策略选择，也就是董事会对 HR 部门选择产出率 O 的反应函数。设 HR 部门提出的产出率为 O，那么董事会实现自己最大效用的对 HR 部门的投入水平为 I，即为如下最大值模型的解：

$$\underset{I>0}{\text{Max}} \pi = R(I) - IO \tag{4.3}$$

对于满足连续性和边际收益递减的收益函数，能使得 π 对 I 的导数 $R'(I) - O = 0$ 的 I，就是实现董事会最大利润的投入水平。$R'(I) - O = 0$ 的经济意义是董事会增加对 HR 部门的投入的边际收益等于 HR 部门的产出率。在董事会的收益函数 $R(I)$ 的图形上反映出来，就是董事会取得最大利润的投入水平 $I^*(O)$ 对应的 $R(I)$ 曲线上点处的切线斜率一定等于 HR 部门的产出率，如图 4.1 所示。如果在图 4.1 中作出董事会对 HR 部门的投入成本 IO，则 IO 与上述切线必然平行，从而意味着 $R(I) - IO$ 最大。

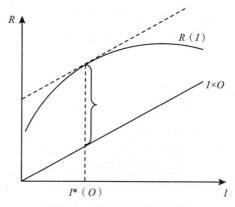

图 4.1 董事会的反应函数

第二步，回到第一阶段 HR 部门的选择。由于 HR 部门了解董事会的决策方法，因此其完全清楚对应自己选择的产出率 O，董事会将会选择对 HR 部门的投入水平一定是由上述方式决定的 $I^*(O)$。因此，HR 部门需要解决的决策问题变成选择 O^*，使得它满足如下模型的最大值问题的解：

$$\underset{R>0}{\mathrm{Max}}\, U(I,\ O) \tag{4.4}$$

此最优化问题的一阶条件为：

$$\frac{\partial U}{\partial O}+\frac{\partial U}{\partial I}\frac{\partial I}{\partial O}=0 \ \text{或}\ MRS_{IO}^{U}=\frac{-\dfrac{\partial U}{\partial I}}{\dfrac{\partial U}{\partial O}}=\frac{\partial O}{\partial I} \tag{4.5}$$

如果我们给出 HR 部门效用函数的具体形式，就可以通过上述条件求出最优化问题的解 O^*。

现在假设建立 HR 部门效用函数 $U(I,\ O)$ 的 I 与 O 之间的无差异曲线，如图 4.2 所示，其中位置越高的无差异曲线表示 HR 部门的效用越高。因此，我们可以通过将董事会的反应函数 $I^*(O)$ 画在图 4.2 上，得出 O^* 的一个解。因为事实上，与董事会的反应函数相切的那条无差异曲线对应的效用，就是 HR 部门能实现的最大效用，切点的横坐标正是 HR 部门实现这个最大效用必须选择的产出率，纵坐标则是董事会对 HR 部门的 O^* 的最佳反应 $I^*(O^*)$。因此，这个博弈的均衡解为 $(I^*(O^*),\ O^*)$。在上述通过逆推法找出的策略组合中，肯定不包含任何不可信的威胁或诺言，因此，$(I^*(O^*)，O^*)$ 就是该动态博弈模型的一个子博弈完美纳什均衡。

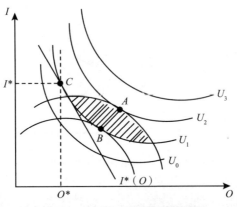

图 4.2　HR 部门的无差异曲线

2. HR 部门与董事会间的讨价还价博弈分析

尽管 $(I^*(O^*)，O^*)$ 是上述博弈问题的一个子博弈纳什均衡结果，但从图 4.2 中不难看出 $(I^*(O^*)，O^*)$ 并不是一个 Pareto 最优点，图 4.2 中阴影部分的任何点都比点 $(I^*(O^*)，O^*)$ 更优。因此，董事会和 HR 部门之间可以就如何将子博弈完美纳什均衡解 $(I^*(O^*)，O^*)$ 推进到 Pareto 解而进行讨价还价。下面我们将借鉴纳什讨价还价一般模型，求解如下讨价还价模型：

$$\underset{I>0,O>0}{\text{Max}} \ [U(I，O) - U(I^*，O^*)]^a \{[R(I) - IO] - [R(I^*) - I^*O^*]\}^{1-a}$$

$$(4.6)$$

其中，a 和 $1-a$ 分别代表 HR 部门和董事会的谈判力。上述模型最优解的一阶条件为：

$$a \frac{\partial U(I，O)}{\partial I} \{[R(I) - IO] - [R(I^*) - I^*O^*]\} + (1-a)[U(I，O)$$

$$- U(I^*，O^*)][R'(I) - O] = 0 \qquad (4.7)$$

$$a \frac{\partial U}{\partial O} \{[R(I) - IO] - [R(I^*) - I^*O^*]\} + (1-a)[U(I，O)$$

$$- U(I^*，O^*)](-I) = 0 \qquad (4.8)$$

将上述两个一阶条件做一个比例变换后，我们得到如下的关系式：

$$-\frac{\dfrac{\partial U(I,\ O)}{\partial I}}{\dfrac{\partial U(I,\ O)}{\partial O}} = \frac{R'(I)-O}{I} \tag{4.9}$$

关系式（4.8）决定了上述讨价还价模型的解落在双方的合同曲线（Contract curve）上（如图 4.2 中的 A 和 B 两点之间的连线，即 AB 上的每一点都为董事会和 HR 部门的效用函数无差异曲线的切点）。

为方便分析 a，即 HR 部门讨价还价能力的变化规律，我们给出如下定义：

定义：假设 $U(I,\ O)$ 和 $R(I)$ 为连续可微函数，$(I^*(O^*),\ O^*)$ 是董事会和 HR 部门对 I 和 O 进行博弈的动态博弈模型的子博弈纳什均衡解，则我们称 $\dfrac{\dfrac{\partial[(R(I)-IO)]}{\partial I}}{[R(I)-IO]-[R(I^*)-I^*O^*]}$，$\dfrac{\dfrac{\partial U(I,\ O)}{\partial I}}{U(I,\ O)-U(I^*,\ O^*)}$ 以及

$\dfrac{\dfrac{\partial U(I,\ O)}{\partial O}}{U(I,\ O)-U(I^*,\ O^*)}$ 分别为董事会效用函数在 $(I^*(O^*),\ O^*)$ 处关于 I 的相对敏感度，HR 部门效用函数在 $(I^*(O^*),\ O^*)$ 处关于 I 的相对敏感度和 HR 部门效用函数在 $(I^*(O^*),\ O^*)$ 处关于 O 的相对敏感度。

由讨价还价模型的一阶条件，我们可以解得关于 a 的表达式如下：

$$a = \cfrac{1}{1+\cfrac{\dfrac{\partial U(I,\ O)}{\partial O}}{U(I,\ O)-U(I^*,\ O^*)} \times \cfrac{1}{\dfrac{I}{[R(I)-IO]-[R(I^*)-I^*O^*]}}} \tag{4.10}$$

或：

$$a = \cfrac{1}{1-\cfrac{\dfrac{\partial[R(I)-IO]}{\partial I}}{[R(I)-IO]-[R(I^*)-I^*O^*]} \times \cfrac{1}{\dfrac{\dfrac{\partial U(I,\ O)}{\partial I}}{U(I,\ O)-U(I^*,\ O^*)}}} \tag{4.11}$$

现在，通过 a 的表达式，我们可以看出在以下几种情况下，HR 部门的讨价还价能力将得到提高，相应地，董事会的讨价还价能力将降低。

（1）当 HR 部门效用函数在 $(I^*(O^*)，O^*)$ 处关于 O 的相对敏感度越来越小，同时，董事会对 HR 部门的投入 I 对董事会的收益函数 $R(I) - IO$ 与董事会在子博弈纳什均衡处的收益值 $R(I^*) - I^*O^*$ 的差值的比值越来越大时，HR 部门的讨价还价能力将越来越高，而此时董事会的讨价还价能力将越来越低。

（2）当 HR 部门效用函数在 $(I^*(O^*)，O^*)$ 处关于 O 的相对敏感度越来越小，同时，董事会对 HR 部门的投入 I 对董事会的收益函数 $R(I) - IO$ 与董事会在子博弈纳什均衡处的收益值 $R(I^*) - I^*O^*$ 的差值的比值也越来越小时，但前者减小的速度要比后者减小的速度快，则 HR 部门的讨价还价能力将越来越高，而此时董事会的讨价还价能力将越来越低。

（3）当 HR 部门效用函数在 $(I^*(O^*)，O^*)$ 处关于 O 的相对敏感度越来越大，同时，董事会对 HR 部门的投入 I 对董事会的收益函数 $R(I) - IO$ 与董事会在子博弈纳什均衡处的收益值 $R(I^*) - I^*O^*$ 的差值的比值也越来越大时，但后者增大的速度要比前者增大的速度快，则 HR 部门的讨价还价能力将越来越高，而此时董事会的讨价还价能力将越来越低。

（4）当董事会效用函数在 $(I^*(O^*)，O^*)$ 处关于 I 的相对敏感度的绝对值越来越小，同时，HR 部门效用函数在 $(I^*(O^*)，O^*)$ 处关于 I 的相对敏感度越来越大时，HR 部门的讨价还价能力将越来越高，而此时董事会的讨价还价能力将越来越低。

（5）当董事会效用函数在 $(I^*(O^*)，O^*)$ 处关于 I 的相对敏感度的绝对值越来越小，同时，HR 部门效用函数在 $(I^*(O^*)，O^*)$ 处关于 I 的相对敏感度也越来越小，但前者减小的速度要比后者减小的速度快，则 HR 部门的讨价还价能力将越来越高，而此时董事会的讨价还价能力将越来越低。

（6）当董事会效用函数在 $(I^*(O^*)，O^*)$ 处关于 I 的相对敏感度的绝对值越来越大，同时，HR 部门效用函数在 $(I^*(O^*)，O^*)$ 处关于 I 的相对敏感度也越来越大，但后者增大的速度要比前者来得快，则 HR 部门的讨价还价能力将越来越高，而此时董事会的讨价还价能力将越来越低。

4.2.4　结论与管理启示

根据以上分析可以看出，民营企业承担员工社会责任水平（投入水平）高低的内生影响因素，是企业因承担员工社会责任而产生的效用相对于投入和产出率敏感度大小，且董事会和 HR 部门的相对敏感度以及对人力资源投入与产出的期望存在差异，需要通过谈判优化企业承担员工社会责任的投入决策。基于民营企业员工社会责任普遍缺失的现实，这也就意味着，HR 部门应有效组织管理员工，提升自身的谈判实力，增加员工社会责任投入的产出率，促进企业决策层提高承担员工社会责任的水平，最终实现企业总体效益的增加。为此，提出如下建议。

一方面，民营企业应转变观念，合理承担员工社会责任。民营企业若想实现可持续健康发展，就不能只关注短期利润目标。企业的长期持续发展是以劳动者的发展为基础的（李宁琪和王艳平，2008），不论是基于经济利润还是基于政治动机、道德责任，在经济全球化和当前劳动力市场背景下，企业对于劳动者的社会责任的承担是义不容辞的。但企业在承担员工社会责任的时候，要准确把握不同发展阶段企业的实力，不能过多承担，也不能过少承担。一般而言，企业发展初期，企业只需承担员工的基本保障如劳动保护的责任；当发展到一定阶段，才开始承担员工的成就需要如职业培训的责任；要企业承担员工职业发展与参与治理责任，则需要企业发展到成熟阶段。

另一方面，民营企业 HR 部门应重新定位，优化员工社会责任执行策略。首先，将人力资源的开发与管理活动与企业战略相结合。企业员工社会责任要求将企业的"人是第一资源"目标提升至与企业的利润目标相平行的位置（王君毅，2013），HR 部门要尽可能地论证企业员工社会责任投入与产出的关系，提供充分的信息去寻求董事会的 HR 战略支持选择。其次，通过优化执行策略，在既定的社会责任投入下，提升产出率，使图 4.2 中的 C 点朝 A 和 B 两点之间的连线移动，包括制定诸如薪酬福利、考核评估、教育培训等方面的制度体系，在日常管理活动当中做好协调管理工作，激发员工的工作热情和创造性。进一步地，凭借员工社会责任上的良好表现在人才市场上形成招聘优势并激励组织内员工努力工作。最后，提升员工的维权意识，进而提升其自身谈判能力。要促进企业由被动履行社会责任转化为主动承担社会责任义务，企业员工也要自觉加强自身的博弈优势，不断提高维权意识。而且，企业员工还可以通过工会力量与政府进行沟通，督促政府制定法律以维护其切身利益。

4.3 民营企业新生代员工社会责任行为影响因素的探索性分析

4.3.1 理论回顾

1. 企业承担员工社会责任的动因

企业社会责任最早是针对新古典企业理论假设的"股东至上主义"提出的，其核心思想是企业在创造利润、保障股东权益的同时，还要承担对其他利益相关者的责任（沈洪涛和沈艺峰，2007）。企业社会责任行为是一种旨在追求"共同福祉"的实践，将资源投放给股东、员工、顾客、环境等关系管理领域（龙文滨和宋献中，2013）。有关企业社会责任行为影响因素的研究大多基于利益相关者理论，研究结论零碎、分散且不确定（Rynes and Schmidt, 2003）。企业社会责任行为相关研究多样化结果有多种原因解释，佩罗扎（Peloza, 2009）发现以往的相关研究一共涉及39种企业社会责任行为，面向不同利益相关者的社会责任行为，其行为决策机理存在差异。

近年来，国内外学者尝试将员工社会责任从企业社会责任总体中剥离出来，分析其履践机制和行为效应（陆玉梅等，2015），但有关员工社会责任的研究更多地讨论了企业承担社会责任的经济动因，忽视了企业的制度压力和制度理性。一般来说，企业履行社会责任具有道德驱动、经济驱动和政治驱动三种动机（苏蕊芯和仲伟周，2010）。民营企业的经济属性及其特殊的处境，决定了其较少纯粹出于道德动因承担社会责任。近年来，中国的市场化进程取得了巨大进步，对民营企业履行员工社会责任产生了一定的经济驱动。在转型经济背景下，政府仍然对民营企业的行为产生一定的影响（辜胜阻等，2006），因此，民营企业履践员工社会责任行为也存在制度动因。另外，民营企业是否承担和怎样承担员工社会责任是企业的一项内部决策，不仅会受到企业高层管理者的行为态度的影响（冯臻，2010），而且还要考虑企业的经济实力和以往决策的效果。目前系统研究民营企业员工社会责任行为机制的相关研究成果还比较有限。

2. 计划行为理论及其应用

20 世纪 80 年代初，美国学者阿杰恩和费什贝因（Ajzen and Fishbein）就假设个体的行为选择在多数情况下是理性的，之后在对有关态度的已有研究进行检验的基础上，合作提出理性行为理论，认为行为态度和主观规范影响个体特定的行为意向，行为意向又进一步影响其实际行动。但在之后的研究中发现，个体对自己行为表现的控制程度，将影响其他因素对实际行为的解释力。于是，阿杰恩（1985）提出了计划行为理论（Theory of Planning Behavior，TPB），将知觉行为控制作为前置影响因素之一引入行为模型，计划行为理论模型见图 4.3。计划行为理论将行为态度、主观规范和知觉行为控制纳入同一分析模型，可以全面揭示决策者心理因素、外部环境因素、行为特征感知程度等对个体行为意图和行为决策的影响。

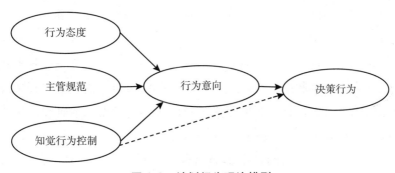

图 4.3　计划行为理论模型

20 世纪 80 年代以来，计划行为理论被广泛应用于多领域研究，这一趋势在企业社会责任行为研究中也有体现：科罗拉多和费雷兹（Cordano and Frieze，2000）研究企业污染预防等环境战略的决策机理，发现企业管理者的个人偏好与之存在正相关关系；张等（Zhang et al.，2013）运用计划行为理论，研究了企业实施清洁生产技术行为意愿的影响因素；梅强等（2013）基于计划行为理论模型和结构方程分析方法，研究了影响中小企业安全投入行为决策的主要因素及各因素的影响程度；冯臻（2014）以计划行为理论为框架，将企业社会责任整体行为作为研究对象，分析其行为实施过程的影响因素。这些文献为民营企业新生代员工社会责任行为决策研究提供了思路和借鉴。

3. 研究思路

计划行为理论最初旨在研究影响个人行为的主要变量及其相互关系，其在企业决策中的运用已有多领域实证研究，以中小企业为对象的方法运用和实证检验也得到了认可（Southey，2011）。民营企业大多为中小企业或小微企业，其履行社会责任被认为是一种内部决策行为，管理者对社会责任的履行意愿与具体落实担负较大责任。有鉴于此，本研究将基于计划行为理论，从行为态度、主观规范、知觉行为控制三个层面，探索性分析民营企业新生代员工社会责任行为现状与影响因素。

影响民营企业新生代员工社会责任行为决策的因素是多样的、非线性的，有关民营企业新生代员工社会责任行为选择的偏好及影响因素，属于解决"是什么"的探索性研究，需要深入企业进行调研、访谈和资料收集，并通过规范的案例分析的方法来揭示相关概念之间的内在联系。在案例研究过程中，综合运用多种数据、资料收集的技术与手段，对民营企业新生代员工社会责任行为决策机制中复杂问题进行深入挖掘和细致描述，寻找适应新生代员工需求的社会责任行为影响因素。具体研究路径为：本研究以经济相对发达、CSR 推动较好的江苏民营企业为研究案例，基于计划行为理论，剖析新生代员工社会责任行为的各个影响因素，进而提出研究假设和概念模型，为后文大样本实证研究奠定基础。

4.3.2　研究设计

1. 案例选取

在探索性案例研究过程中，案例选取的是否适当直接影响研究结论的可靠性。桑德斯（Sanders，1982）建议最好选取 3~6 个案例进行比较研究，在案例研究的选择过程中，尽量选择突出的、极端的案例，不仅可以形成鲜明对比便于提取研究观点，还可以通过比较得出新的结论以扩展现有理论（Eisenhardt，1989）。为了深入挖掘民营企业新生代员工社会责任行为决策机理，本研究共选取了 4 个企业作为探索性案例研究对象。为降低案例研究的外部变异性（赵辉和田志龙，2014），将案例企业限定在民营经济发达的江苏省内，并兼顾了不同行业。为了全面调查企业员工社会责任履行情况，样本企业大多具有一定的规模和知名度，其中 3 家企业为上市公司，B 公司为前面提到的 17 家上市公司之一。具体项目信息见表 4.9。下面将对案例企业及其承担社会责任的情况进行简要介绍。

表 4.9　　　　　　　　　　　　案例企业基本特征

企业名称	A 公司	B 公司	C 公司	D 公司
成立年份	1995 年	2006 年	1988 年	1988 年
企业性质	民营企业	民营企业	民营企业	民营企业
所属行业	服装家纺（纺织服装、服饰业）	新能源企业（光伏玻璃研发）	轨道交通（铁路、船舶、航空航天和其他运输设备制造业）	化学原料和化学制品制造业
所在区域	无锡	常州	常州	常州
CSR 项目	创立慈善基金、成立××抗肿瘤基金、设立农村青年创业贷款项目	公司捐赠 10kW 组件支持光伏扶贫项目	援建新疆尼勒克县博爱小学、成立"××教育奖励基金"	成立"××千万光彩基金""××千万慈善基金""千万教育光彩基金"和"百万教育奖励基金"

（1）A 公司：江苏省重点企业集团，国务院 120 家深化改革试点企业之一，中国服装界唯一一家由国家工商总局认定的商标战略实施示范企业，全

国工商联副主席单位。它创建于 1957 年，最初的企业产品是针织内衣，目前已经开始涉足橡胶轮胎、生物制药等其他产业领域，经济总量 503.1 亿元，居中国民营企业 500 强中第 64 位。集团目前有员工 2 万多人，间接带动就业 10 万人。公司董事长认为，履行社会责任是企业的应尽义务。多年来，公司创立慈善基金和抗肿瘤基金，帮助困难员工解决问题；设立奖学金、助学金，关心下一代的教育成长；设立农村青年创业贷款项目，帮助青年创业；成立××小额贷款有限公司，帮助小微企业发展等。

（2）B 公司：江苏省创新型、福布斯最具潜力的高新技术企业，成立于 2006 年 9 月，2011 年 10 月 13 日在深交所中小板上市。公司成立伊始就坚持科技创新，产品技术处于行业领先地位。2008 年通过国家新标准"高新技术企业"认定，2011 年 8 月荣获江苏省高成长型中小企业称号。2011 年入选《福布斯》中国潜力企业榜。公司秉承"诚信、责任、和谐、感恩"和"为社会创造财富，为股东创造价值"的企业使命，充分挖掘内部潜力，调动全体员工的工作积极性，在企业持续稳健发展、保护股东利益的同时，认真履行对股东、员工、对客户、对供应商的社会责任，以实际行动履行公司在各方面应尽的责任和义务，创建和谐的发展环境，促进公司和谐发展。在 2016 年召开的中国首届光伏扶贫研讨会上，公司捐赠 10kW 组件用于支持国爱光伏扶贫项目。

（3）C 公司：创建于 1988 年，是一家以轨道交通车辆装备研发、生产为主的企业集团，是中国轨道交通装备定点生产企业、国家级重点高新技术企业。2015 年，入选"中国民营企业制造业 500 强"。企业在发展的同时，公司董事长始终不忘回报社会，几年来，公司用于各类慈善公益事业的资金近亿元。2014 年 9 月，向新疆尼勒克县捐赠 50 万元建设博爱小学。2015 年 4 月，企业所在乡镇举行"教育提升光彩行动"，该公司捐款就达到 500 万元。2015 年 9 月，在教师节颁奖大会上，该公司再次捐款 200 万元，成立"××教育奖励基金"，用每年的基金收益表彰当地优质学校和优秀师生，这也是企业所在乡镇首例民营企业冠名教育基金。

（4）D 公司：国家级高新技术企业，连续多年跻身中国企业 500 强，2014 年 9 月，D 股份首次公开募股在上海证券交易所上市，2016 年营业收

入接近 500 亿元。在企业社会责任的履行方面，2006 年该公司分别捐赠
1000 万元，成立 "××千万光彩基金" 和 "××千万慈善基金"，支持社会
公益事业发展；2008 年，向汶川地震灾区捐赠物资达 1121 万元；2009 年，
向所在乡镇捐款 100 万元，支持社会主义新农村建设；2010 年，捐赠 500 万
元，支持第 17 届省运会在江苏常州举办；2011 年，分别捐赠 200 万元和
300 万元设立所在乡镇的 "千万教育光彩基金" 和 "百万教育奖励基金"，
支持地方教育事业发展。截至 2016 年底，该公司为社会公益事业、慈善事
业、教育事业累积捐款近亿元。

2. 数据收集

本研究采用分析性归纳法对案例资料进行挖掘，数据收集过程通常要涉
及相互重复的几个步骤（Yin，1994）：首先对第一个案例资料进行分析，归
纳出构念之间的关系；然后，基于初步的概念框架进行第二个案例的资料收
集，并在资料收集过程中有意识地寻找支持现有理论构念的证据，并对第一
次得到的理论框架进行适度修正，从而实现 "寻找共性、逐渐稳定" 的目标
（沈奇泰松等，2012）。

本研究项目团队在确定好样本企业后，对每个企业员工社会责任行为的
分析都经过了下列三个步骤收集二手资料和一手信息：（1）通过各种搜索引
擎查阅与样本企业有关的企业介绍、事件报道、企业评论等，并通过公司网
站、企业信息发布平台查询企业的经营管理信息、CSR 履行情况等；（2）寻
找企业的知情人员和企业员工，进行半结构化的访谈（访谈提纲见附件7），
重点收集有关企业员工社会责任履行情况的一手资料；（3）通过各种可行
方式，获取企业不涉密的内部资料。为保证资料的准确性和效度，对资料来
源进行交叉验证，同时对来自互联网的信息，采取了多个来源比对的方法，
尽可能保证资料的真实性。在完成全部企业的数据资料收集任务后，再返回
至数据收集程序第一步进行补充更新，以提高数据收集质量。

3. 变量界定

通过梳理企业社会责任相关文献，将影响民营企业新生代员工社会责任
行为的因素进行归纳，各因素与计划行为理论（Theory of Planned Behavior，
TPB）变量的对应关系如表 4.10 所示。

表 4.10 企业员工社会责任行为影响因素与主要关注信息

TPB 变量	对应的企业员工社会责任行为影响因素	关注信息
行为态度	利益关系、竞争力与形象、管理者价值观	(1) 企业积极承担员工社会责任行为会对消费者、供应商等利益相关方产生何种影响；(2) 企业内部员工会作出怎样的回应；(3) 企业积极承担员工社会责任行为会对企业竞争力和企业形象产生哪些影响；(4) 高层管理人员的个人价值观对他们制定企业的社会政策（企业愿景、企业文化等）会造成哪些影响
主观规范	规制压力、规范压力、认知压力	在企业承担员工社会责任决策过程中，(1) 政府的政策法令的约束力；(2) 媒体、行业标准影响；(3) 社会环境、商业氛围等不断变化带来的影响
知觉行为控制	企业自身资源禀赋限制、外部环境阻碍	(1) 企业拥有哪些独特的资源；(2) 这些资源会对企业员工社会责任决策产生怎样的影响；(3) 由于资源要素缺乏对企业履责造成哪些限制；(4) 有哪些外部环境对企业员工社会责任决策形成阻碍

TPB 变量中与行为态度相关的影响因素除了管理者的价值观外，还应考虑利益相关者对企业社会责任行为的认知；主观规范是进行特定行为决策时感知到的某种压力，包括来自政府的规制压力、来自同行的模仿压力和来自社会的选择压力；知觉行为控制反映了行为主体对影响执行行为因素的知觉，包括对企业内部资源禀赋方面持有的信心和对外部因素的控制能力。

4.3.3 案例分析结果

1. 企业员工社会责任行为特征

员工社会责任行为是指企业必须保护员工的合法权益，承担对员工的伦理责任、经济责任及法律责任，是企业社会责任中非常重要的维度（刁宇凡，2013）。就民营企业而言，员工关注的基本需求主要包括薪金、工作时间和吃住条件等。通过对 4 个企业的员工社会责任行为特征进行分析（见表 4.11），发现这些民营企业都很重视员工的生存保障。

表 4.11 样本企业承担员工社会责任的具体情况

员工社会责任行为特征	A 公司	B 公司	C 公司	D 公司
生存的需要	按劳分配、效率优先、兼顾公平及可持续发展的原则；员工吃住条件都不错；对困难员工补贴，每年 2 次；结婚、生子都有慰问金，有夫妻房；给员工办理了各种保险；但工资薪金总体水平居于行业中下游	以岗位价值、员工能力、员工业绩为分配依据。高管实行年薪制，其他人员实行岗位绩效制；有五险一金，享受加班费、绩效奖金、高温费、工龄工资、年终奖等；有免费工作餐，廉租空调独卫公寓楼宿舍；但加班较多	是一个"以人为本"的企业，对待员工方面做得比较好，不仅关注员工身体健康，而且会为员工提供免费体检；企业的住宿条件较好，关注员工的业余生活；但加班较多，一线员工工资不高	构建"对外具有竞争力、对内具有公平性"的薪酬分配体系；按时足额缴纳"五险一金"，为员工提供多方位的补贴、慰问金；员工有休息和健身场所，有入职体检和每年的例行健康检查；公司有专职安全管理人员；公司已通过 OHSAS18001 职业健康安全管理体系认证
相互关系的需要	组织关系扁平化，与领导对话更直接；建群，部门领导负责；同事间公平竞争、相互帮忙	在决策管理上，公司实行扁平式管理，在信息传递和决策程序上实现高效上传和快速决策	建立公司内刊，增强公司员工凝聚力。建群，及时传递消息，但是各部门间很少联系	公司内刊《××之春》架起了员工之间、管理层与员工之间交流的桥梁，增强了各子（分）公司间的友谊
成长发展的需要	时时刻刻有表达意见的机会（组织扁平化），每年 3 月是"合理化建议月"；听取周边企业、老百姓、同行等意见，对于合理化建议给予奖励；企业有内外部培训；因人而异，挖掘个人亮点	提倡全员培训的员工成长理念，开拓不同岗位员工的职业发展路径，积极组织开展分序列、分层级的培训体系。公司推动核心团队培养，不断优化人才结构，确保公司的人才储备与公司的发展战略相匹配	专业技术岗位的员工不定期进行技术培训；董事长还会亲自为员工进行专项培训，帮助员工实现每一个阶段的提升	公司重视员工的能力建设，积极搭建员工发展平台，有针对性地开展培训活动。公司针对员工不同的岗位发展需要，开展新员工岗前培训、在职专业培训、技能培训等，重点抓好安全、财务等专业培训任务的落实工作

　　在员工的生存保障方面，A 公司提供夫妻房、B 公司提供免费工作餐、D 公司修建休息和健身场所。4 家公司都为员工办理了各种保险，并免费为职工提供健康体检，节假日发放相关福利，保障员工的生存需要。但是，民营企业的普遍加班现象为新生代员工所反感，成为员工离职的主要原因之一。

在相互关系处理方面，A公司和B公司通过扁平化的组织管理模式，保障企业与员工之间的信息畅通；C公司和D公司均通过创立内刊搭建管理层与员工、员工与员工之间沟通交流的桥梁，使企业领导与员工、员工与员工之间的相互关系得以和谐发展；互联网技术的发展也为员工与领导、员工之间的交流提供了便捷工具。4家公司都知道员工的综合素质是提高企业核心能力的根本保证，所以他们都很重视对员工的各项培训，并根据员工所处岗位的不同，组织不同形式的培训，为员工的成长发展提供了机会，满足员工成长发展的需要。B公司坚持"以人为本"的管理理念，推动核心团队培养，不断优化人才结构，确保公司的人才储备与公司的发展战略相匹配。在对员工严格管理（例如上班不能迟到、杜绝浪费等）的基础上，不断提升员工综合素质，并为员工建立上升通道，注重从一线工人中培养、提拔管理人员。C公司现任执行总裁、总经理就是从车间主任到技术部部长、总工程师、副总经理、执行总裁、总经理……一路走来，他一步一个脚印、踏实而稳健。但是，民营企业的家族管理模式在4家样本企业中还不同程度地存在，这对于员工发展与参与企业管理形成了一定的障碍。

2. 各企业承担员工社会责任的影响因素

根据计划行为理论，影响企业员工社会责任行为的因素包括行为态度、主观规范和知觉行为控制三个方面。表4.12概括了样本企业员工社会责任行为影响因素的调查信息。

表4.12　　样本企业员工社会责任行为影响因素的比较分析

影响因素	A公司	B公司	C公司	D公司
行为态度	企业重视民族传统文化传承，企业品牌被评为"中国十大最具文化价值品牌"；企业文化"诚信、创新、奉献、卓越"	公司技术研发优势明显，注重不断开拓国际市场；企业文化"诚信、责任、和谐、感恩"；员工层次较高	产品出口多个国家，并为西门子、巴迪、阿尔斯通、川崎等国际著名公司的优秀供货商	主动承担员工发展、环境保护等方面社会责任，并借此不断提升公司的品牌价值；员工利益要求高

续表

影响因素	A 公司	B 公司	C 公司	D 公司
主观规范	公司严格按照《公司法》《上市公司信息披露管理办法》等法律法规的要求，不断完善公司法人治理结构和内部管理制度；职工工资高于最低工资标准；把党组织的政治优势转化为企业的发展优势；成为国内首家通过"CSC9000T 企业社会责任"认证的企业	市委领导经常到公司现场督查相关项目；在改进生产工艺技术、绿色环保、节能减排方面不断加大投入力度，鼓励技术创新，达到节能环保的同时实现企业、环境和人员的和谐发展；公司是行业标准、国际标准的主要起草单位之一，在行业内处于领先地位	能够按照《劳动合同法》规定的最低工资标准设计公司的薪酬体系；公司按照 ISO9001、IRIS（国际铁路行业标准）、ISO14001、OHSAS18001、安全生产标准化等标准要求，建立了质量管理和可持续发展管理体系，并通过了体系认证	所在行业国家标准、安全生产方面的法律法规都对企业有约束力；江苏省政府"263"计划的实施，环保治理标准大幅提高，将对省内化工企业新一轮的整合起到积极作用，这也为公司的健康发展创造了更公平的竞争环境
知觉行为控制	近三年业绩增长 30% 左右；近几年劳动力市场供不应求，员工稳定性普遍不高	2016 年科研费用达 5367.48 万元，占销售收入的 3.85%；最近 1~2 业绩下滑	2010 年，公司实现产值、销售双超 45 亿元，同比递增接近 50%；企业的研发经费每年按年销售 5% 投入	公司主要产品市场占有率在 35%~40%，位居第一，是行业龙头企业之一

（1）影响民营企业新生代员工社会责任行为的行为态度。企业在承担员工社会责任过程中，利益相关者的态度因企业的规模、行业特征等方面的差异而产生不同程度的影响。对于出口占比较高的 C 公司和 B 公司，会按照国际上相关社会责任守则或认证标准的要求，积极承担员工社会责任，但在加班时间及加班工资等关键性条款上往往达不到标准的要求。A 公司和 D 公司尽管以内销为主，但随着企业规模的扩大和管理的规范化，无论是在主观还是客观原因影响下，企业都有进一步改善员工生产生活条件的动力，如租建员工宿舍、提供健康饮食等。另外，企业家的价值观与企业文化也会影响企业的员工社会责任行为，如 A 公司和 B 公司在企业文化中均提到了"责任"，A 公司的老总是一位有爱心、重责任、做品牌、勇创新的企业家。

（2）影响民营企业新生代员工社会责任行为的主观规范。从表 4.12 可以看出，样本企业的员工社会责任行为决策会受到来自政府部门、行业协会、同行企业的压力。A公司、B公司、D公司均为上市公司，它们所感知的制度压力主要来自政府的强制性措施，例如《劳动合同法》的强制规定和《公司法》《上市公司信息披露管理办法》等法律法规的相关要求。A公司所在的纺织行业还基于我国相关法律法规和有关国际公约及国际惯例，制定了中国纺织企业社会责任管理体系（China Social Compliance 9000 for Textile & Apparel Industry，CSC9000T），该公司已经通过相关认证。A公司和D公司所在的纺织和化工行业对员工的劳动保护有特殊要求，企业大多能够按要求承担相应的责任，以避免相关部门的处罚。

（3）影响民营企业新生代员工社会责任行为的知觉行为控制。企业承担员工社会责任需要进行相应的投入，企业的经济实力往往成为影响员工社会责任履践水平的重要因素。经济效益一直良好的D公司，企业员工的薪酬水平一直在同行业中名列前茅，员工持股计划使得很多员工在企业上市过程中实现了财富增长。B公司的企业效益因行业利润水平变动而出现下滑趋势，员工的薪酬水平随之下降，导致员工离职率提高。另外，劳动力市场供求趋势和供需结构变动也影响着企业员工社会责任行为决策，高素质的新生代员工处于供不应求状态，相应的需求企业只有满足他们的各种需求才能留住人才。在人力资源总体供不应求的背景下，A公司、C公司等企业必须要参考同行企业的平均水平进行员工社会责任行为决策。

4.3.4 结论与讨论

本研究以4家民营企业为研究对象，运用多案例研究方法，探讨了企业新生代员工社会责任行为机制。首先，通过多案例分析，对比4家企业承担新生代员工社会责任的情况，发现企业间的社会责任履践情况差异较大。进一步，本研究发现，行为态度、主观规范、知觉行为控制三个层次的影响因素，不同企业差异较大，最终影响到企业新生代员工社会责任行为决策，影响机制如图4.4所示。

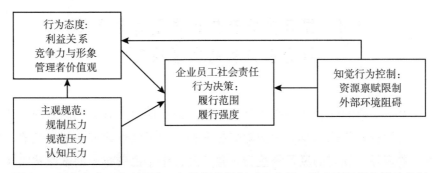

图4.4　行为态度、主观规范、知觉行为控制对企业员工社会责任行为影响机制

具体来说，包括以下几种影响关系。

（1）行为态度变量对企业员工社会责任行为的影响。行为态度是参与主体对决策行为整体的预期综合评价。探索性案例分析发现，不同企业的利益相关者对企业员工社会责任行为的态度存在差异，外向型企业的供应商和顾客会按照国际惯例、准则，促进企业积极承担社会责任；上市公司积极履行社会责任可以使企业获得竞争优势，使企业形象得以提升；管理者的责任价值观也会影响企业员工社会责任决策。

（2）主观规范变量对员工社会责任行为的影响。主观规范指主体行为所受到来自外界社会环境的影响。民营企业具有用工自主性，承担员工社会责任时其感知的规制压力主要是国家出台的《劳动合同法》《公司法》等法律法规，行业自律规制对企业也有一定的影响，企业往往会根据自己的经济实力，确立在同行业中的履责形象。

（3）知觉行为控制变量对员工社会责任行为的影响。知觉行为控制反映行为主体对影响执行行为因素的知觉，包括内部与外部两方面因素。企业承担员工社会责任的内部知觉行为控制变量主要表现为企业的经济实力，外部因素主要表现为企业对劳资关系的掌控能力。企业经济效益越好、在劳资关系中并不占有绝对优势的情况下，企业为了吸引和留住优秀员工，实施社会责任行为的可能性越大。

4.4 民营企业新生代员工社会责任
行为决策机制实证研究

在上一小节的探索性案例研究中，我们初步提出了各影响因素对新生代员工社会责任行为决策具有正向影响的命题。但探索性研究主要以具有一定规模、管理较为规范的民营企业为对象展开，中小民营企业的新生代员工社会责任行为决策机制是否会有所不同？各个影响因素对企业社会责任行为意向以及实际的社会责任行为决策的作用机制是什么？影响的强度和效果究竟会因何而不同？这些问题还有待深入发掘和实证分析。因此，本小节基于现有文献提出本研究的研究假设和整体概念模型，然后采用结构方程方法进行定量描述和分析，对所提出的各个假设进行验证性分析。

4.4.1 理论模型与研究假设

1. 管理者行为态度与企业员工社会责任履行意愿

行为态度取决于个体关于行为结果的主要信念（张毅和游达明，2014）。企业是营利性经济组织，追逐利益最大化是企业的本性，中小民营企业的管理者尤其注重投入行为的盈利效应。中小民营企业大多处于成长期，生存压力决定了其较少纯粹出于道德动因承担社会责任（彭荷芳等，2016），单纯靠行政命令也无法解决民营企业新生代员工社会责任缺失问题，从经济利益角度引导民营企业进行自主决策、自主选择，是实现企业积极履行员工社会责任的市场化、长效化机制。在现有营商环境下，企业履行员工社会责任带来的获利主要来自利益关系改善和竞争力与形象提升，获利越多越能激发企业社会责任行为意愿。

首先，利益关系方面。国外的一些研究已经发现，企业从事社会责任活动能够有效改善与利益相关者的关系（Waddock and Smith，2010）。近年来，有关民营企业新生代员工社会责任缺失的报道常见，企业至少应该履行基本的社会责任，以避免媒体的负面报道。同时，积极履行员工社会责任可以通过提高员工的亲组织行为，加强与客户的沟通，增进与消费者的关系。此外，积极的员工社会责任行为还能够降低成本（Khatri and Collins，2007）。因为加大员工社会责任投入可以有效提升员工敬业度，进而减少设备折旧和产品损耗，尤其是针对新生代员工的社会责任投入，可以有效提高员工工作效率，提升企业效益。

其次，竞争力与形象方面。有研究表明，企业积极履行社会责任可以使企业获得竞争优势（Du et al.，2007），使企业形象得以提升（Bowman and Haire，1975），进而在市场中取得领先地位和获得新的市场。以员工职业安全投入为例，因为中小煤矿安全事故频繁、职业伤害严重，中国的煤炭在国际上被称为"带血的煤"，严重影响中国煤炭企业形象。若能将员工的生命安全视为头等大事，加大安全生产投入，不仅可以带来降低事故损失而产生的显性收益，还能产生因竞争力与形象提升带来的隐性收益。

一般认为，企业履行社会责任的范围和程度，很大程度上与企业高层管理者的价值观有关。如波斯特等（Post et al.，2005）认为，企业管理者有更多的机会确定企业伦理格局。而按照罗克奇（Rokeach，1968）的观点，价值观相比态度离人格的核心部分更近。因此，态度源于价值观，其产生和表现往往就是在价值观的指导下进行。管理者对社会责任态度是其价值观在社会责任问题上的直接投射。威廉姆森（Williamson，1963）的研究表明，管理者的效用函数中除了薪金外，还包括安全、权力、声望等变量。反映在企业行为决策上，管理者除利润外还会关注股东以外的利益相关者权益，特别是内部利益相关者员工的各项权益。基于此，提出假设1：

H1：管理者行为态度对企业员工社会责任履行意愿有正向影响。

2. 主观规范与企业员工社会责任履行意愿

如前所述，主观规范是进行特定行为决策时感知到的某种压力，来自政府、金融机构等组织的规制压力属于指令性规范，来自标杆企业、龙头企业的模仿压力属于示范性规范。鉴于个体规范因子在与道德有关的行为研究中能提高解释力，本研究借鉴西奥迪尼（Cialdini et al.，1991）的做法，采用三因子结构，将主观规范区分为个体规范、示范性规范和指令性规范。

我国的大多数中小民营企业都是"草根"创业创立的，在成长过程中必然受到来自外界的社会经济环境影响。在劳动力市场供求关系不断向买方市场转变的形势下，企业的新生代员工社会责任行为不仅受到政府、行政事业单位制定的各类具有法律权威的法规、政策产生的约束（Scott，2001），还会受到重要机构或组织对行为主体决策的影响。与此同时，高层次的员工社会责任行为具有一定的公益性质，企业选择履行这样的社会责任行为完全是个体自觉自愿的行为。在我国的制度环境下，针对新生代员工的工作特征，民营企业为了获得社会认同，会将承担相应社会责任视作一种提升合法性的途径。基于此，提出假设2：

H2：主观规范对企业员工社会责任履行意愿有正向影响。

3. 知觉行为控制与企业员工社会责任履行意愿

知觉行为控制是指行为主体对实现行为目标难易程度的感知。一般而言，知觉行为控制能力越强，行为实现可能性越大，主体行为意愿也就随之增大。知觉行为控制主要包括内部与外部两方面因素，其中内部因素主要指行为主体对自身组织因素和财务因素持有的信心，外部因素主要涉及行为主体的获取外部资金的能力以及企业是否有相关方面的顾问等（李柏洲，2014）。民营企业管理者对新生代员工社会责任行为控制感知来自他们掌握的资源、个人过去的经验以及对阻碍的预期。改革开放以来，民营企业掌握的资源越来越多（李文川，2012），企业对新生代员工社会责任行为控制感知随之增强，进而影响行为意愿。基于此，提出假设3：

H3：知觉行为控制对企业员工社会责任履行意愿有正向影响。

根据计划行为理论，知觉行为控制不仅影响企业员工社会责任履行意愿，还可以直接预测企业员工社会责任的实际行为。因为，当个体行为控制感知能够准确反映其实际控制条件时，则可以直接预测个体行为发生的可能性（冯臻，2014）。基于此，提出假设4：

H4：知觉行为控制对企业员工社会责任实际行为有正向影响。

4. 行为态度、主观规范与知觉行为控制间的关系

以往研究发现，计划行为理论模型中的三个前置要素之间存在联系，主观规范和知觉行为控制对行为态度有显著正向影响（李柏洲等，2014）。在

民营企业履行员工社会责任过程中，尤其是在新生代员工利益诉求较为复杂的情况下，企业需要相关的政府部门或中介机构进行指导，一旦得到他们的支持，行为主体就会产生积极的态度（Pool，2007）。此外，民营企业履行员工社会责任的范围与程度取决于其拥有的各项资源，当企业可以明确具有履行社会责任的能力和资源时，企业行为态度就会越发积极。综上所述，提出如下假设 5 和假设 6：

H5：主观规范对管理者社会责任态度有正向影响。

H6：知觉行为控制对管理者社会责任态度有正向影响。

5. 企业履行员工社会责任意愿与其员工社会责任行为

行为意愿指个体对于采取某项特定行为的倾向，是个体行为最好的预测指标之一（Elliott et al.，2007）。近几年，很多心理学、社会学的相关研究已经证明行为意愿与行为的产生有正相关的关系。由此得出，从某种程度上来讲，行为主体的行为意愿可以直接决定行为的最终产生。民营企业员工社会责任行为决策过程中，只有当民营企业自身认为履行员工社会责任会给企业带来积极的影响时，才能对社会责任产生积极的态度，更多地去感知来自内部和外部的主观规范，有意识地增加履行新生代员工社会责任行为的控制力。一旦具备了各种内外部条件，就会激发企业员工社会责任履行行为意愿，进而落实到具体行为上。综上所述，得出假设 7：

H7：民营企业新生代员工社会责任行为意愿越高，相应的投入行为实施越频繁。

根据计划行为理论和理论回顾，本研究构建了企业员工社会责任行为决策的理论模型，如图 4.5 所示。

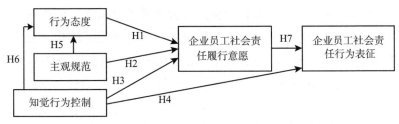

图 4.5　基于 TPB 的企业员工社会责任行为决策模型

4.4.2 数据收集与分析方法

1. 问卷编制

基于计划行为理论的民营企业新生代员工社会责任行为决策模型包括 5 个变量，编制测量问卷时借鉴较为成熟的量表，并根据民营企业经营管理内外部环境加以适当修改，变量测度采用李克特 5 分制：1（非常不赞同）、2（不赞同）、3（不确定）、4（赞同）、5（非常赞同），以及类似表述。

管理者社会责任行为态度量表综合选取自冯臻（2014）、郑海东（2007）和薛天山（2015）编制的量表，共 20 个题项；主观规范的测量题项主要选自沈奇泰松（2010）编制的制度压力量表，共 14 个题项；知觉行为控制量表参考了张小军（2012）和梅强等（2013）的量表题项，并进行了修改，共 10 个题项；企业履行员工社会责任意愿量表，题项选取自冯臻（2014）和沈奇泰松（2010）的相关量表，共 11 个题项；员工社会责任行为量表综合选取自陈昕（2011）和郑文智（2011）博士论文中的量表，共 15 个题项。问卷还调查了受访者的个人情况及其所在企业情况（见附件2）。

2. 数据采集

本研究采用问卷调查法来检验假设，调查对象为民营企业管理层工作人员，涉及制造业、服务业、建筑业、房地产等多个行业。问卷的发放方式为电子邮件和实地调研等，共发放 400 份问卷，回收 323 份。在回收的填写完整的问卷中，有效问卷 315 份，问卷有效率为 78.75%。样本企业均为中小民营企业，新生代员工已经成为保障企业日常运营的主要力量。

3. 分析方法

对于民营企业新生代员工社会责任行为决策各变量之间的假设关系进行检验，可以采用回归模型或结构方程模型。本研究采用了结构方程模型，先运用 SPSS22.0 进行各变量量表的信度效度检验，然后运用 AMOS21.0 进行假设检验，包括相关分析、结构方程模型的路径分析。

4.4.3　假设检验与结果分析

1. 问卷的信度与效度分析

如前文所述，在调查问卷的设计过程中，计划行为理论模型中的 5 个变量的测量量表，大多直接选用了已有的研究成果中的测量题项，因此量表具有较好的内容效度。但为了确认量表在民营企业新生代员工研究标的下的可行性，本研究使用 SPSS20.0 对量表进行了信度分析和效度分析。在进行了题项的适当剔除后，量表信度、效度检验通过，得出的检验结果为：各变量累计解释方差的百分比均超过 50%，所有因子 Cronbach's α 值均在 0.67 以上（见表 4.13）。

表 4.13　　　　　　　　　　　　信度、效度检验结果

变量	变量所含指标项	因子载荷值	累计解释方差（%）	α 值
管理者行为态度	A1	0.753	67.958	0.697
	A2	0.721		
	A3	0.982		
主观规范	B1	0.786	58.200	0.885
	B2	0.746		
	B3	0.854		
知觉行为控制	C1	0.762	56.907	0.711
	C2	0.981		
行为意愿	D1	0.806	59.159	0.901
	D2	0.777		
企业行为	E1	0.751	63.710	0.907
	E2	0.812		
	E3	0.771		

2. 相关性分析

为了更好地判断模型和假设的合理性，在信度与效度检验的基础上，对 5 个变量的 13 个主要因子进行了 Pearson 相关分析。由表 4.14 数值可知，各因子之间都存在非常显著的相关关系（$P < 0.01$），本研究构建的模型以及相关假设的合理性得到初步认可。

表 4.14　　　　　　　　　　　　各因子相关系数

	A1	A2	A3	B1	B2	B3	C1	C2	D1	D2	E1	E2	E3
A1	1												
A2	0.536**	1											
A3	0.530**	0.645**	1										
B1	0.503**	0.555**	0.535**	1									
B2	0.338**	0.474**	0.462**	0.543**	1								
B3	0.515**	0.548**	0.499**	0.489**	0.564**	1							
C1	0.442**	0.572**	0.588**	0.559**	0.568**	0.539**	1						
C2	0.448**	0.436**	0.434**	0.295**	0.267**	0.525**	0.342**	1					
D1	0.482**	0.520**	0.523**	0.381**	0.380**	0.644**	0.426**	0.593**	1				
D2	0.520**	0.528**	0.514**	0.410**	0.345**	0.619**	0.391**	0.550**	0.754**	1			
E1	0.515**	0.545**	0.540**	0.418**	0.375**	0.680**	0.401**	0.615**	0.741**	0.838**	1		
E2	0.532**	0.492**	0.461**	0.336**	0.260**	0.579**	0.294**	0.567**	0.713**	0.776**	0.844**	1	
E3	0.465**	0.380**	0.369**	0.254**	0.263**	0.529**	0.204**	0.570**	0.668**	0.734**	0.818**	0.779**	1

注：** 表示 P<0.01。

3. 假设检验

本研究采用结构方程技术对所构建的模型各构念间的假设关系进行检验，通过 AMOS 软件计算得到的路径分析模型如图 4.6 所示。

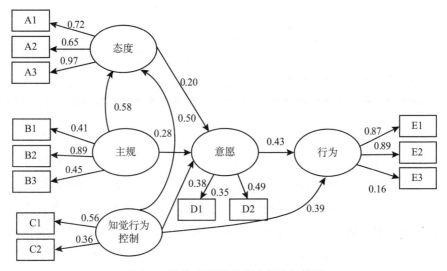

图 4.6　结构方程模型的路径分析模型

对照各个指标的临界值，最终拟合指数分析结果为：绝对适配度指数 $\chi^2/df = 1.51$（<3），GFI $= 0.863$（>0.85），近似误差方根 RMSEA $= 0.049$（<0.05）；相对适配度指数 NFI $= 0.944$，IFI $= 0.959$，CFI $= 0.958$（均 >0.9）；简约适配度指数 PGFI $= 0.660$（>0.5）。从总体上看，整体模型拟合较好，也说明采用计划行为理论来解释民营企业新生代员工社会责任行为决策机理是可行的。

进一步，对本研究所提出的 7 个假设进行检验，检验结果如表 4.15 所示，所有假设都得到了支持。

表 4.15　　　　　　　　结构模型的参数估计和假设检验

假设	作用路径	标准化路径系数	P	假设检验结果
H1	管理者行为态度→企业员工社会责任履行意愿	0.198	***	支持
H2	主观规范→企业员工社会责任履行意愿	0.282	**	支持

假设	作用路径	标准化路径系数	P	假设检验结果
H3	知觉行为控制→企业员工社会责任履行意愿	0.381	***	支持
H4	知觉行为控制→企业员工社会责任履行行为	0.387	***	支持
H5	主观规范→管理者行为态度	0.583	***	支持
H6	知觉行为控制→管理者行为态度	0.495	*	支持
H7	企业员工社会责任履行意愿→实践履行行为	0.432	**	支持

注：*** 表示在 P < 0.001 水平上显著，** 表示在 P < 0.01 水平上显著，* 表示在 P < 0.05 水平上显著。

其中，行为态度、主观规范、知觉行为控制对企业员工社会责任履行意愿有正向影响，标准化路径系数分别为 0.198、0.282、0.381，均在 P < 0.001 或 P < 0.01 的水平上达到显著；主观规范对管理者行为态度有正向影响，其标准化系数为 0.583 在 P < 0.01 的水平上达到显著；知觉行为控制对管理者行为态度也有正向影响，P < 0.05，标准化系数为 0.495。企业员工社会责任履行意愿对企业员工社会责任履行行为的标准化路径系数为 0.432，在 P < 0.01 的水平上达到显著，企业员工社会责任履行意愿在行为态度、主观规范、知觉行为控制与企业员工社会责任履行行为关系之间起到中介作用。另外，知觉行为控制直接对企业员工社会责任履行行为有正面影响，其在 P < 0.001 的水平上达到显著，标准化路径系数为 0.387。

4.4.4 研究结论与管理启示

1. 研究结论

本研究在构建计划行为理论模型的基础上，考察了民营企业新生代员工社会责任行为的决策机理。采用结构方程技术（SEM）对所提出的 7 个假设进行了验证。研究结果表明，民营企业履行新生代员工社会责任的意愿对其社会责任投入行为具有较强的预测能力；行为态度、主观规范和知觉行为控制通过行为意愿对企业新生代员工社会责任履行行为存在显著的正向影响；知觉行为控制对企业社会责任行为实施有直接促进作用，综合影响比其他变量更大。具体分析如下。

（1）民营企业新生代员工社会责任行为意愿受多因素交互影响。研究结果支持假设 1、假设 2、假设 3，说明管理者行为态度、主观规范、知觉行为控制显著影响民营企业新生代员工社会责任行为意愿。假设 5 和假设 6 通过检验，说明主观规范与知觉行为控制还通过行为态度间接影响行为意愿。简言之，民营企业进行新生代员工社会责任投入决策时，管理者态度越积极、外部力量的支持越大、知觉行为控制能力越强，行为意愿就越强。

（2）民营企业新生代员工社会责任行为决策机理较为复杂。假设 7 通过检验，即民营企业新生代员工社会责任履行意愿越强，相应的投入行为实施越频繁。知觉行为控制对企业实际员工社会责任行为存在显著影响，故验证了假设 4。行为态度、主观规范、知觉行为控制等因素通过行为意愿间接影响民营企业新生代员工社会责任履行行为。

2. 管理启示

（1）提升民营企业管理者的员工社会责任认知。通过研究发现，企业管理者的行为态度不仅直接通过行为意愿影响民营企业新生代员工社会责任投入行为，还在主观规范和知觉行为控制的影响过程中起到中介作用，对企业社会责任履践水平起到决定性作用。因此，民营企业管理者自身应不断提高认知水平，改变"股东至上"的旧思想，认识到企业成长中人才的重要性以及承担企业责任的必要性。此外，也需要外部教育培训的正确引导，切实提升企业管理层的社会责任意识。

（2）优化民营企业履行新生代员工社会责任的外部环境。民营企业的经济属性及其生存发展目标，决定了其较少主动承担社会责任。本研究得出的结论显示，个体规范、示范性规范和指令性规范均对民营企业新生代员工社会责任履行行为产生影响。因此，应不断完善相关法律、法规与标准，从强制性的角度来要求企业进行最基本的员工社会责任投入。另外，还应给予工会组织或其他中介组织更多监督和维护员工利益的权力，并依靠社区、媒体、工会等社会舆论，使民营企业受到更多规范性压力的影响，来促进其承担更多的员工社会责任。

（3）提高民营企业新生代员工社会责任履践能力。基于计划行为理论的研究发现，知觉行为控制因素对民营新生代员工社会责任行为存在多重影响，且相比其他因素影响最大。一般而言，实力雄厚的企业更有能力为员工提供良好的工作条件、优厚的职工福利。因此，民营企业首先要不断提高经营管理能力、提升企业价值，然后才有可能加大员工社会责任投入。此外，民营企业还可以借助行业协会、相关服务机构等的资源和力量，提升企业履行新生代员工社会责任的效率和水平。

4.5　本章小结

首先，基于上市公司年报数据，分析了民营企业社会责任行为的维度与特征；其次，根据探索性案例研究结果，构建各影响因素与民营企业新生代员工社会责任行为之间相互作用的整体关系框架，剖析这些因素的作用机理；最后，基于计划行为理论，实证研究民营企业新生代员工社会责任行为决策机制。通过研究得出如下结论。

从主成分及其综合评价看，股东和债权人在江苏省上市公司社会责任的履行中排在首位，对政府和消费者的责任排在第二位，对供应商和环境的责任排在第三位，对员工的责任排在第四位，对社会的责任排在最后。由此可见，江苏省制造业上市公司对这两类异质性很强的活动重视程度是有差别的，重视对主要利益相关者的责任，轻视对次要利益相关者的责任。

民营企业新生代员工社会责任行为意愿受多因素交互影响。不仅行为态度、主观规范、知觉行为控制直接显著影响行为意愿，而且主观规范与知觉行为控制还通过行为态度间接影响行为意愿。另外，民营企业新生代员工社会责任履行意愿越高，相应的投入行为实施越频繁。

根据上述研究结论，要想提高民营企业承担新生代员工社会责任的意愿和能力，应该注重提升民营企业管理者对员工社会责任认知，优化外部环境以增加民营企业履行新生代员工社会责任的压力，提高民营企业履行新生代员工社会责任的能力。

本章和第3章分别从新生代员工和民营企业的角度探讨了进行员工责任

行为的动机和主要特征。在本书第 5 章中，我们将紧扣以上特征，提出民营企业新生代员工的激励机制，探讨民营企业采取何种责任激励方式才能迎合新生代员工的利益诉求和工作价值观，从而激发其付出更多的工作努力，实现企业责任绩效的最大化。

第 5 章

民营企业新生代员工
社会责任激励机制研究

本书第 3 章通过扎根理论研究得出，民营企业新生代员工具有高度成就导向与自我导向、注重工作意义和乐趣、工作自主性及不喜欢循规蹈矩的工作的特质，表现出清晰和明确的创新导向价值观，这与知识型员工的特质相吻合。所谓知识型员工，是指能充分利用现代科学技术知识提高工作效率并且本身具备较强的学习知识和创新知识的能力的员工（关辉国，2008）。与普通员工相比，知识型员工更富于追求自身价值的实现，容易产生自豪感，乐于挑战工作，勇于承担风险，具有较强的协作创新精神。因此，民营企业对新生代员工的社会责任不仅意味着工资薪酬的提高、晋升、劳动条件的改善，更意味着对员工的关心、信任和尊重。企业对新生代员工承担社会责任就意味着要投入各种资源满足员工的利益需求。

对新生代员工激励机制的设计，如何激发新生代员工付出最大的工作努力一直以来是关系到民营企业核心竞争优势的重要话题。例如，当 20 世纪经济危机波及日本时，松下电器销售额锐减，仓库里堆满了滞销产品。松下公司的首席执行官非但没有解雇一个员工，反而作出了工作时间减半、工资全付、只要求员工全力销售库存品的决定，结果在全体员工的努力下公司收获了历年来的销售最高额（杨秀香，2010）。与此形成鲜明对比的是，全球代加工航母富士康，尽管 2009 年营业收入达到 3944 亿元，缔造了无数商业奇迹，但在短短两年时间内连续发生 14 起员工跳楼自杀事件，使得企业处于社会舆论的风口浪尖（张朝彬，2012）。近年来职业病发病率提高现象及百度员工门、惠普邮件门、华为生死门等众多事件的发生更是充分说明民营企业履行员工责任对新生代员工产生的激励作用。简单而言，民营企业对新生代员工承担社会责任能够极大地增加企业财富，促进企业发展。企业承担新生代员工社会责任的资本效用源于单个员工归属感、自豪感所产生的工作积极性，源自所有员工对企业目标认同所产生的强大的协作效应。因此，新生代员工社会责任投入变量（以下简称"员工责任投入"）的引入必然对民营企业激励机制的设计和实施产生重要影响。那么，与不投入员工责任相比，企业投入员工责任后激励绩效会发生怎样的变化？激励机制如何受新生代员工特殊心理特征的影响？在什么样的条件下企业有动力投入员工责任？这些问题都有着明显的理论和现实意义。

本章基于第 2 章所得出的有关新生代员工利益诉求、工作价值观方面的特征，同时借鉴第 3 章民营企业员工社会责任行为决策的相关结论，深入研究民营企业新生代员工责任激励机制。特别是在新生代员工所展现出的较低风险规避、较强公平关切以及较高团队协作等效应下，探讨民营企业应建立怎样的员工责任激励机制促进新生代员工付出更多的工作努力，从而实现较高的企业绩效。本章主要分为五个部分：第一部分提出民营企业新生代员工激励和激励机制的机理；第二部分为企业风险规避下的员工激励模型及协调机制；第三部分研究"标尺竞争"下同时具有纵向公平关切及风险规避心理特性的员工激励机制，该部分为传统激励机制的扩展，为后面研究责任激励机制打下基础；第四部分和第五部分均在假设员工责任投入能提升团队协作效应的基础上，结合团队激励理论研究员工责任激励机制产生的绩效。其中，第四部分主要研究团队规模、协作效应、责任成本大小等一般因素的作用机制，第五部分则进一步分析知识型员工的横向公平倾向对员工责任机制效果的影响。

5.1　民营企业新生代员工责任激励机制的机理分析

激励是一个通用名词，广泛用于驱动力、愿望、需要、祝愿以及类似作用力的相关研究（海因茨·韦里克等，2008），它是一个激励主体与激励客体之间互动的过程。根据波特和劳勒（Porter and Lawler，2006）的改进期望理论，再加上前面所分析的新生代员工的特征，我们提出民营企业新生代员工的责任激励流程如图 5.1 所示。

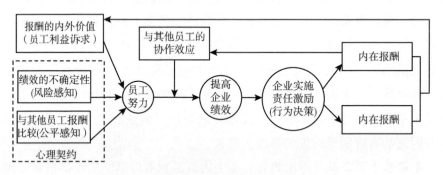

图 5.1　民营企业新生代员工责任激励流程

　　由图 5.1 可知，新生代员工的努力程度不仅取决于利益诉求（物质报酬、工作挑战、个人成长与发展等）所决定的报酬的内外价值，更取决于其心理契约情况。心理契约之一在于对自己付出努力能提高企业绩效的不确定性，表现为风险感知程度。如本书第 2 章的研究得出，新生代员工喜欢宽松的工作环境以及有挑战性的工作，说明其风险感知度较低。心理契约之二为与其他员工的报酬对比，也就是公平关切感知度。新生代员工具有高度成就导向和自我导向，说明其公平关切程度较低。这两种心理契约反过来都会影响其实际工作绩效。另外，在以团队项目为主的民营企业（主要是高科技研发型组织）中，团队工作绩效还取决于新生代员工之间的协作效应。同时，工作绩效提升会促使民营企业投入更多的员工责任以激励员工，其表现为外部报酬（物质方面）和内部报酬（非物质方面）的提升，而内部报酬的提升不仅会影响新生代员工的个人努力，更会促进员工之间的沟通协作。

　　由以上激励过程的分析可知民营企业建立有效的责任激励机制是非常重要的。所谓激励机制，是指组织为了激励员工努力工作而采取的一系列方针政策、规章制度、激励措施的总和。例如，对员工采取固定奖金还是绩效报酬，单位绩效激励强度如何制定，是否需要建立针对项目团队整体绩效的激励措施等。根据激励的定义，我们认为激励机制主要包含以下四个部分见图5.2。

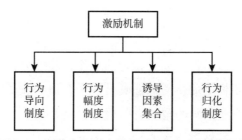

图5.2　民营企业新生代员工责任机制组成因素

（1）诱导因素集合，是指能促进新生代员工投入工作努力的各种奖酬因素的集合。诱导因素的提取可通过以下步骤达到：第一步，对新生代员工的各层次个人需要进行详细的调查、分析和预测；第二步，分析民营企业在各个时期所拥有的各种内外部资源的报酬形式；第三步，通过有效的工作设计达到员工个人需求与企业报酬资源的匹配。在责任激励机制中，诱导因素主要是指企业投入的各类员工责任，如认同、关怀、物质报酬、培训等。

（2）行为导向制度，是民营企业对新生代员工所期望的努力方向、行为方式和应遵循的价值观的规定。在民营企业中，由于内外部诱导因素具有复杂性，新生代员工的个体行为不一定与组织目标的方向相一致，同时，新生代员工的特征决定了其价值观也不一定遵循民营企业的整体价值观，这就要求民营企业在员工中间培养服务于企业的，强调全局观念、长远观念以及集体观念的主导价值观，从而实现组织的各种目标。具体可以借鉴勒波夫（2000）在《怎样激励员工》一书中列举的"企业应该奖励的10种行为方式"，如冒险、创新、果断、出色的工作、有效的工作、忠诚等。行为导向制度的具体内容将在本书第7章中进行探讨。

（3）行为幅度制度，它是指对由诱导因素所激发的民营企业激励行为在强度方面的控制规则。根据斯金纳（Skinner）的强化理论，按固定比率确定奖酬与绩效之间的关联性会迅速带来非常高而且稳定的绩效，但行为消退趋势较高；而按变化比例来确定奖酬和绩效的关联则会同时带来高绩效及慢绩效消退趋势。因此，民营企业应该采用变化比例的模式（线性报酬）将新生代员工个人努力水平控制在一定范围之内，同时防止对员工激励效率的下降。本章主要探讨行为幅度制度方面内容。

（4）行为归化制度，是指民营企业对新生代员工在组织同化方面达不到企业要求所进行的处罚和教育，包括对员工在人生观、价值观、工作态度、合乎规范的行为方式、工作关系、特定的工作机能等方面的教育，使他们成为符合组织风格和习惯的成员，从而具有一个合格的成员身份。

责任激励属于企业激励的范畴，归根结底是企业与员工博弈的结果。因而，激励效果受企业特性和员工心理契约的共同影响。下面将在委托—代理框架下探讨企业的风险规避对一般员工激励机制的影响，然后将着眼点瞄准员工责任激励，重点探讨员工风险规避、公平关切等典型心理契约对激励效果的影响，最后把激励模型进一步扩展，研究责任激励机制在团队背景和员工协作效应下会发生怎样的变化。

5.2　企业风险规避下的员工激励模型及协调机制

在知识经济高度发达的今天，员工努力程度对企业管理绩效和企业产出的作用越来越明显，企业如何对员工特别是知识型员工进行有效激励，进而提高其努力程度已成为人力资源管理的核心问题。在企业对员工激励的实践中，激励效果取决于企业与员工之间的博弈结果，而企业往往充当博弈的领导者，企业心理效用会对激励效果产生显著影响。现代企业特别是民营企业所面临的人力资源管理环境存在着很大的不确定性，如人才招聘困难、培训风险加大、员工离职现象激增等，使得很多企业管理者在决策时表现出强烈的风险规避特性。例如，一些国有传统企业往往根据员工绩效，仅仅给予一定工资、奖金、福利等作为奖励。而一些世界知名企业的做法则完全相反，例如，索尼公司通过每隔两年就给予员工一次主动调换工作的机会大大降低了员工离职的风险（中国人力资源开发网，2002）；IBM公司通过设置"百分之百俱乐部"的方式换来了员工的普遍认可，使员工持续努力工作，实现了企业和员工效用"双赢"（刘翼然，2013）。那么激进和保守企业对员工激励程度和方式不同的动机差异到底如何？企业风险规避度和员工产出不确定性影响员工激励策略的理论依据何在？本节将采用博弈论中的委托—代理理论，从这些方面对传统的激励理论进行扩展。

5.2.1　模型描述及说明

本节研究一个由企业和员工构成的组织。依据经济学中的委托—代理理论，假设企业给予员工一定的基于努力产出的物质激励报酬，由员工据此决定自己的努力程度，这同时也决定了企业的产出。本节主要研究企业风险规避心理特征对激励效果的影响，因而假设企业为风险规避，员工为风险中性，用到的一些主要符号和基本假设说明如下。

e：员工的努力程度，为员工的决策变量。

yc：企业产出。根据丁超群等（2010）的描述，本研究假设 $yc(e) = e + \theta$，其中 θ 为均值为 0，方差为 σ^2 的随机变量，即企业产出由员工努力决定但具有不确定性。σ^2 表示了不确定性的大小。

C：员工的努力成本系数，为常量。员工努力成本是指员工由于工作努力而付出的时间、精力、健康和闲暇等损失（陈玲，2005），根据邓玉林等（2007）的研究，本研究假设员工努力总成本为 $Ce^2/2$，即总成本为员工努力程度的凸函数，随着努力的增大，努力成本显著上升。

α：企业给予员工的固定报酬，为常量。

β：企业给予员工基于单位产出激励报酬，为企业的决策变量，体现了企业对员工激励程度的大小。

s：企业给予员工的总报酬。由以上说明容易得到：$s = \alpha + \beta(e + \theta)$。

η_M，η_E：企业和员工的风险规避系数。本研究假设员工为风险中性，企业具有一定的风险规避特性，即 $\eta_M > 0$，$\eta_E = 0$。η_M 越大，表示企业越害怕风险，其行为越保守。当 $\eta_M \to \infty$ 时，我们称企业为完全风险规避者，不能容忍任何风险的存在。

π_n^m：决策模式 m 下 n 的物质利益。其中，n 取值为 M（企业）、E（员工）、总（M＋E）；m 取值为 C（联合决策）、D（分散决策）、SC（协调模型）；上标中标注 $*$ 表示最优值。

U_n^m：决策模式 m 下 n 方效用，m、n 取值同各方物质利益。根据 Xiao（2011）和高鹏等（2014）的研究，具有风险规避特性的决策者以效用目标进行决策，且效用度量公式为：$U_n = E(\pi_n) - \eta_n \mathrm{var}(\pi_n)$，即效用为期望物质利益 $E(\pi_n)$ 与风险成本 $\eta_n \mathrm{var}(\pi_n)$ 之差，其中风险成本由决策者风险规避系数和物质利益的方差共同决定。显然，对于风险中性的决策者而言，其效用即为期望利润。

由以上描述，企业和员工物质利益表达式为分别为：

$$\pi_M = (e+\theta) - [\alpha + \beta(e+\theta)] = (1-\beta)(e+\theta) - \alpha \qquad (5.1)$$

$$\pi_E = [\alpha + \beta(e+\theta)] - \frac{1}{2}Ce^2 \qquad (5.2)$$

当企业具有风险规避心理特征，员工为风险中性时，两者效用目标可分别表示为：

$$U_M = E(\pi_M) - \eta_M \mathrm{var}(\pi_M) = (1-\beta)e - \alpha - \eta_M(1-\beta)^2\sigma^2 \qquad (5.3)$$

$$U_E = E(\pi_E) = \alpha + \beta e - \frac{1}{2}Ce^2 \qquad (5.4)$$

由式（5.3）可以直接看出，当企业具有风险规避心理特征时，其风险成本与其激励报酬成反比，激励报酬越大，其风险成本反而降低。但激励程度越高，企业付出的实际激励成本也越高，因而企业风险规避对企业激励和效用的综合影响尚未可知。以下分别从分散决策和集中决策两方面展开研究。

5.2.2　企业和员工分散决策模型

在大多数情况下，企业与员工分别关注各自效用最大化而不关注对方效用，即双方分散决策。此为两阶段动态博弈，首先由企业决定激励程度 β，然后由员工观察企业的激励策略，决定自己的努力程度 e。可用逆向回溯法进行求解。式（5.4）对 e 求导，令一阶导数为 0，得到员工努力程度对企业激励程度的反应函数为：

$$e = \frac{\beta}{C} \tag{5.5}$$

代回式（5.3），得到企业关于激励程度 β 的决策目标函数为：

$$U_M(\beta) = \frac{-(C\eta_M\sigma^2 + 1)\beta^2 + (2C\eta_M\sigma^2 + 1)\beta - C(\alpha + \eta_M\sigma^2)}{C} \tag{5.6}$$

由一阶条件 $\dfrac{\partial U_M(\beta)}{\partial \beta} = 0$ 可以得到均衡激励程度的表达式为：

$$\beta^{D*} = \frac{2C\eta_M\sigma^2 + 1}{2(C\eta_M\sigma^2 + 1)} \tag{5.7}$$

代入式（5.5），可以得到员工最优努力程度的表达式为：

$$e^{D*} = \frac{2C\eta_M\sigma^2 + 1}{2C(C\eta_M\sigma^2 + 1)} \tag{5.8}$$

双方期望收益及效用以及企业员工总效用的表达式为：

$$E^{D*}(\pi_M) = \frac{2C\eta_M\sigma^2 + 1}{4C(C\eta_M\sigma^2 + 1)^2} - \alpha, \quad U_M^{D*} = \frac{1}{4C(C\eta_M\sigma^2 + 1)} - \alpha$$

$$U_E^{D*} = E^{D*}(\pi_E) = \frac{(2C\eta_M\sigma^2 + 1)^2}{8C(C\eta_M\sigma^2 + 1)^2} + \alpha$$

$$U_{总}^{D*} = U_E^{D*} + U_M^{D*} = \frac{(3 + 6C\eta_M\sigma^2 + 4C^2\eta_M\sigma^4)}{8C(C\eta_M\sigma^2 + 1)^2} \tag{5.9}$$

分析式（5.7）、式（5.8）、式（5.9），得到以下结论：

结论 5.1：分散决策时，企业激励力度 β^{D*} 与风险规避程度 η_M 和员工产出方差 σ^2 均正相关，员工努力程度 e^{D*} 也与企业风险规避程度 η_M 和员工产出方差 σ^2 均正相关。

证明：设 $X = C\eta_M\sigma^2$，则：

$$\frac{\partial \beta^{D*}}{\partial X} = \frac{1}{2(X+1)^2} > 0, \quad \frac{\partial e^{D*}}{\partial X} = \frac{1}{2C(X+1)^2} > 0$$

证毕。

结论 5.2：企业的期望收益和效用与 η_M 和 σ^2 均负相关，员工的期望收益和效用与 η_M 和 σ^2 均正相关，企业总价值（企业员工总效用）与 η_M 和 σ^2

均正相关。

证明：设 $X = C\eta_M\sigma^2$，则：

$$\frac{\partial E^{D*}(\pi_M)}{\partial X} = \frac{-2X}{4C(X+1)^3} < 0, \quad \frac{\partial U_M^{D*}}{\partial X} = \frac{-1}{4C(X+1)^2} < 0$$

$$\frac{\partial U_E^{D*}}{\partial X} = \frac{(2X+1)}{4C(X+1)^3} > 0, \quad \frac{\partial U_{总}^{D*}}{\partial X} = \frac{2X}{8C(X+1)^3} > 0$$

证毕。

结合结论 5.1 和结论 5.2 可以看出，当企业和员工分散决策时，企业对于员工产出不确定性的感知（由企业风险规避系数 η_M 和员工产出方差 σ^2 共同决定）将影响企业激励策略和员工努力程度的决策过程，同时企业和员工的期望收益和效用也将随之发生变化。当企业感觉员工产出不确定性增加时，激励产生的边际效用将上升。企业将通过加大激励强度的方式来鼓励员工付出更多的努力来增大产出，以规避员工产出不确定性带来的收益风险。这将降低风险成本，提高企业收入。然而，这又将使激励成本显著上升，导致企业实际收益和心理效用总体下降。对于员工而言，企业风险感知的加大能提高其努力的边际效用，员工可以通过努力工作获得更大的实际收益和效用。结论 5.2 同时表明了由企业风险感知增大引起员工效用的提高足以抵销企业效用的降低，因而双方总效用增加。

由以上分析可知，在分散决策模式下，企业风险规避度的上升和员工产出不确定性的增大不利于企业效用的提高。因此，对于同样的激励行为，激进型企业（风险规避度较小，如新型高科技企业）将获得比保守型企业（风险规避度较大，如传统企业）更大的效用，在员工激励过程中企业应该具有一定的冒险精神，加大物质激励报酬，而不应被风险所束缚。另外，企业将会采取强化考核、加强监督等措施尽量降低除努力外的其他因素对员工产出的干扰，保持员工产出的一致性和稳定性，但这些措施反而会降低员工努力程度（因为激励报酬降低），且不利于企业员工总价值的实现。

5.2.3 企业和员工集中决策模型

为了建立激励协调模型的比较标准，分析企业和员工集中决策模型，该模型建立了一个理想化的集权型的"超级组织",企业和员工均为该组织的成员,它们以双方整体效用最大化为目标进行决策,而不考虑各自的期望收益和效用。由式(5.1)和式(5.2)得到双方整体效用为:

$$U_{总} = U_M + U_E = e - \frac{1}{2}Ce^2 - \eta_M(1-\beta)^2\sigma^2 \qquad (5.10)$$

由一阶条件 $\frac{\partial U_{总}}{\partial \beta} = 0$,$\frac{\partial U_{总}}{\partial e} = 0$,得到联合决策下企业激励和员工努力表达式为:

$$e^{C*} = \frac{1}{C},\ \beta^{C*} = 1 \qquad (5.11)$$

继而得到集中决策下双方期望收益及效用以及总效用的表达式为:

$$U_M^{C*} = E^{C*}(\pi_M) = -\alpha$$

$$U_E^{C*} = E^{C*}(\pi_E) = \frac{1}{2C} + \alpha$$

$$U_{总}^{C*} = U_E^{C*} + U_M^{C*} = \frac{1}{2C} \qquad (5.12)$$

结论 5.3:联合决策时,企业激励力度和员工努力程度不会随企业风险规避程度 η_M 和员工产出方差 σ^2 的变化而变化,因而企业和员工效用也不会随之发生变化。

证明:略。

结论 5.4:(1) $\beta^{C*} > \beta^{D*}$,$e^{C*} > e^{D*}$;(2) $U_E^{C*} > U_E^{D*}$,$U_M^{C*} < U_M^{D*}$,$U_{总}^{C*} > U_{总}^{D*}$。

证明:根据式(5.7)、式(5.8)、式(5.9)、式(5.11)、式(5.12),用作差法可得出此结论。具体过程略。

结论 5.3 和结论 5.4 表明:相比分散决策,集中决策能同时提高企业激励报酬和员工努力程度,并且能够实现员工期望收益和双方整体效用最大化。这说明在集中决策模式下企业和员工就双方整体效用最大化进行统一决策,避免了"双重边际效应"所导致的效率损失。然而,由于激励报酬的提高将增加企业成本,集中决策会使企业效用显著下降(甚至企业效用可能为负数),若不采取一定的协调措施,企业将不愿意按照集中模式的目标进行决策。

5. 2. 4　协调机制

由上两部分分析可以看出，集中决策模式下的员工努力程度、企业激励程度以及双方总效用均高于分散决策，但企业效用低于分散决策，因而采取一定的协调措施实现企业员工"双赢"是必要的并且是有可能的。一种简单的方式是员工把集中决策下增加的收益直接以货币的形式补偿给企业，但这显然可行性较差。参照供应链协调中的费用共担机制，本节提出一种由企业主导的基于员工努力成本补偿的协调模式，具体方法为：企业给予员工比例为 φ 的基于努力成本（而非其产出）的补贴，即承担 $\frac{1}{2}\varphi Ce^2$ 的员工努力成本，以此进一步提高员工努力程度，从而提高员工产出及企业自身效用。协调机制的目标为：（1）员工努力程度与集中决策一致，以实现双方总效用最大化；（2）实现企业和员工效用的帕累托改进，即双方效用都不低于分散决策模式。故此时双方的效用函数变为：

$$U_M = E(\pi_M) - \eta_M \mathrm{var}(\pi_M) = (1-\beta)e - \alpha - \frac{1}{2}\varphi Ce^2 - \eta_M (1-\beta)^2 \sigma^2$$

$$(5.13)$$

$$U_E = E(\pi_E) = \alpha + \beta e - \frac{1}{2}(1-\varphi)Ce^2 \qquad (5.14)$$

式（5.14）对 e 求导，令一阶导数为 0，得到：

$$e^{SC*} = \frac{\beta}{C(1-\varphi)} \qquad (5.15)$$

为达到协调机制的目标（1），员工努力程度必须与集中决策一致，故比较式（5.15）和式（5.11），得到：

$$\frac{\beta}{C(1-\varphi)} = \frac{1}{C}, \ \ 即 \ \beta = 1-\varphi \qquad (5.16)$$

由此可见，企业承担的员工努力成本越高，其物质激励程度将越低。将式（5.15）和式（5.16）分别代入式（5.13）和式（5.14），可以得到协调机制下企业效用、员工效用以及双方总效用分别为：

$$U_M^{SC*} = \frac{\varphi(1 - 2C\varphi\eta_M\sigma^2)}{2C} - \alpha$$

$$U_E^{SC*} = E^{SC*}(\pi_E) = \frac{1 - \varphi}{2C} + \alpha$$

$$U_总^{SC*} = U_E^{SC*} + U_M^{SC*} = \frac{1 - 2\varphi^2 C\eta_M\sigma^2}{2C} \tag{5.17}$$

由上述内容很容易得到以下结论：

结论5.5：协调机制下，企业效用与风险规避系数和员工产出方差呈负相关；员工效用与风险规避系数和员工产出方差无关；双方总效用与风险规避系数和员工产出方差呈负相关。

产生该结论的原因在于该协调机制下员工努力程度固定为 $1/C$，故企业无法通过扩大员工产出的方法来规避风险，因而其效用随着风险规避度的增加而下降。另外，由于激励程度和员工努力均与风险规避和员工产出方差无关，因而员工效用也与之无关，企业员工总价值的变化方向与企业效用相同。由此说明，与分散决策模式不同，在协调机制下企业降低风险规避度将使自身和双方效用同时受益。

另外，该协调机制还将使得企业和员工的效用均不低于分散模式，比较式（5.17）和式（5.9）中双方效用表达式，得出如下不等式组：

$$\begin{cases} \dfrac{\varphi(1 - 2\varphi C\eta_M\sigma^2)}{2C} - \alpha \geqslant \dfrac{1}{4C(C\eta_M\sigma^2 + 1)} - \alpha \\ \dfrac{1 - \varphi}{2C} + \alpha \geqslant \dfrac{(2C\eta_M\sigma^2 + 1)^2}{8C(C\eta_M\sigma^2 + 1)^2} + \alpha \end{cases}$$

解得企业对员工努力成本承担比例的范围为：

$$\frac{1 - \sqrt{\dfrac{1 - 3C\eta_M\sigma^2}{1 + C\eta_M\sigma^2}}}{4C\eta_M\sigma^2} \leqslant \varphi \leqslant \frac{4C\eta_M\sigma^2 + 3}{4(1 + C\eta_M\sigma^2)^2} \tag{5.18}$$

显然，当努力成本承担比例满足式（5.18）描述的条件时，协调机制就同时达到了上述两个协调目标。

由以上分析可以看出，本节所提出的协调模式可以实现企业和员工效用的"双赢"，并且实现双方效用的最大化。这是因为在该模式下，企业对员工的补偿是直接基于员工努力的，而不管员工产出到底如何，因而对员工的激励效应更加明显。然而，由于员工努力成本是努力程度的凸函数，这就要求随着员工努力程度的提高，企业给予员工的努力补偿显著加大。因而，为了实现企业和员工的双赢，仅用物质激励的方式可能不会取得预期效果，可以将多种方式相结合，如类似索尼和 IBM 公司等的非物质手段达到相应目的。另外，还有一点值得注意，即员工努力成本补偿比例必须适中，比例过高对企业来讲"不经济"，过低则不能对员工起到足够的刺激作用。

5.2.5　数值仿真

下面用数值仿真的方法来对前面得出的主要结论进行验证并进一步说明。假设模型相关参数为：$\alpha = 0.1$，$\sigma^2 = 0.5$，$C = 0.8$。

首先，验证员工努力程度、企业激励程度受企业风险规避度的影响。用 Matlab7.0 作图，得到图 5.3。由图 5.3 可以看出，随着企业风险规避程度的加大，企业将加大对员工的激励程度，同时员工的努力程度也将增大。这与本节结论 5.1 相同。从图 5.3 中还可以看到两条曲线上升的幅度随着风险规避的增大逐渐变缓，这说明企业风险规避产生的边际效用将逐渐下降，可以预料当企业为完全风险规避时（$\eta_M = +\infty$，此时企业不能容忍一点风险的存在），企业激励程度和员工努力程度不会无限增大而趋向一个固定值。

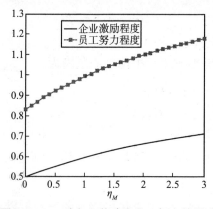

图 5.3　η_M 对企业激励及员工努力的影响

其次，设定 $\varphi = 0.65$，比较不同决策模式下企业效用和员工效用的大小，得到图 5.4 和图 5.5。由图 5.4 可以看出，在分散决策和协调模型下，企业效用都会随企业风险规避度的增大而下降，但协调模式下降的幅度更快。因而只有当风险规避度较小（小于 η_{M1}）时企业才会更偏好于协调模式。从图 5.5 中可以看出，当企业风险规避度小于 η_{M2} 时，协调模式下的员工效用才会高于分散模式，否则员工将会更偏好分散决策。因而，只有当企业风险规避度较小，企业才能通过分担员工努力成本的方法实现双方效用的协调。也就是说，激进型企业比保守型企业更可能实现企业和员工的效用"双赢"局面。

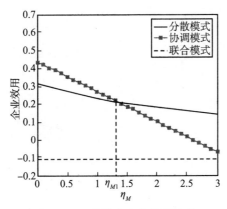

图 5.4　三种模式企业效用比较

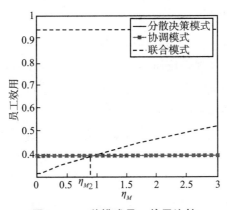

图 5.5　三种模式员工效用比较

最后，设定企业风险规避度 $\eta_M = 0.8$，分析协调机制下企业对员工努力成本分担比例对各方效用的影响，得到图5.6。可以看到，企业效用随着分担比例的增大而增大，员工效用和总效用都随着分担比例的增大而减小。这是由于企业对员工的激励程度会随着分担成本的增大而降低，对企业而言支出的降低足以抵销风险成本的上升，而对员工而言收益的降低高于企业为之分担的成本，因而其期望收益下降。从双方总效用的变化曲线可以看出，从企业员工总效用的角度，企业对努力成本的分担比例应该在允许的范围内尽量减小。

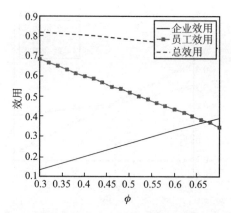

图5.6 努力成本承担比例对各方效用的影响

5.2.6 结论总结

本节采用委托—代理理论研究了企业存在风险规避心理特征时的员工激励模型，并采用努力成本分担的方法对双方效用进行了协调。通过比较分析和数值仿真，得出的主要结论有：

（1）企业和员工分散决策时，企业激励力度、员工努力程度、员工效用以及双方总效用与企业的风险规避程度和员工产出不确定性均正相关，企业效用则与以上两因素均负相关。

（2）企业和员工联合决策时，企业激励程度和员工努力程度均高于分散决策。员工效用以及双方总效用也高于分散决策，但由于风险规避的存在，企业效用明显低于分散决策。

（3）采用企业分担员工努力成本的方法可以实现双方效用的协调。在协调机制下，员工努力程度与联合决策相同，员工和企业的效用均高于分散模式。企业效用和双方总效用均与企业风险规避度负相关。然而，该机制必须满足一定的条件，即成本分担比例要适中，并且企业的风险规避度不能太高。

5.3 公平关切及风险规避下新生代员工责任激励机制

本章上一节主要研究了企业的风险规避特征对员工激励机制的影响，但是归根结底，激励主要是通过"人"的努力起作用的，因此人的心理和行为才是影响激励效果的最根本因素。从人力资源管理实践来看，对新生代员工的激励已成为民营企业管理的重要环节。与普通员工相比，该类员工往往把自己看作企业的主人，一方面，他们尤其看重被尊重和自我价值的实现，也愿意承担一部分企业为提高绩效而发生的必要费用（如调研费等），职位升迁、参与挑战性工作等非物质方式的激励比直接物质激励产生的效果更明显（Holmstrom and Milgrom，1994；Wilson，1994；Quinn and Spreitzer，1997），也更加注重心理契约的实现（Herriot and Manning，1997）。另一方面，新生代员工所表现出的公平关切、风险规避、互惠互利等特殊心理契约又进一步加大了企业激励效果的不确定性（赵卫东和吴继红，2011）。已有很多文献开始关注员工心理特征对激励效果的影响，例如卡伯瑞勒斯和查姆斯（Cabrales and Chamess，2000）、蒲勇健等（2010）、德穆然（Demougin et al.，2006）、李训和曹国华（2008），但是现有文献都没有同时考虑员工多种心理契约（如公平偏好和风险规避）对企业激励机制产生的影响。另外，不少文献揭示了激励机制在信息不对称时会产生代理成本，但均没有提出一定的机制来有效降低这种代理成本，更没有深入揭示降低的代理成本与员工心理契约强弱之间的关系。基于此，本节将结合信息不对称理论，建立公平关切及风险规避下新生代员工激励机制，并引入标尺竞争理论有效降低企业代理成本。

5.3.1 模型描述及说明

本节研究一个由民营企业（后简称为"企业"）和新生代员工（后简称为"员工"）构成的组织，用到的一些主要符号和基本假设说明如表 5.1 所示。

表 5.1 本节所有符号说明

变量	说明	变量	说明
e_s，e_r	员工的薪酬型努力程度和责任型努力程度	$\overline{w}$	员工的保留收入
c_s，c_r	员工两类努力的成本系数	V_M	企业净收益
k_s，k_r	两类努力对企业产出的贡献率	r	外部调研费在企业产出中的占比
π	企业产出（由员工产出决定）	ϕ	新生代员工承担市场调研费的比例
ξ	企业产出的随机扰动因素，为均值为 0、方差为 σ^2 的随机变量	λ	员工的公平关切系数，即员工对自身与企业净收益是否公平的敏感程度
α	企业给予员工的固定报酬	ρ	员工的风险规避系数，体现了员工害怕风险的程度
β	企业产出分享比例，体现了企业对员工激励程度的大小	u_E	仅具有公平关切心理特征的员工心理效用
s	企业给予员工的总报酬	U_E	同时具有公平关切和风险规避心理特征的员工心理总效用
w	员工实际净收益	U_M	企业总效用，即企业期望净收益
		AC	企业代理成本

假设员工的努力分为薪酬型努力和责任型努力，前者表示企业酬金等物质激励引起的员工努力，后者表示企业投入员工责任（如尊重、认同等）引起的员工努力。这里的员工责任投入是狭义的、满足员工高层需求的企业员工社会责任行为。企业给予员工基于努力产出的激励报酬，员工据此决定自己的努力程度。另外，企业还发生一定的外部调研费，由新生代员工和企业共同承担。本研究假设新生代员工同时具有公平关切和风险规避两种心

理特征。

根据福克和菲尔（Falk. A and Fehr. E, 2003）的描述，设企业总产出 $\pi(e_s, e_r) = k_s e_s + k_r e_r + \xi$，员工努力总成本为 $(c_s e_s + c_r e_r)/2$，且责任型努力的成本高于薪酬型努力，即 $c_r > c_s$。把 $k_i/c_i (i = r, s)$ 称为 i 类努力的投入产出比。由上，企业总效用和员工实际净收益表达式为：

$$U_M = E(V_M) = E(\pi - S(\pi) - (1 - \varphi)r\pi)$$
$$= -\alpha + (1 - \beta - (1 - \varphi)r)(k_s e_s + k_r e_r)$$
$$w = S(\pi) - C(e_s, e_r) - \phi r\pi = \alpha + (\beta - \varphi r)(k_s e_s + k_r e_r) - (c_s e_s + c_r e_r)/2$$

$$(5.19)$$

假设新生代员工有纵向公平关切心理，即员工比较在意自己与企业之间的收益差异，并考虑风险规避大小的影响。参照李训和曹国华（2008）的研究，具有纵向公平关切心理特征的员工心理效用可衡量为：$u_E = w + \lambda(w - U_M)$，即心理效用包括两部分：实际净收入和员工对公平效用的感知 $\lambda(w - V_M)$。于是，当员工同时具有风险规避心理特性时，其心理总效用可表示为 $U_E = E(u_E) - \rho \mathrm{var}(u_E)$。把前述变量代入并化简，可以得到员工心理效用的具体表达式为：

$$u_E = (1 + 2\lambda)\alpha + m(k_s e_s + k_r e_r + \zeta) - (1 + \lambda)(c_s e_s + c_r e_r)/2 \quad (5.20)$$

$$U_E = (1 + 2\lambda)\alpha + m(k_s e_s + k_r e_r) - (1 + \lambda)(c_s e_s^2 + c_r e_r^2)/2 - \rho m^2 \sigma^2 \quad (5.21)$$

其中，$m = (1 + 2\lambda)\beta - \{\lambda + [(2\phi - 1)\lambda + \phi]r\}$。企业的目标在于在约束条件下选择合适的 α 和 β，从而激励员工付出最佳的 e_r 和 e_s，实现企业总效用最大化。模型描述为：

$$\max_{\alpha, \beta, e_s, e_r} U_M = -\alpha + [1 - \beta - (1 - \phi)r](k_s e_s + k_r e_r)$$

$$\mathrm{s.t.} \ (IR)(1 + 2\lambda)\alpha + m(k_s e_s + k_r e_r) - (1 + \lambda)(c_s e_s^2 + c_r e_r^2)/2 - \rho m^2 \sigma^2 \geq \overline{w}$$

$$(IC)(1 + 2\lambda)\alpha + m(k_s e_s + k_r e_r) - (1 + \lambda)(c_s e_s^2 + c_r e_r^2)/2 - \rho m^2 \sigma^2 \geq$$

$$(1 + 2\lambda)\alpha + m(k_s e_s + k_r e_r) - (1 + \lambda)(c_s e_s^2 + c_r e_r^2)/2 - \rho m^2 \sigma^2 \quad (5.22)$$

其中，$\overline{w}$ 表示员工的保留收入，IR 为参与约束，IC 为激励约束。下面表达式角标中含 r 表示信息不对称，含 s 表示标尺竞争模型，含 $*$ 表示均衡值。

5.3.2 模型求解及分析

1. 信息对称情形

信息对称时，企业可直接观测到员工的行动。员工只要满足参与约束即可，任何员工努力都可以由企业通过参与约束 IR 强制实施，因而激励约束 IC 不起作用。IR 中取等号并通过 α 代入企业目标函数，通过一阶导数法得到下式：

$$\beta^* = \frac{\lambda + \left[(2\phi - 1)\lambda + \varphi\right]r}{1 + 2\lambda}, \quad e_s^* = \frac{(1-r)k_s}{c_s}, \quad e_r^* = \frac{(1-r)k_r}{c_r} \quad (5.23)$$

代入取等号的参与约束 IR，得到信息对称时最优员工固定报酬以及企业效用的表达式为：

$$\alpha^* = \frac{1}{1 + 2\lambda}\left(\frac{u(1+\lambda)(1-r)^2}{2} + \overline{w}\right), \quad U_M^* = \frac{1}{1 + 2\lambda}\left(\frac{u(1+\lambda)(1-r)^2}{2} - \overline{w}\right)$$

$$(5.24)$$

其中 $u = \dfrac{k_s^2}{c_s} + \dfrac{k_r^2}{c_r}$，表示两类努力的投入产出比之和。从式（5.23）和式（5.24）得到以下结论：

结论 5.6：在对称信息下：（1）员工两类努力程度均与风险规避度和公平关切度无关；（2）企业最优产出分享比与风险规避度无关，与公平关切度正相关。

证明：把 e_s^*、e_r^*、β^* 的表达式分别对 ρ，λ 求一阶导数判断其符号即得，下同。

该结论表明，在信息对称时，员工处于企业的完全控制之下，无论其心理契约（包括风险规避、公平关切）如何都无法从事机会主义活动，因而两类努力的程度与风险规避和公平关切程度皆无关。对于企业而言，激励付出尽管与员工风险规避无关，但会随着员工纵向公平关切程度的增大而提高。可见，员工公平关切程度的加强有助于提升其讨价还价能力。

结论 5.7：在对称信息下，固定薪酬与企业总效用均与员工风险规避度无关，与员工公平关切程度负相关，与两类努力的投入产出比之和正相关，与调研总费用比例负相关。

该结论表明，当双方信息对称时，企业总效用会随着员工公平关切程度的加大而降低。为了保证员工的最低保留收入，企业须通过提高固定薪酬和绩效激励度来提高员工收益，降低公平关切负效用。因此，在信息对称的情况下，企业会雇佣公平关切度比较低的员工。另外，员工努力投入产出比的增大意味着努力边际效用的提高，这不仅将提高企业收益，也会使企业愿意以提高固定薪酬的方式与员工分享一部分收益，而外部调研费用的升高会增大企业总费用，促使其降低固定薪酬以转移一部分费用。

2. 信息不对称情形

在信息不对称时，新生代员工的努力程度不能被企业观察，故而激励约束 IC 将起作用。由 IC 中一阶条件 $\frac{\partial U_E}{\partial e_s} = 0$，$\frac{\partial U_E}{\partial e_r} = 0$ 得到员工两种努力关于企业激励的表达式为：

$$e_s^* = \frac{mk_s}{(1+\lambda)C_s}, \quad e_r^* = \frac{mk_r}{(1+\lambda)C_r} \tag{5.25}$$

IR 中取等号并通过 α 代入企业目标函数，将式（5.25）代入整理，得到：

$$\beta^{N*} = \frac{u(1+\lambda)(1-r) + (u + 2(1+\lambda)\rho\sigma^2)\{\lambda + [(2\phi-1)\lambda + \phi]r\}}{(1+2\lambda)[u + 2(1+\lambda)\rho\sigma^2]} \tag{5.26}$$

代入（5.25）中可以得到：

$$e_s^{N*} = \frac{u(1-r)k_s}{[u + 2(1+\lambda)\rho\sigma^2]C_s}, \quad e_r^{N*} = \frac{u(1-r)k_r}{[u + 2(1+\lambda)\rho\sigma^2]C_r}$$

$$\alpha^{N*} = \frac{1}{1+2\lambda}\left\{\frac{u^2(1+\lambda)(1-r)^2[2(1+\lambda)\rho\sigma^2 - u]}{2(u + 2(1+\lambda)\rho\sigma^2)^2} + \overline{w}\right\},$$

$$U_M^{N*} = \frac{1}{2(1+2\lambda)}\left[\frac{u^2(1+\lambda)(1-r)^2}{u + 2(1+\lambda)\rho\sigma^2} - 2\overline{w}\right] \tag{5.27}$$

分析式（5.26）和式（5.27）得到以下结论：

结论 5.8：信息不对称时，员工两类努力程度均与风险规避程度负相关，与公平关切程度负相关。当风险规避和公平关切度一定时，某类努力程度与两类努力的贡献率均正相关，与两类努力的成本均负相关，与自身承担的调研费比例均无关。

该结论表明，信息不对称时，随着风险规避程度和公平关切的增大，员工将同时降低两类努力以减小风险成本，缩短与企业之间的收益差距。另外，信息不对称时，员工两类努力会相互影响，即薪酬型努力成本不仅会影响薪酬型努力程度，也会影响员工提高责任型努力的程度。

结论 5.9：信息不对称时：

（1）企业最优产出分享比与 $\rho\sigma^2$ 负相关；当 $\rho\sigma^2 > u\lambda/(1+\lambda)$ 时，最优产出分享比与员工公平关切正相关，当 $\rho\sigma^2 < u\lambda/(1+\lambda)$ 时，与员工公平关切负相关；最优产出比与员工承担调研费的比例 ϕ 正相关。

（2）固定薪酬与企业总效用均与 $\rho\sigma^2$ 负相关，与两类努力的投入产出比之和正相关，与调研费用比例负相关。

（3）当 $4w(u+2\rho\sigma^2+2\rho\sigma^2\lambda)^2 > u^2(r-1)^2(u+4\rho\sigma^2+8\rho\sigma^2\lambda+4\rho\sigma^2\lambda^2)$ 时，企业总效用与员工公平关切度正相关；当 $4w(u+2\rho\sigma^2+2\rho\sigma^2\lambda)^2 < u^2(r-1)^2(u+4\rho\sigma^2+8\rho\sigma^2\lambda+4\rho\sigma^2\lambda^2)$ 时，企业总效用与员工公平关切度负相关。

该结论揭示了信息不对称时激励机制的结果。首先，激励程度与员工公平关切程度关系取决于员工风险因子（由风险规避和产出不确定性程度决定）的大小，当风险因子大于某一阈值时，随着员工公平关切程度的上升，企业激励程度相应上升；风险因子小于该阈值时，两者关系正好相反。其次，员工努力、调研总费用对企业总效用的影响类似于信息对称情况，但是心理契约对企业效用的影响则不然。员工风险规避度的增大会同时减弱其两类努力的程度，这将降低其产出水平，企业效用也随之下降。企业总效用与员工公平关切程度之间的关系非常复杂，由员工保留收入、调研费占比高低、风险因子以及两类努力的投入产出比之和等因素共同决定。简单而言，员工保留收入较高或调研费占比 r 较大时，企业期望收益随员工公平关切程度的上升而增加，反之亦相反。

结论 5.10：比较对称信息及不对称信息情况下的激励绩效，得到：

$$e_s^{N*} < e_s^*, \quad e_r^{N*} < e_r^*, \quad \beta^{N*} > \beta^*, \quad \alpha^{N*} < \alpha^*, \quad U_M^{N*} < U_M^*。$$

该结论表明，信息不对称情况下员工两类努力程度、企业固定薪酬以及总效用均小于信息对称情况，只有信息不对称情况下的绩效激励程度大于信息对称情况。参照李训和曹国华（2008）的研究，把企业因信息不对称而损失的效用称为代理成本（AC），则从结论 5.5 的证明过程可以得到：

$$AC = \frac{u(1+\lambda)^2(1-r)^2\rho\sigma^2}{(1+2\lambda)[u+2(1+\lambda)\rho\sigma^2]}$$ ，于是得到以下结论：

结论 5.11：企业代理成本 AC 与风险因子 $\rho\sigma^2$ 正相关；与两类努力投入产出比之和 u 正相关；与调研费用比例 r 负相关；当 $\rho\sigma^2 > u\lambda/(1+\lambda)$ 时，与公平关切程度 λ 负相关，反之正相关。

该结论表明，员工风险规避越高，努力的投入产出比越高，企业调研费用越低，其代理成本将越高。代理成本与员工公平关切程度的关系则取决于风险因子大小，若风险因子较高，代理成本随公平关切度的上升而减小，否则代理成本随着公平关切度的上升而增大。因此，为了最小化企业代理成本，企业应该雇佣风险规避度较大但自豪感比较强的员工，或者是冒险精神较强但嫉妒（自豪）感较弱的员工。另外，员工的投入产出比以及调研费用的高低也应该在企业的综合考虑之内。

5.3.3　激励机制的改进——标尺竞争模型

近年来，标尺竞争理论逐渐兴起，它以其他外部代理人的表现作为衡量内部代理人表现的标准，从而来降低委托人代理成本，增强对代理人的激励效应。已有一些研究把标尺竞争理论应用于地方政府间的竞争等领域（踪家峰等，2009；龙奋杰等，2015）。那么，在员工激励领域，当新生代知识型员工同时具有纵向公平关切、风险规避等心理特征时，标尺竞争理论能否解决信息不对称产生的企业代理成本问题？若能，其激励效应与员工的公平关切度有何关系？以下将对这些问题深入剖析。

设企业所在行业内另一企业的产出水平为 g，g 与市场因素 ε 有关，因而与企业产出 π 也有关。为方便讨论，假设 $g \sim N(0, \sigma_g^2)$。为降低本企业代理成本，本研究考虑标尺竞争机制，即企业的激励契约中也考虑 g 的影响，得到式（5.28）：

$$S(\pi, g) = \alpha + \beta(\pi + \theta g) = \alpha + \beta(k_s e_s + k_r e_r + \xi + \theta g) \quad (5.28)$$

其中，θ 称为标尺系数，表示本企业产出和激励支付与其他企业产出的关系。对民营企业而言，该系数一般不为 0，$\theta > (<)$ 表示其他企业业绩提升将增大（减少）本企业对员工的激励，$\theta = 0$ 则意味着企业激励不受其他企业影响，这比较符合国有企业情况。于是，标尺竞争下员工心理效用表达式变为：

$$u_E = (1+2\lambda)(\alpha+\theta g) + m\pi - (1+\lambda)(c_s e_s^2 + c_r e_r^2)/2$$

$$U_E = (1+2\lambda)\alpha + m(k_s e_s + k_r e_r) - (1+\lambda)(c_s e_s^2 + c_r e_r^2)/2$$

$$-\rho(m^2\sigma^2 + (1+2\lambda)^2\theta^2\sigma_g^2 + 2(1+2\lambda)\theta m^* Cov(\pi, g)) \quad (5.29)$$

激励机制变为如下优化问题：

$$\max_{\alpha, \beta, e_s, e_r} E(V_M) = -\alpha + (1-\beta-(1-\phi)r)(k_s e_s + k_r e_r)$$

$$\text{s. t. } (IR) \begin{cases} (1+2\lambda)\alpha + m(k_s e_s + k_r e_r) - (1+\lambda)(c_s e_s^2 + c_r e_r^2)/2 \\ -\rho(m^2\sigma^2 + (1+2\lambda)^2\theta^2\sigma_g^2 + 2(1+2\lambda)\theta m^* Cov(\pi, g)) \geq \overline{w} \end{cases}$$

$$(IC)\, e_s = \frac{mk_s}{(1+\lambda)c_s}, \quad e_r = \frac{mk_r}{(1+\lambda)c_r} \quad (5.30)$$

求解得到以下均衡解：

$$\theta^* = \frac{-u(1+\lambda)(1-r)Cov(\pi, g)}{(1+2\lambda)(u+2(1+\lambda)\rho(\sigma^2-Cov^2(\pi, g)/\sigma_g^2))\sigma_g^2}$$

$$\beta^{s*} = \frac{u(1+\lambda)(1-r)}{(1+2\lambda)(u+2(1+\lambda)\rho(\sigma^2-Cov^2(\pi, g)/\sigma_g^2))} + \frac{\lambda+((2\phi-1)\lambda+\phi)r}{(1+2\lambda)}$$

$$e_s^{s*} = \frac{u(1-r)k_s}{(u+2(1+\lambda)\rho(\sigma^2-Cov^2(\pi, g)/\sigma_g^2))C_s},$$

$$e_r^{s*} = \frac{u(1-r)k_r}{(u+2(1+\lambda)\rho(\sigma^2-Cov^2(\pi, g)/\sigma_g^2))C_r} \quad (5.31)$$

代入取等号的参与约束 IR，得到信息不对称时最优员工固定报酬以及企业效用的表达式为：

$$\alpha^{s*} = \frac{1}{1+2\lambda}\left(\frac{u^2(1+\lambda)(1-r)^2(2(1+\lambda)\rho(\sigma^2-Cov^2(\pi, g)/\sigma_g^2)-u)}{2(u+2(1+\lambda)\rho(\sigma^2-Cov^2(\pi, g)/\sigma_g^2))^2} + \overline{w}\right)$$

$$U_M^{s*} = \frac{1}{2(1+2\lambda)}\left(\frac{u^2(1+\lambda)(1-r)^2}{u+2(1+\lambda)\rho(\sigma^2-Cov^2(\pi, g)/\sigma_g^2)} - 2\overline{w}\right) \quad (5.32)$$

结论 5.12：比较标尺竞争机制与不对称信息情况下的激励绩效，有：

$e_s^{S*} > e_s^{N*}$，$e_r^{S*} > e_r^{N*}$，$\beta^{S*} > \beta^{N*}$，$\alpha^{S*} > \alpha^{N*}$，$U_M^{S*} > U_M^{N*}$。

证明：从结论 5.8 和结论 5.9 可以看出，员工两类努力程度、企业最优产出分享比、最优固定薪酬以及企业期望收益均与风险因子 $\rho\sigma^2$ 负相关，比较式（5.31）、式（5.32）以及式（5.25）、式（5.26）、式（5.27）可知，各表达式内的风险因子由 $\rho\sigma^2$ 变为了 $\rho(\sigma^2 - Cov^2(\pi, g)/\sigma_g^2)$，故结论得证。

该结论表明在激励机制中引入标尺竞争可以将企业对员工的激励程度与行业内其他企业的经营业绩相挂钩，无论标尺企业产出与本企业产出是正相关还是负相关，都可以激发新生代员工投入更多努力。这是由于标尺竞争从本质上降低了员工风险成本。这将降低由于信息不对称产生的代理成本，提高企业总效用，从而使企业有动力以提升固定薪酬和努力报酬的方式回馈员工。

结论 5.13：（1）当 $Cov(\pi, g) < 0$ 时，$\theta^* > 0$，且 θ^* 与 λ 负相关；（2）当 $Cov(\pi, g) > 0$ 时，$\theta^* < 0$，且 θ^* 与 λ 正相关。

这说明若标尺企业的产出对本企业产出产生正向影响，表明企业遇到了较好的市场环境而非员工努力，应该减少对员工的激励支出，并且本企业的激励支付应该随员工纵向公平关切程度增大而降低。若其他企业的产出对本企业产出产生负向影响，则企业遇到了较差的市场环境，应该加大对员工的激励支出，并且本公司员工的公平关切程度越大，激励的支出应更大。

最后比较两种机制下的代理成本，用作差法得到：

$$\Delta AC = \frac{-u^2(1+\lambda)^2(1-r)^2\rho Cov^2(\pi, g)/\sigma_g}{(1+2\lambda)[u+2(1+\lambda)\rho\sigma^2][u+2(1+\lambda)\rho(\sigma^2 - Cov^2(\pi, g)/\sigma_g)]}$$

$$(5.33)$$

结论 5.14：$|\Delta AC| < 0$，与 λ 负相关，与 $Cov(\pi, g)$ 正相关。

该结论表明标尺竞争机制可以有效降低代理成本。随着员工公平关切程度的增大，标尺竞争机制所能节约的企业代理成本将会降低。"标尺"企业产出与本企业产出之间的协方差越大，节约的企业代理成本越高，并且受公平关切程度变化的影响也越明显。这说明良好的市场环境可以有效降低信息不对称带来的代理成本，增强标尺竞争机制的优势，但这种优势会随着员工公平偏好的增强而被削弱。

5.3.4 结论总结

本节采用博弈论中的委托—代理理论研究了新生代员工同时存在风险规避和公平关切心理契约时的企业激励机制，并且采用标尺竞争模型对该激励机制进行了改进。通过比较分析和数值仿真，得出的主要结论有：

（1）信息对称时激励机制与员工风险规避特征无关，企业激励程度与公平关切度正相关。

（2）信息不对称时，薪酬型努力和责任型努力之间将相互影响，且两类努力程度均与员工公平关切程度负相关；当风险因子较大时，激励程度与员工公平关切正相关，较小时则负相关。另外，激励程度始终与员工承担调研费比例正相关；企业总效用与风险因子负相关，与员工公平关切程度之间的关系则较复杂。

（3）信息不对称情况下员工两类努力、固定薪酬以及企业期望收益均小于信息对称情况，只有激励程度大于信息对称。

（4）引入标尺竞争机制不仅可以激发新生代员工投入更多的努力，而且可以降低企业代理成本，提高企业总效用，从而使企业有动力提高固定薪酬和激励程度。

（5）标尺竞争机制所节约的企业代理成本与员工公平关切程度负相关，与双方产出之间的协方差正相关。

由本节研究结论得出的管理启示有：

（1）新生代员工应具有强烈的企业主人翁精神，把自身发展目标与企业的发展目标统一起来，实现个人利益和企业利益的一体化。另外，企业应实施富有吸引力的绩效奖励机制，绩效奖励时不应该仅仅着眼于新生代员工的当前产出，还应该进行过程性考核，对于投入高努力但产出不明显的员工也应给予一定奖励以补偿其努力成本。这种既重结果也重过程的考核方式才能实现企业和员工的双赢。

（2）企业应建立完善的员工监察体制和通畅的沟通渠道，同时自身保持决策过程的透明化，从而实现企业与员工间充分的信息共享。这样不仅有利于提升新生代员工的工作动力，更有利于实现更大的企业收益。即使企业通畅的信息渠道尚未建立起来（即信息不对称），企业也应通过完善员工参与制度、培养企业公平文化等方式帮助员工树立正确的公平观，同时应增大新生代员工的保留收入，这样才能使员工体验到更大的纵向公平，从而实现更高的企业产出。

（3）民营企业进行员工激励时要考虑不同员工的特点，制定有针对性的绩效奖励政策。对于风险规避度较高较强的普通员工而言，为了获得更高的绩效激励，应加大对产出风险的规避程度，采用较保守的行为策略，进行绩效奖励也主要以物质性奖励为主；对于风险规避度较小的新生代员工而言则更应进行精神激励，通过承担责任、参与任务制定、自主决策等方式提升员工的归属感，产生更大的激励绩效。

（4）可以采用积极的标尺竞争机制，即选取一个本行业内的标杆企业，通过对标杆企业内员工努力及产出案例的"解读"来激励本企业员工。在标尺竞争机制下，无论标尺企业产出与本企业产出是正相关还是负相关，都可以激发新生代员工投入更大的努力，降低信息不对称带来的代理成本。但是，要使标尺竞争机制实现企业产出最大化，企业应该选择与自身业绩关联最强的企业作为标尺，并且雇用接近风险中性的员工。

5.4 团队协作视角下的新生代员工责任激励机制

自从团队生产理论由阿尔奇安和德姆塞茨（Alchian and Demsetz，1972）提出后，关于团队协作的激励机制越来越受到人们的重视（Holmstrom，1982；Jong et al.，2006；Hamilton，2003；段永瑞等，2011）。但是大多关于团队协作和激励机制的研究都假设协同效应主要由团队规模来决定，而未考虑企业对协作效应可以施加的影响。事实上，由于新生代员工更愿意与其他员工交流和知识分享，互惠互利等心理特征更为突出。因此企业可以通过新生代员工社会责任的投入来增强团队协作，从而提升团队绩效。已经有一些学者认识到了这一问题。王黎萤和陈劲（2008）认为从员工责任的构成内容来看，协作责任能反映出组织在谋求发展和适应变革过程中对新生代员工的更高层次要求；张喆等（2008）通过实证表明组织员工责任的提高会无形中提高员工间的和睦程度，尤其对在企业中建立一种良好的同事关爱、互相关心、相互提携的文化氛围有重大的积极作用。

5.2 和 5.3 两节详细探讨了不同背景条件下的新生代员工激励机制问题，虽然也涉及一些员工责任问题（如 5.2 节将员工努力分为一般努力和责任努力），但主要还是对经典激励机制的扩展性研究，并没有深入探讨企业的员工责任投入能产生何种效应，企业应该如何进行员工责任决策等本质性问题。本节结合委托—代理理论，在团队协作激励的框架下研究企业的员工责任决策问题。

5.4.1　模型描述及说明

本节研究一个由企业和 $N(N \geq 2)$ 个新生代员工构成的团队。企业可以选择投入员工责任（简称 NR 模式），也可以选择不投入员工责任（简称 R 模式）。员工 i 的努力分为两个部分：e_i 和 E_{ij}。其中 e_i 表示自身工作的努力程度，E_{ij} 表示帮助团队成员 j 的努力程度（$j = 1$，2，$\cdots$，N，$j \neq i$）。e_i 和 E_{ij} 相互独立。根据委托—代理问题中对代理人努力成本函数的常用形式，员工在多重任务上的总努力成本可以表示为：

$$C_i = \frac{1}{2}k\left(e_i^2 + \sum_{j=1, j \neq i}^{N} E_{ij}^2\right) \tag{5.34}$$

各个知识型成员均承担独立工作和协助其他员工的劳动，存在协作效应。根据段永瑞等（2011）的假设，员工 i 的产出 y_i 同时取决于自身努力和从他人处得到的努力，即：

$$y_i = e_i + \sum_{j=1, j \neq i}^{N} E_{ji} + \xi_i \tag{5.35}$$

其中，$\xi_i \sim N(0, \sigma^2)$ 表示产出的随机扰动，ξ_i 相互独立。整个团队总产出 Y 可表示为：

$$Y = \chi_0 \sum_{i=1}^{N} y_i = \chi_0 \sum_{i=1}^{N}\left(e_i + \sum_{j=1, j \neq i}^{N} E_{ji} + \xi_i\right) \tag{5.36}$$

其中，χ_0 表示协作效应，$0 < \chi_0 < 1$ 为负的协作效应，表示团队产出低于单个员工产出之和；$\chi_0 > 1$ 为正的协作效应，表示团队产出高于单个员工产出之和。

员工 i 的报酬表示为 $w_i = a_i + \beta_i y_i + \gamma_i Y$，即由固定薪酬、个人绩效薪酬以及团队绩效薪酬三部分构成。其中 β_i 和 γ_i 分别表示个人单位绩效激励强度和团队单位绩效激励强度。设所有员工固定薪酬一致，即 $a_1 = a_2 = \cdots = a_N = a$。由对称性可知，每个员工的个人绩效激励强度和团队绩效激励强度也一致，即 $\beta_1 = \beta_2 = \cdots = \beta_N = \beta$，$\gamma_1 = \gamma_2 = \cdots = \gamma_N = \gamma$。显然，只有当满足 $0 < \beta < 1$ 并且 $0 < \gamma < 1$ 时企业才愿意进行绩效激励。本节的重要假设有：

（1）企业和团队成员之间信息不对称，即企业不能观察员工的努力程度。钟等（Jong et al.，2006）做了类似的假设。

（2）民营企业为风险中性，新生代员工有风险规避，风险规避系数为 ρ。

（3）暂不考虑初始协作效应与团队规模之间的关系，即假设 χ_0 和 N 不相关。

以下分别对不投入员工责任和投入员工责任的团队协作激励机制进行研究。

5.4.2 不投入员工责任的团队协作激励机制（NR 模式）

当不投入员工责任时，员工 i 的净收益可表示为：

$$\pi_i = w_i - C_i = a + \beta\left(e_i + \sum_{j=1, j\neq i}^{N} E_{ji} + \xi_i\right) + \gamma\chi_0\sum_{i=1}^{N}\left(e_i + \sum_{j=1, j\neq i}^{N} E_{ji} + \xi_i\right)$$
$$- \frac{1}{2}k\left(e_i^2 + \sum_{j=1, j\neq i}^{N} E_{ij}^2\right) \qquad (5.37)$$

考虑员工规避系数为 ρ 时，员工 i 的确定性等价收益为：

$$CE_i = E(\pi_i) - \frac{1}{2}\rho Var(\pi_i) = a + \beta\left(e_i + \sum_{j=1, j\neq i}^{N} E_{ji}\right) + \gamma\chi_0\sum_{i=1}^{N}\left(e_i + \sum_{j=1, j\neq i}^{N} E_{ji}\right)$$
$$- \frac{1}{2}k\left(e_i^2 + \sum_{j=1, j\neq i}^{N} E_{ij}^2\right) - \frac{1}{2}\rho\sigma^2(\beta^2 + N\gamma^2\chi_0^2)$$

$$(5.38)$$

团队的收益为：

$$CM = E(Y - \sum_{i=1}^{N} w_i) = (\chi_0 - N\gamma\chi_0 - \beta) \sum_{i=1}^{N} (e_i + \sum_{j=1, j\neq i}^{N} E_{ji}) - na \quad (5.39)$$

设员工能够接受该激励机制的最低期望效用为 $\overline{S}$，则团队激励模型可以表示为：

$$\max_{\beta,\gamma,e_i,E_{ij}} CM$$
$$\text{s. t. } (IR)\, CE_i \geqslant \overline{S}$$
$$(IC)\,(e_i, E_{ij}) \in \max CE_i \quad (5.40)$$

其中，条件 IR 和 IC 分别为参与约束和激励约束。在企业和员工的博弈中，企业为领导者，员工为追随者。员工根据企业的激励强度 β 和 γ 决定两种努力投入 e_i 和 E_{ij}，可以用逆向归纳法进行求解。CE_i 的海塞矩阵为：

$$H_{CE_i} = \begin{bmatrix} -k & 0 & 0 & \cdots & 0 \\ 0 & -k & 0 & \cdots & 0 \\ \cdots & \cdots & \cdots & \cdots & \cdots \\ 0 & 0 & 0 & \cdots & -k \end{bmatrix} < 0, \text{ 故 } CE_i \text{ 是关于 } e_i \text{ 和 } E_{ij} \text{ 的严格凹函数。}$$

由 $\dfrac{\partial CE_i}{\partial e_i} = 0$，$\dfrac{\partial CE_i}{\partial E_{ij}} = 0$ 求解可得：

$$e_i = \frac{\beta + \gamma\chi_0}{k}, \ E_{ij} = \frac{\gamma\chi_0}{k} \quad (5.41)$$

由于理性的企业不会让员工得到更多的收益，所以在最优条件下参与约束取等号。得到团队决策问题可表述为：

$$\max_{\beta,\gamma,e_i,E_{ij}} CM = \chi_0 \sum_{i=1}^{N} (e_i + \sum_{j=1,j\neq i}^{N} E_{ji}) - \frac{1}{2}k \sum_{i=1}^{N} (e_i^2 + \sum_{j=1,j\neq i}^{N} E_{ij}^2)$$
$$- \frac{1}{2}\rho\sigma^2 N(\beta^2 + N\gamma^2\chi_0^2) - N\overline{S} \quad (5.42)$$

把式（5.41）代入式（5.42），得到团队关于绩效强度的期望收益表达式为：

$$\max_{\beta,\gamma,e_i,E_{ij}} CM = \frac{N[2\beta\chi_0 + 2\gamma\chi_0^2 - (\beta + \gamma\chi_0)^2] + N(N-1)(2\gamma\chi_0^2 - \gamma\chi_0^2)}{2k}$$
$$- \frac{1}{2}\rho\sigma^2 N(\beta^2 + N\gamma^2\chi_0^2) - N\overline{S} \quad (5.43)$$

分别对 β 和 γ 求一阶偏导，得到：

$$\frac{\partial CM}{\partial \beta} = \frac{N\chi_0(1-\gamma)}{k} - \left(\frac{N}{k} + N\rho\sigma^2\right)\beta$$

$$\frac{\partial CM}{\partial \gamma} = \frac{N(N\chi_0^2 - \beta\chi_0)}{k} - \left(\frac{N^2\chi_0^2}{k} + N^2\chi_0^2\rho\sigma^2\right)\gamma \qquad (5.44)$$

于是，CM 关于海塞矩阵为：

$$H_{CM} = \begin{bmatrix} -\left(\dfrac{N}{k} + N\rho\sigma^2\right) & -\dfrac{N\chi_0}{k} \\[2mm] -\dfrac{N\chi_0}{k} & -\left(\dfrac{N^2\chi_0^2}{k} + N^2\chi_0^2\rho\sigma^2\right) \end{bmatrix}$$

经检验，该矩阵负定，故驻点即为均衡点。联立 $\dfrac{\partial CM}{\partial \beta} = 0$ 和 $\dfrac{\partial CM}{\partial \gamma} = 0$，解得：

$$\beta^{NR*} = \frac{k\rho\sigma^2\chi_0 N}{(1+k\rho\sigma^2)^2 N - 1}, \quad \gamma^{NR*} = \frac{(1+k\rho\sigma^2)N - 1}{(1+k\rho\sigma^2)^2 N - 1} \qquad (5.45)$$

将式（5.45）代回式（5.42）得到员工两类努力表达式为：

$$e_i^{NR*} = \frac{[(1+2k\rho\sigma^2)N - 1]\chi_0}{[(1+k\rho\sigma^2)^2 N - 1]k}, \quad E_{ij}^{NR*} = \frac{[(1+k\rho\sigma^2)N - 1]\chi_0}{[(1+k\rho\sigma^2)^2 N - 1]k} \qquad (5.46)$$

将 e_i^{NR*}、E_{ij}^{NR*}、β^{NR*}、γ^{NR*} 代入式（5.39）和式（5.40）得到企业无员工责任投入时，团队确定性收益表达式为：

$$CM^{NR*} = \frac{N^2\chi_0^2((1+b)^3 N^2 + (1+b)(b^2 - 2)N + 1 - b)}{2k((1+b)^2 N - 1)^2} - N\bar{S} \qquad (5.47)$$

其中，$b = k\rho\sigma^2$ 称为员工的风险成本因子，主要由新生代员工风险规避系数和产出不确定性来决定，体现了员工风险成本的大小。

结论 5.15：只有在满足条件 $\chi_0 < \dfrac{(1+b)^2}{b}$ 和 $N > \dfrac{1}{(1+b)^2 - b\chi_0}$ 时，激励机制才能成立。

证明：激励机制成立的条件为 $0 < \beta < 1$ 且 $0 < \gamma < 1$，由于 $0 < \gamma < 1$ 恒成立，因此只需满足 $0 < \beta < 1$。将 β^{NR*} 的表达式代入得到 $b\chi_0 N < (1+b)^2 N - 1$，当 $\chi_0 \geqslant \dfrac{(1+b)^2}{b}$ 时显然不成立，故必须满足 $\chi_0 < \dfrac{(1+b)^2}{b}$，再求解关于 N 的不等式，得到 $N > \dfrac{1}{(1+b)^2 - b\chi_0}$。证毕。

该结论表明，要使激励机制成立，团队协作效应不能过大，团队规模不能过小。因为协作效应过大意味着企业将投入过高的绩效激励成本，而团队规模过小则将使产出规模受到限制，两者都会降低企业实施绩效激励的动力。

结论 5.16：在激励机制成立时，e_i^{NR*}、E_{ij}^{NR*}、β^{NR*} 均与 χ_0 正相关，γ^{NR*} 与 χ_0 不相关，CM^{NR*} 与 χ_0 正相关。

证明：式（5.45）、式（5.46）、式（5.47）中 β^{NR*}、e_i^{NR*}、E_{ij}^{NR*}、γ^{NR*}、CM^{NR*} 的表达式对 χ_0 求一阶偏导可得。

该结论表明，随着团队协作效应的增强，新生代员工将同时提升为自己的努力和帮助其他员工的努力，团队产出将明显增大。团队也将提高个人单位绩效激励强度。协作效应的增强并不会增强整个团队的单位绩效激励强度，但由于团队总产出增大，员工获得的团队绩效报酬仍将增加。对于整个企业而言，团队协作带来的效益增量将超过为员工支付的绩效报酬，因而企业的确定性收益上升。

结论 5.17：在激励机制成立时，e_i^{NR*}、E_{ij}^{NR*} 与 N 正相关，β^{NR*} 与 N 负相关，γ^{NR*} 与 N 正相关，CM^{NR*} 与 N 正相关。

证明：式（5.45）、式（5.46）、式（5.47）中 β^{NR*}、e_i^{NR*}、E_{ij}^{NR*}、γ^{NR*}、CM^{NR*} 的表达式对 N 求一阶偏导，得到：

$$\frac{\partial \beta^{NR*}}{\partial N} = \frac{-b\chi_0}{((1+b)^2 N - 1)^2} < 0, \quad \frac{\partial \gamma^{NR*}}{\partial N} = \frac{b(1+b)}{((1+b)^2 N - 1)^2} > 0$$

$$\frac{\partial e_i^{NR*}}{\partial N} = \frac{b^2 \chi_0}{((1+b)^2 N - 1)^2 k} > 0, \quad \frac{E_{ij}^{NR*}}{\partial N} = \frac{b(1+b)\chi_0}{((1+b)^2 N - 1)^2 k} > 0$$

$$\frac{\partial CM^{NR*}}{\partial N} = \frac{N(2(1+b)^3 N^2 + (1+b)(b^2 - 4)N - 2(b-1))\chi_0^2}{2k((1+b)^2 N - 1)^2} > 0 \quad (5.48)$$

该结论表明，团队规模同样会影响激励机制的效果。团队规模加大，新生代员工自身努力和帮助别人的努力都会加大，这将使企业增大团队单位绩效奖励。然而，团队规模的增大会使个人产出在总产出中的比例降低，每个新生代员工的团队贡献相对下降，因此，企业将相应减少个人单位绩效奖励。从团队经济收益的角度来看，企业能受益于团队规模的扩大，说明员工努力带来的经济收益将超过绩效奖励支出的总额。

5.4.3　员工责任投入下的团队协作激励机制（R 模式）

如前所述，本部分假设企业员工责任投入的重要意义在于可以增强团队的协作效应。设企业对新生代员工责任投入为 x，则团队协作效应变为 $\chi_0 + \lambda x$，其中 λ 可称为责任协作效应系数，表示单位责任投入产生的员工团队协作效应。于是，当企业投入员工责任时，团队总产出可表示为：

$$Y = (\chi_0 + \lambda x) \sum_{i=1}^{N} y_i = (\chi_0 + \lambda x) \sum_{i=1}^{N} \left(e_i + \sum_{j=1, j \neq i}^{N} E_{ji} + \xi_i \right) \quad (5.49)$$

由于企业员工责任投入可看作企业的一种努力，参照努力成本函数的一般形式，本研究假设员工责任投入产生的成本为 $\frac{1}{2} t x^2$。t 为责任投入成本系数，其他模型假设同上。于是，员工 i 的确定性等价收益为：

$$CE_i = a + \beta \left(e_i + \sum_{j=1, j \neq i}^{N} E_{ji} \right) + \gamma (\chi_0 + \lambda x) \sum_{i=1}^{N} \left(e_i + \sum_{j=1, j \neq i}^{N} e_{ji} \right)$$

$$- \frac{1}{2} k \left(e_i^2 + \sum_{j=1, i \neq j}^{n} E_{ij}^2 \right) - \frac{1}{2} \rho \sigma^2 \left(\beta^2 + N \gamma^2 (\chi_0 + \lambda x)^2 \right) \quad (5.50)$$

团队收益为：

$$CM = \left[(1 - n\gamma)(\chi_0 + \lambda x) - \beta \right] \sum_{i=1}^{N} \left(e_i + \sum_{j=1, j \neq i}^{N} E_{ji} \right) - Na - \frac{1}{2} t x^2 \quad (5.51)$$

由于员工责任投入是企业一种重要的战略性投入，因此当企业进行员工责任投入时，决策模型变为三阶段博弈模型。博弈顺序为：（1）企业决定员工责任投入 x；（2）企业决定个人绩效强度 β 和团队绩效强度 γ；（3）员工决定两类努力程度。同样，用逆向归纳法进行求解。CE_i 的海塞矩阵为：

$$H_{CE_i} = \begin{bmatrix} -k & 0 & 0 & \cdots & 0 \\ 0 & -k & 0 & \cdots & 0 \\ \cdots & \cdots & \cdots & \cdots & \cdots \\ 0 & 0 & 0 & \cdots & -k \end{bmatrix} < 0，故 CE_i 是关于 e_i 和 E_{ij} 的严格凹函数。$$

由 $\dfrac{\partial CE_i}{\partial e_i} = 0$，$\dfrac{\partial CE_i}{\partial E_{ij}} = 0$ 求解可得：

$$e_i = \frac{\beta + \gamma(\chi_0 + \lambda x)}{k}, \quad E_{ij} = \frac{\gamma(\chi_0 + \lambda x)}{k} \tag{5.52}$$

当信息不对称时，将参与约束 IR 代入式（5.51）中的目标函数，则团队决策问题可表述为：

$$\max_{\beta,\gamma,e_i,E_{ij}} CM = (\chi_0 + \lambda x)\sum_{i=1}^{N}\left(e_i + \sum_{j=1,j\neq i}^{N} E_{ji}\right) - \frac{1}{2}k\sum_{i=1}^{N}\left(e_i^2 + \sum_{j=1,j\neq i}^{N} E_{ij}^2\right)$$

$$- \frac{1}{2}\rho\sigma^2 N[\beta^2 + N\gamma^2(\chi_0 + \lambda x)^2] - N\bar{S} - \frac{1}{2}tx^2 \tag{5.53}$$

将式（5.52）代入式（5.53）可得到团队关于 β、γ、x 的收益目标函数，求得最优个人绩效强度和团队绩效强度关于员工责任投入的表达式为：

$$\beta^{R*} = \frac{b(\chi_0 + \lambda x)N}{(1+b)^2 N - 1}, \quad \gamma^{R*} = \frac{(1+b)N - 1}{(1+b)^2 N - 1} \tag{5.54}$$

从而得到员工两类努力关于员工责任投入的表达式为：

$$e_i^{R*} = \frac{[(1+2b)N - 1](\chi_0 + \lambda x)}{[(1+b)^2 N - 1]k}, \quad E_{ij}^{R*} = \frac{[(1+b)N - 1](\chi_0 + \lambda x)}{[(1+b)^2 N - 1]k} \tag{5.55}$$

将式（5.54）和式（5.55）代回式（5.53），得到企业收益关于员工责任投入的表达式为：

$$CM = \frac{N^2[(1+b)^3 N^2 + (1+b)(b^2 - 2)N + 1 - b]}{2k[(1+b)^2 N - 1]^2}(\chi_0 + \lambda x)^2 - N\bar{S} - \frac{1}{2}tx^2 \tag{5.56}$$

由 $\frac{\partial CM}{\partial x} = 0$ 求解得到最优员工责任投入为：

$$x^{R*} = \frac{2L\lambda\chi_0}{t - 2L\lambda^2} \tag{5.57}$$

其中，$L = \dfrac{N^2[(1+b)^3 N^2 + (1+b)(b^2 - 2)N + 1 - b]}{2k[(1+b)^2 N - 1]^2}$。从 x^{R*} 的表达式中可以看出员工责任成本系数 t 不能太小，这与很多企业投入大量物质和精神财富提高员工责任的做法相符。将式（5.57）代回式（5.54）和式（5.55），得到投入员工责任后员工努力以及个人和团队绩效强度的表达式为：

$$e_i^{R*} = \frac{[(1+2b)N - 1]t\chi_0}{[(1+b)^2 N - 1]k(t - 2L\lambda^2)}, \quad E_{ij}^{R*} = \frac{[(1+b)N - 1]t\chi_0}{[(1+b)^2 N - 1]k(t - 2L\lambda^2)}$$

$$\beta^{R*} = \frac{bN t\chi_0}{[(1+b)^2 N - 1](t - 2L\lambda^2)}, \quad \gamma^{R*} = \frac{(1+b)N - 1}{(1+b)^2 N - 1} \quad (5.58)$$

将式（5.58）代回式（5.56）得到投入员工责任后团队确定性收益表达式为：

$$CM^{R*} = \frac{L t\chi_0^2}{t - 2L\lambda^2} - N\bar{S} \quad (5.59)$$

结论 5.18：x^{R*} 与 t 负相关，与 χ_0 正相关。

证明：x^{R*} 的表达式分别对 t 和 χ_0 求一阶偏导简单可得，此处略。

该结论表明，员工责任投入的大小与责任投入单位成本负相关，这与我们的常规理解一致。不仅如此，员工责任的投入还会随团队初始协作效应的增强而增大。这说明团队协作较强的企业中，企业投入的员工责任将会产生更大的边际效应。

结论 5.19：（1）$e_i^{R*} > e_i^{NR*}$，$E_{ij}^{R*} > E_{ij}^{NR*}$，$\beta^{R*} > \beta^{NR*}$，$\gamma^{R*} = \gamma^{NR*}$；（2）$CM^{R*} > CM^{NR*}$。

证明：由式（5.45）、式（5.46）、式（5.47）、式（5.58）、式（5.59）中相关变量的表达式用作差法得到：

$$e_i^{R*} - e_i^{NR*} = \frac{2((1+2b)N - 1)\lambda^2 L\chi_0}{(t - 2L\lambda^2)((1+b)^2 N - 1)k} > 0$$

$$E_{ij}^{R*} - E_{ij}^{NR*} = \frac{2((1+b)N - 1)\lambda^2 L\chi_0}{(t - 2L\lambda^2)((1+b)^2 N - 1)k} > 0,$$

$$\beta^{R*} - \beta^{NR*} = \frac{2bN\lambda^2 L\chi_0}{(t - 2L\lambda^2)((1+b)^2 N - 1)} > 0, \quad \gamma^{R*} - \gamma^{NR*} = 0$$

$$CM^{R*} - CM^{NR*} = \frac{L t\chi_0^2}{t - 2L\lambda^2} - L\chi_0^2 = \frac{2L^2\lambda^2\chi_0^2}{t - 2L\lambda^2} > 0$$

该结论揭示了企业员工责任投入产生的激励绩效。首先，与无员工责任投入时相比，员工责任团队投入能同时增强新生代员工为自己工作的努力以及帮助他人的努力，团队互助效应增加。其次，员工责任投入能促使企业提高员工个人绩效奖励强度，但并不会提高团队绩效奖励。这进一步证明了结论 5.16。再次，从该命题的证明过程可以看出，$e_i^{R*} - e_i^{NR*}$、$E_{ij}^{R*} - E_{ij}^{NR*}$ 以及 $\beta^{R*} - \beta^{NR*}$ 均与 χ_0 正相关，这说明团队协作意识较强的企业中，新生代员工对企业投入的员工责任反应更加强烈，获得的个人绩效奖励也更大。最后，从经济利益的角度考虑，企业有投入员工责任的经济动力，这是由于员工责任投入引起的协作效应给企业带来的经济收益足以抵消责任成本以及由此引起的绩效奖励成本。注意到 $CM^{R*} - CM^{NR*}$ 与 χ_0 正相关，这说明企业从员工责任投入中获取的经济收益增量也与团队初始协作效应正相关。综合以上几点，我们可以知道在团队意识较强、初始协作效应较高的企业中实施员工责任投入无论对新生代员工而言还是对企业而言都是有利的。

5.4.4 团队规模和员工风险成本因子对团队激励机制的影响 （数值仿真）

本部分用数值仿真的方式研究企业投入员工责任后，团队规模 N 和新生代员工风险成本因子 b 对激励机制有哪些影响。设定参数 $k=1$，$\chi_0 = 1.2$，$t = 5$，$\lambda = 0.2$，作出员工责任投入 x^{R*} 以及个人单位绩效奖励 β^{R*} 随 N 和 b 变化的趋势图，如图 5.7 和图 5.8 所示。

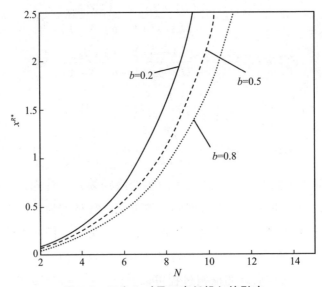

图 5.7　N 和 b 对员工责任投入的影响

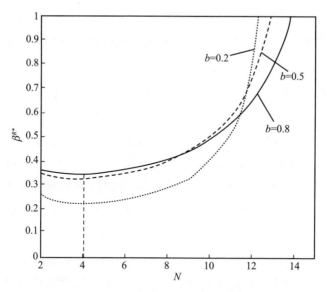

图 5.8　N 和 b 对个人绩效奖励的影响

从图 5.7 中可以看出，当员工努力和风险成本因子一定时，企业员工责任是团队规模 N 的凸函数。说明团队规模的增大，企业愿意投入的员工责任也将越大，并且员工责任产生的边际效应也会随团队规模的增大而增强。另外，b 越大，员工责任曲线的位置越靠右下，这说明在团队规模一定时，企业员工责任投入与员工努力风险成本因子负相关。也就是说，新生代员工努力成本越高，风险规避性越大，产出不确定性越强，企业愿意投入的员工责任将越低。因此，相较于保守型的普通员工，工作效率更高、思想更为激进的新生代员工更能促进团队协作效率的提升，从而吸引更多的企业员工责任投入。

从图 5.8 可以看出，当企业投入员工责任后，企业对新生代员工的个人绩效奖励会与投入员工责任前有所不同。当规模比较小（本例为 $N \leqslant 4$）时，个人绩效奖励会随团队规模的增大而下降，这与结论 5.17 一致。而当规模超过这一阈值时，个人绩效奖励反而会随团队规模的增大而提高。这说明团队规模效应可以通过员工社会责任从企业传导给新生代员工。另外，当 N 较小时，b 越大的奖励曲线位置越上，N 较大时则 b 越小的奖励曲线位置越上。这说明员工风险规避性与个人绩效奖励的关系也取决于团队规模。团队规模较小，员工个人绩效奖励与风险规避正相关；团队规模较大时结论则相反。

下面分析 N 和 b 对员工努力（e_i^{R*} 和 E_{ij}^{R*}）以及企业责任投入经济价值（$CM^{R*} - CM^{NR*}$）的影响，得到图5.9、图5.10和图5.11。参照以上分析方法我们可以知道员工自身努力和对别人帮助的努力均与团队规模正相关，与员工风险成本因子负相关。规模越大，新生代员工风险规避越小的团队成员将投入更多努力，从而反过来激励企业投入更多的员工责任，付出更多的绩效奖励。这进一步解释了图5.7和图5.8得出的结论。从图5.11可以看出，员工责任投入会产生正的经济价值，并且随着团队规模的增大而显著增加，随员工风险成本因子的增大而下降。也就是说，企业为提高团队协作效应而增加的员工责任投入具有显著的规模效应和风险规避负效应，在员工富有一定冒险精神并且规模比较大的团队中，员工责任投入的效果更加明显。

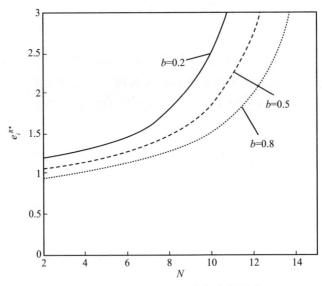

图5.9　N 和 b 对员工自身努力的影响

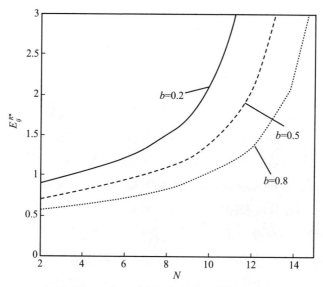

图 5.10　N 和 b 对员工帮助他人努力的影响

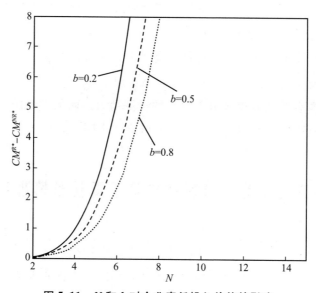

图 5.11　N 和 b 对企业责任投入价值的影响

5.4.5 结论总结

本节采用委托—代理模型研究了团队协作效应下民营企业员工责任投入对新生代员工团队激励机制的影响。假设员工可以为自身和其他团队成员投入努力，而企业的社会责任投入可以通过提高团队成员的协作效应以提高团队产出。建立并求解了未投入员工责任和投入员工责任时的团队激励模型，并采用数理分析和数值仿真法进行了详细比较。研究得出的主要结论有：

（1）民营企业投入的员工社会责任与责任成本以及员工风险规避因子负相关，与初始协作效应和团队规模均正相关。

（2）无论民营企业是否投入员工责任，新生代员工的两类努力（为自身的努力和为其他成员的努力）均与团队初始协作效应正相关，与团队规模正相关。

（3）民营企业未投入员工责任时，新生代员工的个人单位绩效奖励与团队规模负相关；企业投入员工责任后，规模较小时个人单位绩效奖励与团队规模负相关，规模较大时则正相关。

（4）民营企业投入员工责任能显著提升员工的两类努力以及员工的个人单位绩效奖励，但不会提高团队单位绩效奖励。

（5）民营企业具有投入员工责任的经济动力，而员工责任产生的经济价值与团队规模正相关，与新生代员工的风险成本因子负相关。

5.5 横向公平关切对新生代员工责任激励机制的影响

与普通员工相比，新生代知识型员工不仅在知识技能学习能力方面比较突出，其表现出的公平关切等特殊心理状态也同样值得企业关注。由于新生代员工比普通员工更加关注利益分配的合理性，在发现收入低于他人时产生的嫉妒心理以及发现自身收入高于他人所表现出的自豪心理会进一步加大企业激励效果的不确定性。正如在以新生代知识型员工为主的一些高科技企业中，雇主出于员工公平心理的考虑，在高利润情况下往往会对员工少报甚至隐瞒利润。很多学者开始关注这类心理契约下的企业激励问题，如丁超群等（2010）、德穆然等（2006），李训和曹国华（2008）、邓玉林等（2007）均将公平偏好理论融入传统委托—代理模型，分析了员工风险偏好与企业激励效果的关系。然而这些研究大多仅关注员工和企业的纵向公平关切，未能将员工之间的横向公平关切（闫威等，2006）纳入研究框架。另外，由于员工责任激励理论刚刚提出，尚未有学者研究新生代员工的公平关切对员工责任投入以及团队协作效应方面产生的重要作用。

基于此，本节对上节内容进行了扩展。结合员工心理效用理论，从项目团队协作的角度出发，详细研究新生代员工的横向公平关切心理对团队责任激励机制产生的重要影响，研究员工公平关切情境下，企业实施责任激励机制的动力是否会发生变化。

5.5.1　模型描述

本节研究一个由项目团队和 $N(N \geqslant 2)$ 个新生代员工（后简称"员工"）构成的组织团队。激励机制的基本流程和框架及模型符号（如员工两类努力及努力成本、员工产出、团队总产出、员工固定薪酬、个人绩效薪酬、团队绩效薪酬）均同 5.4.1。于是，员工 i 的净收益可表示为：

$$\pi_i = a + \beta y_i + \gamma \chi_0 Y - C_i = a + \beta \left(e_i + \sum_{j=1, j \neq i}^{N} E_{ji} + \xi_i \right)$$

$$+ \gamma \chi_0 \sum_{i=1}^{N} \left(e_i + \sum_{j=1, j \neq i}^{N} E_{ji} + \xi_i \right) - \frac{1}{2} k \left(e_i^2 + \sum_{j=1, j \neq i}^{N} E_{ij}^2 \right) \quad (5.60)$$

本研究考虑团队中的每个员工均具有公平关切心理。在拥有 N 个员工的团队中，员工的心理净收入不仅与自身实际净收益相关，还与自己与其他每个员工的收入差距之和有关。于是，员工 i 的心理净收入可表达为：

$$W_i = \pi_i + \sum_{j=1, j \neq i}^{N} \lambda_{ij} (\pi_i - \pi_j) \quad (5.61)$$

其中，λ_{ij} 为员工 i 对员工 j 的公平关切系数，表示员工 i 对自身净收益和其他员工 j 净收益是否公平的敏感程度，λ_{ij} 越大，员工 i 对公平的敏感度越强。式 5.61 表明，当其他员工的净收益高于自身（$\pi_i < \pi_j$）时，心理净收入降低，表现出一定妒忌心理；当其他员工的净收益低于自身（$\pi_i > \pi_j$）时，心理净收入增加，表现出一定自豪感。新生代员工的心理效用为该员工与其他每个员工公平效用之总和。本研究还用到以下重要假设：

（1）企业与员工之间信息不对称，即企业不能观察员工的努力程度。

（2）某个员工对其他员工的公平关切系数均相同，即对于任何的 i 和 $j(i \neq j)$，均有 $\lambda_{ij} = \lambda$。

（3）企业为风险中性，新生代员工有一定的风险规避，风险规避系数为 ρ。

（4）不考虑初始协作效应与团队规模之间的关系，即假设 χ_0 和 N 不相关。

以下分别对员工横向公平关切下的 NR 模式和 R 模式展开详细分析。

5.5.2 员工横向公平关切下的 NR 模式

当团队不投入员工责任并且员工具有公平关切心理时，员工心理净收入的表达式为：

$$
\begin{aligned}
W_i &= \pi_i + \sum_{j=1, j \neq i}^{N} \lambda_{ij}(\pi_i - \pi_j) = a + \beta\Big\{[1+(N-1)\lambda]y_i - \lambda \sum_{j=1, j \neq i}^{N} y_j\Big\} \\
&\quad + \gamma Y - \Big\{[1+(N-1)\lambda]C_i - \sum_{j=1, j \neq i}^{N} C_j\Big\} \\
&= a + \beta\Big\{[1+(N-1)\lambda](e_i + \sum_{j=1, j \neq i}^{N} E_{ji} + \xi_i) \\
&\quad - \lambda \sum_{j=1, j \neq i}^{N}(e_j + \sum_{k=1, k \neq j}^{N} E_{kj} + \xi_j)\Big\} + \gamma\chi_0 \sum_{i=1}^{N}(e_i + \sum_{j=1, j \neq i}^{N} E_{ji} + \xi_i) \\
&\quad - \frac{1}{2}k\Big\{[1+(N-1)\lambda](e_i^2 + \sum_{j=1, j \neq i}^{N} E_{ij}^2) - \lambda \sum_{j=1, j \neq i}^{N}(e_j^2 + \sum_{k=1, k \neq j}^{N} E_{jk}^2)\Big\}
\end{aligned}
$$

$$(5.62)$$

于是，风险规避下的员工 i 的确定性等价收益为：

$$
CE_i = E(W_i) - \frac{1}{2}\rho \text{Var}(W_i) = a + \beta\Big\{[1+(N-1)\lambda](e_i + \sum_{j=1, j \neq i}^{N} E_{ji}
$$

$$- \lambda \sum_{j=1, j \neq i}^{N} (e_j + \sum_{k=1, k \neq j}^{N} E_{kj})\} + \gamma \chi_0 \sum_{i=1}^{N} (e_i + \sum_{j=1, j \neq i}^{N} E_{ji})$$

$$- \frac{1}{2} k \{ [1 + (N-1)\lambda](e_i^2 + \sum_{j=1, j \neq i}^{N} E_{ij}^2) - \lambda \sum_{j=1, j \neq i}^{N} (e_j^2 + \sum_{k=1, k \neq j}^{N} E_{jk}^2)\}$$

$$- \frac{1}{2} \rho \sigma^2 \{ \beta^2 [N(N-1)\lambda^2 + 2(N-1)\lambda + 1] + N\gamma^2 \chi_0^2\} \qquad (5.63)$$

设团队为风险中性，则其期望收益为：

$$CM = E(Y - \sum_{i=1}^{N} w_i) = (\chi_0 - N\gamma\chi_0 - \beta) \sum_{i=1}^{N} (e_i + \sum_{j=1, j \neq i}^{N} E_{ji}) - na$$

$$(5.64)$$

团队激励模型可以表示为：

$$\max_{\beta, \gamma, e_i, E_{ij}} CM$$

$$\text{s. t. } (IR) CE_i \geqslant \bar{S}$$

$$(IC)(e_i, E_{ij}) \in \max CE_i \qquad (5.65)$$

其中，$\bar{S}$ 表示新生代员工所能接受的最低期望效用，IR 和 IC 分别为参与约束和激励约束。在该激励机制中，企业为领导者，员工为追随者。员工根据企业的激励强度 β 和 γ 决定两种努力投入 e_i 和 E_{ij}。用逆向归纳法进行求解，用式（5.63）分别对 e_i 和 E_{ij} 求一阶偏导，令其为 0，得到驻点方程组为：

$$\begin{cases} \frac{\partial CE_i}{\partial e_i} = \beta[1 + (N-1)\lambda] + \gamma\chi_0 - k[1 + (N-1)\lambda]e_i = 0 \\ \frac{\partial CE_i}{\partial E_{ij}} = -\beta\lambda + \gamma\chi_0 - k[1 + (N-1)\lambda]E_{ij} = 0 \end{cases} \qquad (5.66)$$

解得驻点为：

$$e_i = \frac{\beta[1 + (N-1)\lambda] + \gamma\chi_0}{k[1 + (N-1)\lambda]}, \quad E_{ij} = \frac{\gamma\chi_0 - \beta\lambda}{k[1 + (N-1)\lambda]} \qquad (5.67)$$

用式（5.63）分别对 e_i 和 E_{ij} 求二阶导数，可以得到 CE_i 关于 e_i 和 E_{ij} 的海塞矩阵为：

$$H_{CE_i} = \begin{bmatrix} -k[1+(N-1)\lambda] & 0 & 0 & \cdots & 0 \\ 0 & -k[1+(N-1)\lambda] & 0 & \cdots & 0 \\ \cdots & \cdots & \cdots & \cdots & \cdots \\ 0 & 0 & 0 & \cdots & -k[1+(N-1)\lambda] \end{bmatrix},$$

显然该矩阵负定，即 e_i，E_{ij} 为员工 i 的最优决策点。在信息不对称条件下，理性的企业不会让员工得到更多收益，所以在最优条件下参与约束取等号，得到团队期望收益表达式为：

$$\max_{\beta,\gamma,e_i,E_{ij}} CM = \chi_0 \sum_{i=1}^{N} \left\{ [1+(N-1)\lambda](e_i + \sum_{j=1,j\neq i}^{N} E_{ji}) - \lambda \sum_{j=1,j\neq i}^{N} (e_j + \sum_{k=1,k\neq j}^{N} E_{kj}) \right\}$$

$$- \frac{1}{2}k \sum_{i=1}^{N} \left\{ [1+(N-1)\lambda](e_i^2 + \sum_{j=1,j\neq i}^{N} E_{ij}^2) - \lambda \sum_{j=1,j\neq i}^{N} (e_j^2 + \sum_{k=1,k\neq j}^{N} E_{jk}^2) \right\}$$

$$- \frac{1}{2}\rho\sigma^2 N(\beta^2(N(N-1)\lambda^2 + 2(N-1)\lambda + 1) + N\gamma^2\chi_0^2) - N\overline{S}$$

$$(5.68)$$

再将式（5.67）代入式（5.68），得到团队期望收益关于个人绩效和团队绩效的表达式为：

$$\max_{\beta,\gamma} CM = \left(\frac{2\chi_0 A(N\gamma\chi_0 + \beta) - (C\beta^2 + N\chi_0^2\gamma^2 + 2\chi_0\beta\gamma)}{2kA^2} \right.$$

$$\left. - \frac{1}{2}\rho\sigma^2(C\beta^2 + N\chi_0^2\gamma^2) - \overline{S} \right)N \qquad (5.69)$$

为书写方便，以下设定 $A = [1+(N-1)\lambda]$，$C = [1+2(N-1)\lambda + N(N-1)\lambda^2]$。用式（5.69）分别对 β 和 γ 求一阶偏导，得到：

$$\frac{\partial CM}{\partial \beta} = \left(\frac{A\chi_0 - \beta C - \gamma\chi_0}{kA^2} - \beta C\rho\sigma^2 \right)N$$

$$\frac{\partial CM}{\partial \gamma} = \left(\frac{AN\chi_0^2 - \beta\chi_0 - \gamma N\chi_0^2}{kA^2} - \gamma N\chi_0^2\rho\sigma^2 \right)N \qquad (5.70)$$

其中，CM 关于 β、γ 的海塞矩阵为：

$$H_{CM} = \begin{bmatrix} -\left(\dfrac{N}{kA^2} + N\rho\sigma^2\right)C & -\dfrac{N\chi_0}{A^2} \\ -\dfrac{N\chi_0}{kA^2} & -\left(\dfrac{N^2\chi_0^2}{A^2} + N^2\chi_0^2\rho\sigma^2\right) \end{bmatrix}$$

经检验，该矩阵负定。于是，令驻点方程为 0，求解得到员工公平关切下均衡个人绩效激励和团队绩效激励的显性表达式为：

$$\beta^{NR*} = \frac{AN\chi_0 kA^2\rho\sigma^2}{(1+kA^2\rho\sigma^2)^2 NC - 1}, \quad \gamma^{NR*} = \frac{A[(1+kA^2\rho\sigma^2)NC - 1]}{(1+kA^2\rho\sigma^2)^2 NC - 1} \qquad (5.71)$$

将式（5.71）代回式（5.67），得到各员工为自身努力以及为他人努力的表达式为：

$$e_i^{NR*} = \frac{\{[C + (A + C)kA^2\rho\sigma^2]N - 1\}\chi_0}{[(1 + kA^2\rho\sigma^2)^2NC - 1]k}, \quad E_{ij}^{NR*} = \frac{\{[C + (C - \lambda)kA^2\rho\sigma^2]N - 1\}\chi_0}{[(1 + kA^2\rho\sigma^2)^2NC - 1]k}$$

$$(5.72)$$

显然，$(1 + kA^2\rho\sigma^2)^2NC - 1 > 0$ 恒成立。把 β^{NR*}、γ^{NR*} 代入式（5.68）得到团队期望收益的表达式为：

$$CM = \left(\frac{N\chi_0^2\gamma + \chi_0\beta}{2k} - \overline{S}\right)N = \frac{AN^2\chi_0^2[(NC + 1)kA^2\rho\sigma^2 + NC - 1]}{2k[(1 + kA^2\rho\sigma^2)^2NC - 1]} - N\overline{S} \quad (5.73)$$

为书写简便，以下结论证明过程中设 $b = k\rho\sigma^2$，$\overline{A} = A^2 = (1 + (N-1)\lambda)^2$。

结论 5.20：当激励机制成立时：（1）e_i^{NR*} 与 λ 负相关；（2）E_{ij}^{NR*} 与 λ 负相关。

证明：由（5.72）式可得 $e_i^{NR*} = \dfrac{\beta^{NR*}}{k} + \dfrac{\chi_0}{k}\dfrac{\gamma^{NR*}}{A} = \dfrac{\beta^{NR*}}{k} + \dfrac{\chi_0}{k}$

$\dfrac{[(1 + b\overline{A})NC - 1]}{[(1 + b\overline{A})^2NC - 1]}$，

设 $L = \dfrac{[(1 + b\overline{A})NC - 1]}{[(1 + b\overline{A})^2NC - 1]}$，则：

$$\frac{\partial L}{\partial \lambda} = \frac{b\overline{A}(1 + b\overline{A})[(N-1) + N(N-1)\lambda]}{-bC[(1 + b\overline{A})^2NC - (1 + 2b\overline{A})][(N-1) + (N-1)^2\lambda]}{[(1 + b\overline{A})^2NC - 1]^2} \times 2N$$

$$< \frac{b\overline{A}(1 + b\overline{A})[(N-1) + N(N-1)\lambda] - bCb^2\overline{A}^2NC[(N-1) + (N-1)^2\lambda]}{[(1 + b\overline{A})^2NC - 1]^2}$$

$$\times 2N < 0$$

又因为 $\dfrac{\partial \beta^{NR*}}{\partial \lambda} < 0$，故 $\dfrac{\partial e_i^{NR*}}{\partial \lambda} < 0$。用类似的一阶求导法也可求出 $\dfrac{\partial E_{ij}^{NR*}}{\partial \lambda} < 0$。证毕。

该结论表明，随着新生代员工横向公平关切心理敏感程度的增加，自身的努力以及对团队其他成员的努力均将单边下降，从而降低团队总产出。这说明在同时基于个人绩效和团队绩效的激励机制中，员工的公平关切更多表现为"嫉妒"心理，他们认为不仅为其他成员的努力将使别人获益，即使是为自己的努力也会由于团队总绩效的提升而使得别人更容易"搭便车"。因此，相对于普通员工而言，新生代员工的公平关切心理将减少两类努力的边际效用，减小其努力的动力，从而影响团队整体绩效。

结论 5.21：当激励机制成立时，（1）β^{NR*} 与 λ 负相关；（2）当 λ 较小时，γ^{NR*} 与 λ 正相关；当 λ 较大时，γ^{NR*} 与 λ 负相关。

证明：由式（5.71）可得：

（1）$\beta^{NR*} = \dfrac{A^3 N \chi_0 b}{(1+b\overline{A})^2 NC - 1} = \dfrac{N \chi_0}{\dfrac{(1+b\overline{A})^2}{b\overline{A}} N \dfrac{C}{A} - \dfrac{1}{bA^3}}$。

因为 $\dfrac{\partial (1+b\overline{A})^2/b\overline{A}}{\partial \lambda} > 0$，

$\dfrac{\partial C/A}{\partial \lambda} = \dfrac{N(N-1)^2\lambda^2 + 2N(N-1)\lambda + (N-1)}{[1+(N-1)\lambda]^2} > 0$，$\dfrac{\partial \dfrac{1}{bA^3}}{\partial \lambda} < 0$，故 $\dfrac{\partial \beta^{NR*}}{\partial \lambda} <$

0。证毕。

（2）$\dfrac{\partial \gamma^{NR*}}{\partial \lambda} = \dfrac{\begin{cases}[(1+b\overline{A})^2 NC - 1][(1+b\overline{A})NC - 1] - 2bAN \\ \{C[(1+b\overline{A})^2 NC - (1+2b\overline{A})] - \overline{A}(1+b\overline{A})\} - 2bAN \\ \{C[(1+b\overline{A})^2 NC - (1+2b\overline{A})](N-1) - \overline{A}(1+b\overline{A})N\}\lambda \end{cases}}{[(1+b\overline{A})^2 NC - 1]^2}$

于是，$\lambda < \dfrac{[(1+b\overline{A})^2 NC - 1][(1+b\overline{A})NC - 1] - 2bAN\{C[(1+b\overline{A})^2}{NC - (1+2b\overline{A})] - \overline{A}(1+b\overline{A})\}}{2bAN\{C[(1+b\overline{A})^2 NC - (1+2b\overline{A})](N-1) - \overline{A}(1+b\overline{A})N\}}$时，

$\dfrac{\partial \gamma^{NR*}}{\partial \lambda} > 0$

$\lambda > \dfrac{[(1+b\overline{A})^2 NC - 1][(1+b\overline{A})NC - 1] - 2bAN}{\{C[(1+b\overline{A})^2 NC - (1+2b\overline{A})] - \overline{A}(1+b\overline{A})\}}{2bAN\{C[(1+b\overline{A})^2 NC - (1+2b\overline{A})](N-1) - \overline{A}(1+b\overline{A})N\}}$时，$\dfrac{\partial \gamma^{NR*}}{\partial \lambda} <$

0。证毕。

该结论揭示了新生代员工的横向公平关切倾向对绩效奖励的影响。随着

横向公平关切程度的增大，基于个人贡献的绩效奖励将单边下降。这说明个人绩效奖励主要基于个人努力。而员工公平关切与团队整体贡献绩效奖励的关系比较复杂：当公平关切度较小时，整体贡献绩效奖励随公平关切度的增大而增大；当公平关切度较大时，整体贡献绩效奖励随公平关切度的增大而减小。这是由于较低的员工公平关切心理对团队绩效的影响并不明显，作为博弈主导者的团队希望采用提高团队奖励的方式增强团队协作，以此克服公平关切带来的影响。而当员工的公平关切较高时，绩效奖励带来的协作效应不足以抵消员工努力下降的负面效应，团队只能通过降低绩效奖励的方法节约成本。因此，较高的公平关切倾向不仅会降低团队绩效，也会减弱员工的讨价还价能力，影响自身绩效奖励薪酬。

5.5.3　员工横向公平关切下的 R 模式

类似于5.4节的研究，本部分考虑团队员工责任投入将增强团队的协作效应。同样，设团队责任投入为 x，则团队协作效应增强为 $\chi_0 + \theta x$，其中 θ 为责任协作效应系数，于是团队总产出表示为：

$$Y = (\chi_0 + \theta x) \sum_{i=1}^{N} y_i = (\chi_0 + \theta x) \sum_{i=1}^{N} \left(e_i + \sum_{j=1, j\neq i}^{N} E_{ji} + \xi_i \right) \quad (5.74)$$

仍假设员工责任投入产生的成本为 $\frac{1}{2}tx^2$，t 为责任投入成本系数。于是，存在横向公平关切感的员工 i 的确定性等价收益为：

$$CE_i = E(W_i) - \frac{1}{2}\rho Var(W_i) = a + \beta\left\{ [1 + (N-1)\lambda](e_i + \sum_{j=1, j\neq i}^{N} E_{ji}) \right.$$
$$\left. - \lambda \sum_{j=1, j\neq i}^{N} (e_j + \sum_{k=1, k\neq j}^{N} E_{kj}) \right\} + \gamma(\chi_0 + \theta x) \sum_{i=1}^{N} (e_i + \sum_{j=1, j\neq i}^{N} E_{ji})$$
$$- \frac{1}{2}k\left\{ [1 + (N-1)\lambda](e_i^2 + \sum_{j=1, j\neq i}^{N} E_{ij}^2) - \lambda \sum_{j=1, j\neq i}^{N} (e_j^2 + \sum_{k=1, k\neq j}^{N} E_{jk}^2) \right\}$$
$$- \frac{1}{2}\rho\sigma^2 [\beta^2 C + N\gamma^2(\chi_0 + \theta x)^2] \quad (5.75)$$

团队期望收益为：

$$CM = \left[(1 - N\gamma)(\chi_0 + \theta x) - \beta\right] \sum_{i=1}^{N} \left(e_i + \sum_{j=1, j\neq i}^{N} E_{ji}\right) - Na - \frac{1}{2}tx^2$$

$$(5.76)$$

决策模型为三阶段博弈模型：（1）团队决定员工责任投入 x；（2）团队决定个人绩效强度 β 和团队绩效强度 γ；（3）员工决定两类努力投入 e_i 和 E_{ij}。用逆向归纳法进行求解。CE_i 的海塞矩阵为：$H_{CE_i} =$

$$\begin{bmatrix} -k(1+(N-1)\lambda) & 0 & 0 & \cdots & 0 \\ 0 & -k(1+(N-1)\lambda) & 0 & \cdots & 0 \\ \cdots & \cdots & \cdots & \cdots & \cdots \\ 0 & 0 & 0 & \cdots & -k(1+(N-1)\lambda) \end{bmatrix} < 0，故 CE_i 是关$$

于 e_i 和 E_{ij} 的严格凹函数。由 $\dfrac{\partial CE_i}{\partial e_i} = 0$，$\dfrac{\partial CE_i}{\partial E_{ij}} = 0$ 求解可得：

$$e_i = \frac{\beta A + \gamma(\chi_0 + \theta x)}{kA}, \quad E_{ij} = \frac{\gamma(\chi_0 + \theta x) - \beta\lambda}{kA} \quad (5.77)$$

团队决策问题可表述为：

$$\max_{\beta, \gamma} CM = \left\{ \frac{2(\chi_0 + \theta x)A[N\gamma(\chi_0 + \theta x) + \beta] - [C\beta^2 + N(\chi_0 + \theta x)^2\gamma^2 + 2(\chi_0 + \theta x)\beta\gamma]}{2kA^2} \right.$$

$$\left. -\frac{1}{2}\rho\sigma^2[C\beta^2 + N(\chi_0 + \theta x)^2\gamma^2] - \overline{S}\right\}N - \frac{1}{2}tx^2 \quad (5.78)$$

一阶求导联立方程组，得到个人绩效强度和团队绩效强度关于员工责任投入 x 的表达式为：

$$\beta^{R*}(x) = \frac{AN(\chi_0 + \theta x)kA^2\rho\sigma^2}{(1 + kA^2\rho\sigma^2)^2NC - 1}, \quad \gamma^{R*}(x) = \frac{A[(1 + kA^2\rho\sigma^2)NC - 1]}{(1 + kA^2\rho\sigma^2)^2NC - 1}$$

$$(5.79)$$

将式（5.79）代入式（5.77）得到员工两类努力关于员工责任投入的表达式为：

$$e_i^{R*}(x) = \frac{\{[C + (A + C)kA^2\rho\sigma^2]N - 1\}(\chi_0 + \theta x)}{[(1 + kA^2\rho\sigma^2)^2NC - 1]k},$$

$$E_{ij}^{R*}(x) = \frac{\{[C + (C - \lambda)kA^2\rho\sigma^2]N - 1\}(\chi_0 + \theta x)}{[(1 + kA^2\rho\sigma^2)^2NC - 1]k} \quad (5.80)$$

将式（5.79）和式（5.80）代回式（5.78），得到团队收益关于员工责任投入的表达式为：

$$CM(x) = \frac{AN^2\left[(NC+1)kA^2\rho\sigma^2 + NC - 1\right]}{2k\left[(1+kA^2\rho\sigma^2)^2 NC - 1\right]}(\chi_0 + \theta x)^2 - N\bar{S} - \frac{1}{2}tx^2$$

(5.81)

由 $\frac{\partial CM}{\partial x} = 0$，得到团队最优员工责任投入为：

$$x^{R*} = \frac{2U\theta\chi_0}{t - 2U\theta^2}$$

(5.82)

其中，$U = \dfrac{AN^2\left[(NC+1)kA^2\rho\sigma^2 + NC - 1\right]}{2k\left[(1+kA^2\rho\sigma^2)^2 NC - 1\right]}$。容易看出，要使责任激励机制成立，必须满足 $t > 2U\theta^2$，即员工责任成本系数不能太小。这与很多企业投入大量精神激励提高员工责任的做法相符。将式（5.82）代回式（5.79）、式（5.80），得到责任激励下的个人、团队绩效强度以及员工两类努力的表达式为：

$$e_i^{R*} = \frac{\left\{\left[C + (A+C)kA^2\rho\sigma^2\right]N - 1\right\}\chi_0}{\left[(1+kA^2\rho\sigma^2)^2 NC - 1\right]k(t - 2U\theta^2)},$$

$$E_{ij}^{R*} = \frac{\left\{\left[C + (C-\lambda)kA^2\rho\sigma^2\right]N - 1\right\}\chi_0}{\left[(1+kA^2\rho\sigma^2)^2 NC - 1\right]k(t - 2U\theta^2)}$$

$$\beta^{R*} = \frac{ANkA^2\rho\sigma^2 t\chi_0}{\left[(1+kA^2\rho\sigma^2)^2 NC - 1\right](t - 2U\theta^2)},$$

$$\gamma^{R*} = \frac{A\left[(1+kA^2\rho\sigma^2)NC - 1\right]}{(1+kA^2\rho\sigma^2)^2 NC - 1}$$

(5.83)

责任激励下团队确定性收益表达式为：

$$CM^{R*} = \frac{U\theta\chi_0^2}{t - 2U\theta^2} - N\bar{S}$$

(5.84)

结论 5.22：当团队进行责任激励时，若 λ 较小，则 x^{R*} 和 CM^{R*} 与 λ 正相关；若 λ 较大，则 x^{R*} 和 CM^{R*} 与 λ 负相关。

证明：由式（5.82）和式（5.84）可知 x^{R*} 和 CM^{R*} 与 U 正相关，故只要证明 U 与 λ 的关系。

$$\frac{\partial U}{\partial \lambda} = \frac{\begin{matrix} A(b\{NC[2+2b\bar{A}-b^2\bar{A}^2-(1+b\bar{A})^2NC]-1\} \\ [2+2(N-1)\lambda]-b^2\bar{A}^2N(1+b\bar{A})(2+2N\lambda)) \\ +[b\bar{A}+(1+b\bar{A})NC-1][(1+b\bar{A})^2NC-1] \end{matrix}}{[(1+b\bar{A})^2NC-1]^2} \times (N-1)$$

$$= \frac{\begin{matrix} [b\bar{A}+(1+b\bar{A})NC-1][(1+b\bar{A})^2NC-1]-2Ab\{1+NC[b^2\bar{A}^2 \\ +(1+b\bar{A})^2NC-2-2b\bar{A}]+b\bar{A}^2N(1+b\bar{A})\}-2Ab((N-1) \\ \{1+NC[b^2\bar{A}^2+(1+b\bar{A})^2NC-2-2b\bar{A}]\}+Nb\bar{A}^2N(1+b\bar{A}))\lambda \end{matrix}}{[(1+b\bar{A})^2NC-1]^2} \times (N-1)$$

于是，当 $\lambda < \dfrac{[b\bar{A}+(1+b\bar{A})NC-1][(1+b\bar{A})^2NC-1]-2Ab}{\{1+NC[b^2\bar{A}^2+(1+b\bar{A})^2NC-2-2b\bar{A}]+b\bar{A}^2N(1+b\bar{A})\}}{Ab\{(N-1)\{1+NC[b^2\bar{A}^2+(1+b\bar{A})^2NC-2-2b\bar{A}]\}+Nb\bar{A}^2N(1+b\bar{A})\}}$

时，$\dfrac{\partial U}{\partial \lambda} > 0$；当 $\lambda > \dfrac{[b\bar{A}+(1+b\bar{A})NC-1][(1+b\bar{A})^2NC-1]-2Ab\{1+NC[b^2\bar{A}^2+(1+b\bar{A})^2NC-2-2b\bar{A}]+b\bar{A}^2N(1+b\bar{A})\}}{Ab\{(N-1)\{1+NC[b^2\bar{A}^2+(1+b\bar{A})^2NC-2-2b\bar{A}]\}+Nb\bar{A}^2N(1+b\bar{A})\}}$ 时，

$\dfrac{\partial U}{\partial \lambda} < 0$。证毕。

结论 5.22 表明：当团队引入员工责任激励机制时，员工责任投入的大小会受新生代员工公平关切倾向的影响。在其他条件一定的情况下，若公平关切敏感度较低，则团队员工责任投入和团队期望收益随公平关切敏感度的提高而增大；若敏感度较高时则结论相反。这说明团队员工责任的投入能平衡部分员工公平关切带来的负效应。当员工公平关切倾向不明显时，员工程度努力的下降（由公平关切引起）会激发团队投入更高的员工责任，通过加大团队协作效应来追求更高的绩效。若公平关切敏感度较明显，则公平关切敏感度的进一步间接增强会显著提高员工责任激励成本，降低团队的员工责任投入和团队绩效，协作效应也必然降低。可以预见，员工公平关切敏感度必然存在一个平衡点，能够激发团队投入最大的员工责任激励，同时产生最大的团队期望收益。

结论 5.23：比较 R 模式和 NR 模式下的两类员工努力程度、个人绩效激

励和团队绩效激励、团队期望收益，有：（1）$e_i^{R*} > e_i^{NR*}$，$E_{ij}^{R*} > E_{ij}^{NR*}$，$\beta^{R*} > \beta^{NR*}$，$\gamma^{R*} = \gamma^{NR*}$；（2）$CM^{R*} > CM^{NR*}$。

证明：由式（5.71）、式（5.72）、式（5.73）、式（5.83）、式（5.84）中相关变量的表达式用作差法得到：

$$e_i^{R*} - e_i^{NR*} = \frac{2U\{[C + (A + C)b\bar{A}]N - 1\}\theta^2\chi_0}{((1 + b\bar{A})^2 NC - 1)k(t - 2U\theta^2)} > 0,$$

$$E_{ij}^{R*} - E_{ij}^{NR*} = \frac{2U\{[C + (C - \lambda)b\bar{A}]N - 1\}\theta^2\chi_0}{[(1 + b\bar{A})^2 NC - 1]k(t - 2U\theta^2)} > 0,$$

$$\beta^{R*} - \beta^{NR*} = \frac{2UANb\bar{A}\theta^2\chi_0}{[(1 + b\bar{A})^2 NC - 1](t - 2U\theta^2)} > 0,\quad \gamma^{R*} - \gamma^{NR*} = 0,$$

$$CM^{R*} - CM^{NR*} = \frac{2\theta^2 U^2\chi_0}{t - 2\theta^2 U} > 0$$

证毕。

该结论表明，无论员工的公平关切敏感度如何，与不投入员工责任时的激励机制相比，团队投入员工责任能同时增强新生代员工的两类努力程度，促使团队成员互助协作，也能促使团队加大基于员工个人绩效的奖励强度，更能增加团队期望总收益。这说明团队进行员工责任投入是有价值的，团队始终有投入员工责任的经济动力。然而我们从该结论的证明过程中可以看到 $e_i^{R*} - e_i^{NR*}$、$E_{ij}^{R*} - E_{ij}^{NR*}$、$\beta^{R*} - \beta^{NR*}$ 以及 $CM^{R*} - CM^{NR*}$ 的大小都与 λ 相关，这说明员工公平关切敏感度的大小将改变员工责任投入价值的大小。由于结果的复杂性，以下将用数值仿真的方式研究两者间的具体关系。

5.5.4 公平关切对团队员工责任激励机制的影响（数值仿真）

本部分用数值仿真的方法对以上理论分析得出的结论进行验证，并详细分析新生代员工公平关切敏感度与团队投入员工责任价值的相关关系，从而揭示员工心理契约是否会影响企业开展责任激励的动力。根据对某地中小民营企业新生代员工的实地调研情况，设定参数 $k = 1$，$\rho\sigma^2 = 0.8$，$N = 8$，$t = 5$，$\theta = 0.2$，$\chi_0 = 1.2$，$\bar{S} = 0$，作出投入和不投入员工责任这两种模式下的两类员工努力、个人绩效奖励以及团队期望收益随员工公平关切敏感度 λ 的变化趋势图，分别得到图 5.12、图 5.13、图 5.14、图 5.15。

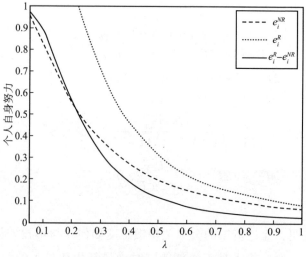

图 5.12　λ 对员工自身努力的影响

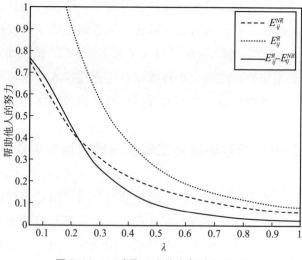

图 5.13　λ 对员工为他人努力的影响

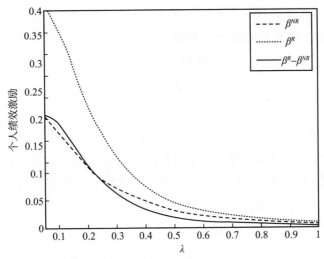

图 5.14　λ 对员工个人绩效奖励的影响

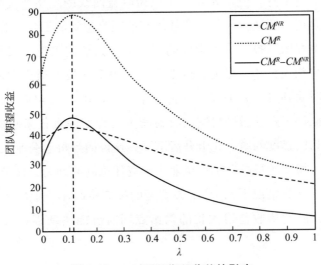

图 5.15　λ 对团队期望收益的影响

　　从图 5.12 和图 5.13 可以看出，员工两类努力在不投入员工责任激励模式（NR 模式）下的曲线均位于投入员工责任激励（R 模式）的下方，且都随着 λ 的增大而下降。这说明无论团队是否投入员工责任激励，员工的两类努力动力均随横向公平关切敏感度的增大而降低。无论公平关切敏感度如何，团队投入员工责任始终能激发更多的员工努力。另外，从 $e_i^{R*} - e_i^{NR*}$ 和 $E_{ij}^{R*} - E_{ij}^{NR*}$ 随 λ 的变化趋势可以看出，在一定范围内，由于员工责任投入随公平关切度不断降低，责任激励机制所实现的员工努力增量也随之不断下降。因此，从激励效果的角度看，员工责任激励机制应该在公平关切倾向较低的企业中实施。

从图 5.14 可以看出，责任投入下的员工个人绩效奖励度始终高于无责任投入，但无论是绩效奖励度的绝对值还是两种模式的增量均会随员工公平关切敏感度的上升而下降。因此，从员工的角度看，要想获得更高的个人绩效奖励，不仅应主动加大与其他员工的通力协作，促使企业实施责任激励机制，还应该尽量减少公平关切心理，减少对他人收益的关注而专注于自身努力。

从图 5.15 可以看出，随着员工公平关切敏感度的提高，团队的期望收益均是先上升后下降，但是 R 模式下期望收益曲线的变化速度明显高于 NR 模式。也就是说，团队投入员工责任时其期望收益受员工公平关切的影响更大。这是因为在团队投入员工责任的情况下，其期望收益不仅与员工努力、绩效激励支出相关，还在很大程度上取决于因责任投入所产生的协作效应，而这三者同时受到员工公平关切度的影响。从 $CM^{R*} - CM^{NR*}$ 的变化趋势可以看出，团队员工责任激励机制的收益增量（即实施责任激励机制的价值）也随公平关切敏感度的增大先上升后下降，这说明当员工公平关切处于低水平时，公平关切度的提高会加大企业实施责任机制的动力，而公平关切处于高水平时（大多数情况下），公平关切度的提高将减小企业实施责任机制的动力。实现团队期望收益最大化的均衡点同时也能实现责任激励价值的最大化。

5.5.5　结论总结

本节在上节内容的基础上进行了扩展，研究了新生代员工横向公平关切心理对协作效应下团队员工责任激励机制的影响，构建了多员工团队中员工公平效用和心理净效用表达式，以此为目标函数建立并求解了未投入员工责任和投入员工责任时的团队激励模型，并采用数理分析和数值仿真的方法重点分析了员工公平关切敏感度对两种激励机制的影响。研究得出的主要结论有：

（1）无论员工横向公平关切如何，实施员工责任激励机制均能显著提升员工的两类努力、个人单位绩效奖励以及团队期望收益，但不会提高团队单位绩效奖励。

（2）当员工横向公平关切敏感度处于较低水平时，团队投入的员工社会责任和团队期望收入与公平关切敏感度正相关；当公平关切敏感度处于较高水平时，团队投入的员工社会责任和团队期望收益与公平关切敏感度负相关。

（3）无论是否实施员工责任激励，员工为自身的努力、为他人的努力、个人绩效奖励均与横向公平关切敏感度负相关；团队绩效奖励随横向公平关切度的增大先上升后下降。

（4）员工责任激励机制实现的员工努力增量、个人绩效奖励增量均随横向员工公平关切度的上升而下降，团队期望收益的增量（即团队实施责任激励机制的动力）随横向员工公平关切度的上升先上升后下降。

5.6 本章小结

本章在阐述民营企业责任激励机制机理的基础上，重点着眼于员工责任在非物质激励方面的显著成效，结合团队协作理论，提出了新的激励机制——民营企业员工责任激励机制，并结合博弈论中的委托—代理理论，揭示了员工责任激励机制在提升新生代员工努力、扩大协作效应、增大员工绩效奖励并提高团队收益方面的重要作用。本章分为四个部分：第一部分归纳了民营企业新生代员工激励的详细流程，总结了激励机制的主要组成因素；第二部分从员工公平关切的角度对传统基于员工个人的激励机制进行扩展；第三部分详细介绍了团队协作效应下的员工责任激励机制；第四部分又对第三部分进行了深入研究，揭示普遍存在的新生代员工横向公平关切（嫉妒、自豪）心理特征对员工责任激励机制的影响。

在民营企业新生代员工激励机制的机理分析中，我们认为新生代员工的努力不仅受利益诉求和报酬价值的影响，而且受风险感知、公平关切等心理契约的制约，而员工努力转化为企业绩效的过程强烈地与新生代员工间的协作效应相关联。激励机制可由诱导因素集合、行为导向制度、行为幅度制度和行为归化制度四部分构成。

在考虑员工纵向公平关切及风险规避下的员工个人激励机制中，比较了信息对称和不对称两种情况下的激励机制，计算了由于信息不对称产生的激励代理成本，分析了新生代员工公平关切敏感度以及风险规避因子对激励绩效的影响，并提出了采用标尺竞争机制来降低代理成本。主要研究结论有：信息对称时激励机制与员工风险规避特征无关，激励程度与公平关切度正相关；信息不对称时，员工的薪酬型努力和责任型努力之间将相互影响，且均与员工公平关切程度负相关；个人绩效奖励与员工公平关切的关系取决于风险规避因子大小；信息不对称情况下员工努力、固定薪酬以及企业期望收益均小于信息对称情况，但个人绩效奖励大于信息对称情况；引入标尺竞争机制不仅可以激发新生代员工投入更多的努力，而且可以降低企业代理成本，提高企业总效用。

在团队协作视角下的新生代员工责任激励机制中，把员工的努力分为了利己型努力和利他型努力两种，由此产生了团队协作效应。研究了未投入员工责任和投入员工责任时的团队激励模型，求解了企业投入的最优员工责任度，从员工努力、个人绩效奖励、团队绩效奖励以及团队期望收益等角度详细对比了两种模型，并挖掘了影响员工责任投入的主要因素。主要研究结论有：只有在初始协作效应不是非常大且团队规模不是非常小时，员工责任激励机制才是有效的；企业最优员工责任投入与责任成本以及员工风险规避因子负相关，与初始协作效应和团队规模均正相关；员工的两类努力始终与团队初始协作效应和团队规模正相关；与一般激励机制相比，只要责任成本不是过高，企业员工责任激励机制总能显著提升员工的两类努力、新生代员工的个人单位绩效奖励以及团队期望总收益。因此，企业有动力开展员工责任激励。

横向公平关切对新生代员工责任激励机制沿用 5.4 的研究框架，构建了多员工团队中员工公平效用和心理净效用表达式，以此为目标函数建立、求解并比较了不投入员工责任和投入员工责任两种团队激励模型的绩效，特别研究了新生代员工横向公平关切敏感度对责任激励机制价值（绩效增量）的影响。主要研究结论有：当员工横向公平关切敏感度处于较低水平时，团队投入的最优员工社会责任和团队期望收益与公平关切敏感度正相关；公平关切敏感度处于较高水平时，最优员工社会责任和团队期望收益与公平关切敏感度负相关；员工为自身的努力、为他人的努力、个人绩效奖励均与横向公平关切敏感度负相关；员工责任激励机制实现的员工努力增量、个人绩效奖励增量均随横向员工公平关切度的上升而下降，团队期望收益的增量随横向员工公平关切度的增大先上升后下降。

第 6 章

民营企业新生代员工
社会责任行为效应分析

  企业社会责任行为效应是指企业对利益相关方履行社会责任所引起的反应和带来的效果,包括内部效应和外部效应,对企业履行社会责任产生的内外部效应进行分析,可以考证企业社会责任行为的可然性、必然性与应然性(田虹,2007)。其中,企业社会责任行为对其财务绩效的影响属于内部效应,相关研究一直是企业社会责任领域的热点问题之一,研究者希望从中探寻企业承担社会责任的经济合理性。如果无法证明企业社会责任投资会对企业财务绩效带来正向影响,则企业社会责任投入在长期内将丧失可持续性(Inoue and Lee,2011)。但是,多年来关于"承担企业社会责任与企业财务绩效提升关系"的国内外研究却没有形成统一的结论。持反对意见者认为,企业承担社会责任需要消耗各类资源,对企业财务绩效会产生负面影响;支持者则认为,企业积极承担社会责任不仅可以产生竞争优势,还有助于提高企业声誉,帮助企业吸引优秀的员工,进而提升企业财务绩效(宋丽娟,2016)。究其原因,在于企业社会责任行为与企业财务绩效的交互影响过程较为复杂:一方面,企业社会责任行为本身是一个多维度的概念,不同维度对企业的财务绩效影响效果和影响机制不尽相同;另一方面,企业的规模、性质以及利益相关方的特征等因素,也会影响企业社会责任的行为效应。

  值得注意的是,学者们已经开始将员工这一企业核心利益相关方作为重要外部效应主体独立出来，探讨企业社会责任行为对员工工作态度和工作行为的影响。已有研究表明，企业社会责任行为对员工满意度、组织公民行为、情感承诺等具有正向影响，并会进一步提高员工的工作绩效，提升企业财务业绩（刘远和周祖城，2015；王文彬和李辉，2012；李祥进等，2012）。但是，这些研究大多将企业社会责任行为作为一个整体，有关企业对员工承担的社会责任维度会产生哪些外部效应缺乏研究，尤其是其内部效应与外部效应之前的关系有待辨析与实证。同时，现有的研究结论大多没有区分是否是新生代员工，无法直接用于解释民营企业新生代员工的社会责任行为，仍然需要通过调查加以深入探讨。

尽管本书第 4 章和第 5 章分别对民营企业的新生代员工社会责任决策和员工责任激励机制进行了理论分析，但对基于企业的社会责任决策和员工责任激励机制分析而产生的员工社会责任行为到底会产生何种企业绩效、是否有效缺乏实证检验。基于此，本章将对民营企业新生代员工社会责任行为效应进行实证研究。具体研究内容分为四部分：第一部分，阐述民营企业新生代员工社会责任行为效应形成机理；第二部分，研究企业履行员工社会责任对企业经济绩效的影响，并考察新生代员工忠诚度的中介作用；第三部分，研究企业员工社会责任行为与新生代员工工作行为的关系，并进一步实证检验民营企业新生代员工工作行为的各个影响因素的综合作用效果；第四部分，研究制度环境、员工社会责任与企业绩效的关系，并分析企业员工社会责任行为在其影响因素与企业绩效之间承担的角色。

6.1　民营企业新生代员工社会责任行为效应的形成机理分析

6.1.1　企业社会责任效应的一般分析

企业为了生存和发展不仅要创造利润，还要对消费者、投资者、员工、社区等利益相关者承担责任。企业在对利益相关者承担责任的过程中或履责之后所带来的效果和引起的反应被称为企业社会责任效应。其中，企业社会责任所带来的效果是指企业履行企业社会责任给社会和企业自身带来的效益，如企业经济利润的增加、竞争力的提升、环境污染的减少、资源得以保护、员工福利的提高、消费者的需求得到满足等。当然，企业社会责任也会带来成本增加等风险。企业社会责任所引起的反应是指因企业的履责行为致使其利益相关者对企业的认知发生了不同程度的变化，如消费者对企业及企业产品态度向好、员工对企业的忠诚度提高、投资者的倾向增加等。这些发生在利益相关者意识层面的变化，会进一步影响其决策意愿和行为。

企业社会责任效应分为内部效应和外部效应。其中，内部效应是指企业积极承担社会责任带给自身的价值，包括利润、效用、效益、财富、收入的增加等。企业承担企业社会责任给社会和利益相关者带来的影响，被称为企业社会责任行为的外部效应。企业社会责任效应中内部效应是承担企业社会责任的出发点和落脚点。基于此，谢雅萍和许美丽（2012）构建企业社会责任内外部效应关系模型，如图 6.1 所示。可以看出，企业社会责任行为产生的外部效应会促进内部效应的实现，内部效应又会进一步影响企业社会责任行为决策。

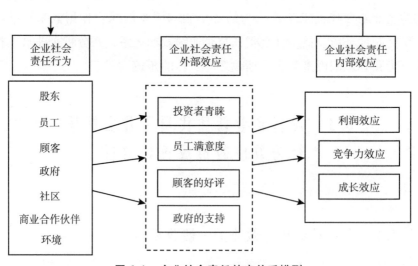

图 6.1　企业社会责任效应关系模型

6.1.2　新生代员工视角下的企业社会责任效应分析

如前所述，新生代员工的职场特征使民营企业人力资源管理面临挑战，管理过程中需要完成一个重要而困难的任务，就是如何减少员工的不良行为、激发员工良好的组织公民行为。根据以往员工管理经验，企业将员工的薪酬与企业的绩效挂钩，通过绩效工资使得员工与企业的利益达成一致，可以有效减少员工的不良工作行为。但是，学者们的研究却没有得出相同的结论，单一的货币激励策略具有一定的局限性。近年来，学者们侧重研究与员工相关的企业社会责任对员工组织公民行为和工作场所不良行为的影响，将企业社会责任作为员工治理的重要战略工具（刘凤军等，2017）。但是，现有的研究结论对民营企业新生代员工是否具有解释力尚需检验。

根据社会认同理论，个人所属社会范畴内的成员关系会影响其自我概念，这里的社会范畴包括所在的社区、所工作的企业、所参加的社团。就所工作的企业而言，如果企业的文化建设、发展战略、管理理念能够得到员工的认同，将在一定程度上影响员工的工作绩效（毕楠，2012）。通过探索性研究发现，企业的社会责任行为决策能够体现管理者的价值观和发展理念，如果民营企业员工社会责任活动没有得到新生代员工的认同，则会影响员工的工作态度与工作行为。基于此，构建企业员工社会责任内部效应与外部效应的一般关系模型（如图6.2所示），在接下来几个小节的分析中将嵌入新生代员工特性进行深入探讨。

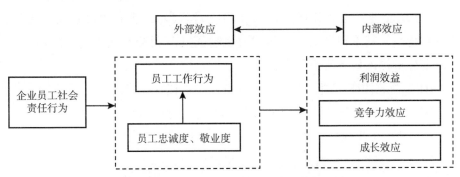

图6.2　企业员工社会责任内部效应与外部效应的关系模型

从图 6.2 中可以看出，企业承担员工社会责任后，会对员工的忠诚度等态度类变量产生影响，进而影响企业经济绩效和员工工作行为，使企业获得成长、利润、竞争力等内部效应，从而更高层次地实现外部效应。

6.2　新生代员工社会责任行为与民营企业经济绩效关系研究

6.2.1　理论分析与研究假设

在企业进行价值创造的过程中员工扮演着主体角色，尤其是知识型员工被视为能够为企业创造核心竞争力的异质性资源。根据企业员工社会责任内部效应与外部效应的关系模型，新生代员工应该在企业社会责任行为与企业经济绩效的转化之间扮演着十分重要的角色。因此，本研究尝试以员工忠诚度为中介变量，探讨民营企业承担新生代员工社会责任与企业经济绩效之间的关系，并分析企业特征对上述关系的影响。

1. 企业特征与员工社会责任行为的关系

从以往的相关研究中可以发现，企业的经营管理特征会对企业履行员工社会责任产生影响。麦克威廉姆和西格尔（Mcwilliam and Siegel，2000）研究表明，企业规模越大，其社会责任履行情况越好；朱俏俏和宋焕斌（2012）研究认为，国有企业和外资企业的社会责任履行情况均好于民营企业；《中国企业社会责任研究报告（2013）》显示，企业规模越大，社会责任指数越高，其承担员工责任的能力也越强（彭荷芳和陆玉梅，2015）。基于以上分析提出如下研究假设：

H1：企业特征不同，企业履行员工社会责任存在显著差异。

H1-1：企业类别不同，企业履行员工社会责任存在显著差异。

H1-2：企业规模不同，企业履行员工社会责任存在显著差异。

2. 企业员工社会责任行为与员工忠诚度的关系

员工忠诚度是员工对企业的一种承诺行为，是衡量企业幸福指数的指标，与员工工作动机以及工作认真程度等有着密切的关系。阿里等（Ali et al.，2010）认为企业社会责任与员工的组织承诺有显著的正相关关系。希尔曼和凯姆（Hillman and Keim，2001）认为，与员工建立密切关系能降低员工的离职率，提高其忠诚度，从而提升企业声誉。尼古拉斯和西奥多（Nicholas and Theodore，2010）实证检验了企业社会责任与员工忠诚度显著正相关，并影响企业利润。阿芙辛和扎希德（Afsheen and Zahid，2013）实证研究表明，企业给员工充分授权，能够强有力地提高员工的组织承诺和忠诚度。刘彩娟（2011）研究认为，影响员工满意度的主要因素包括工作回报、未来发展前景、企业人文关怀、员工职业生涯规划、员工地位以及工作本身所具备的吸引力。冯丽（2009）实证研究得出企业员工社会责任对员工工作满意度有正向的影响。可等（Ko et al.，2010）研究表明，员工获得个人发展机会会端正员工工作态度，促使企业绩效得到提升；员工对工作保障与薪资水平的满意程度以及员工对工作的总体满意度，都与企业的财务绩效存在关系。基于以上分析，本研究提出如下研究假设：

H2：企业员工社会责任对员工忠诚度产生显著影响。

H2－1：企业员工社会责任中的生理需求责任对员工忠诚度有正向的影响。

H2－2：企业员工社会责任中的安全需求责任对员工忠诚度有正向的影响。

H2－3：企业员工社会责任中的社会需求责任对员工忠诚度有正向的影响。

H2－4：企业员工社会责任中的自我实现需求责任对员工忠诚度有正向的影响。

H3：员工忠诚度在员工社会责任与企业绩效的关系中起中介作用。

3. 员工社会责任行为与企业绩效的关系

企业积极承担社会责任能够提升员工满意度、赢得顾客好评，甚至能获得政府支持，同时也会短期内增加企业的投入成本，因此企业社会责任行为对其经营绩效的影响具有不确定性。但在实证研究层面，较多的研究证实了企业社会责任的履行会带来企业价值的提升（宋丽娟，2016）。伍德（2010）认为良好的 CSR 表现与财务绩效之间呈弱正相关性，不好的 CSR 表现与财务风险之间呈强相关性。王建琼和侯婷婷（2009）指出，企业履行社会责任对企业的可持续发展有较大的影响，两者之间存在一定的正相关性。对于企业社会责任与经营绩效之间存在的正相关关系，龙文滨和宋献中（2013）给出了一个作用机理，即企业通过社会责任方面的投资可以得到利益相关者的支持，增强企业的信誉资本，为企业带来财务绩效。此外，企业在履行社会责任过程中会向利益相关者传递更多有关企业的信息，来自利益相关者的压力会对管理层形成约束，提高管理效率，进而提升企业绩效（何贤杰等，2012）。彭荷芳和陆玉梅（2014）仅考察员工社会责任对企业业绩的影响，实证研究结果显示，民营企业履行员工社会责任会增强员工工作满意度，进而可以提升企业经营绩效。基于以上分析，本研究提出如下研究假设：

H4：企业员工社会责任对企业绩效产生显著影响。

H4－1：企业员工社会责任中的生理需求责任对企业绩效有正向的影响。

H4－2：企业员工社会责任中的安全需求责任对企业绩效有正向的影响。

H4－3：企业员工社会责任中的社会需求责任对企业绩效有正向的影响。

H4－4：企业员工社会责任中的自我实现需求责任对企业绩效有正向的影响。

根据以上理论分析以及假设研究，本研究构建了员工社会责任、员工忠诚度与企业绩效之间的关系模型，如图 6.3 所示。其中企业特征为控制变量，企业员工社会责任为自变量，员工忠诚度为中介变量，企业绩效为因变量。

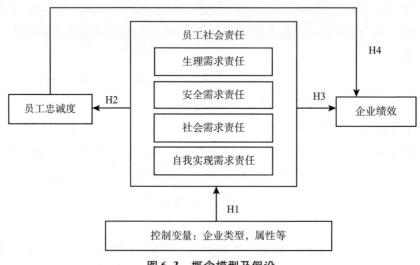

图 6.3　概念模型及假设

6.2.2　研究设计

1. 问卷设计

基于本研究给出的概念模型和研究假设，根据研究需要，确定使用问卷调查的形式进行企业员工社会责任行为效应的测量。其中，员工社会责任行为变量的维度确定，是结合了 SA8000 社会责任国际标准体系（Social Accountability 8000）标准、姜万军等（2006）、郝云宏和汪月红（2008）、吕际荣（2009）、郑祖威（2010）等员工社会责任分类以及马斯洛（Maslow）的需求五层次理论，最终将企业员工社会责任分为生理需求责任、安全需求责任、社会需求责任和自我实现需求责任四个维度进行研究。

企业员工社会责任行为调查题项的设计是在参考了上述研究文献的基础上，又邀请多位人力资源、组织行为研究领域的专家学者和制造业资深管理人员参与评估、修订而设计出来的。员工忠诚度和企业绩效调查题项主要参考了陈和弗朗西斯科（Chen and Francesco，2003）的组织承诺满意度量表（Organizational Commitment）、明尼苏达满意度量表（Minnesota Satisfaction Questionnaire，MSQ）和波特（Porter）组织承诺问卷（OCQ），以及郑海东（2007）的相关研究。

问卷包括四大部分：基本信息、企业的员工社会责任履行情况、员工忠诚度和企业绩效（见附件 3）。除基本信息外均采用李克特 5 点量表形式，"1" 表示 "非常不符合"，"2" 表示 "较不符合"，"3" 表示 "符合"，"4" 表示 "较符合"，"5" 表示 "非常符合"。

2. 样本选取

鉴于概念模型中的部分变量很难从公开渠道获取定量数据，进行新生代员工社会责任行为与民营企业绩效关系研究，采用访谈、座谈会和问卷调查（纸质问卷与电子问卷）等相结合的方式来获取数据资料。实地调查在江苏民营经济发达的苏南地区进行，调查时间历时半年。在调查过程中，对于人力资源部门、部分高管和中层管理者主要采用访谈的形式，对于基层管理者和员工主要采用座谈会和个别交流的形式，以获取丰富、全面的第一手资料。问卷调查以江苏省企业为主，兼顾其他省份，为了保证问卷调查的质量，主要分三种形式进行：与各地高校进行合作，对所在地企业进行调查，获得相关资料；利用本校学生社会实践的机会到所在的实习企业进行调研；对大学四年级的学生进行调研。共发放问卷 2010 份，回收问卷 1006 份，回收率为 50.05%，其中有效问卷 674 份，有效率约为 67%，满足问卷分析的基本要求。

对于所选取的样本，从年龄段来看，35 岁以下的新生代员工 483 人，35 岁以上的员工 191 人；从企业类型来看，民营企业 528 人，国有企业 27 人，外资或合资企业 119 人；从企业规模来看，小型企业 392 人，中型企业 168 人，大型企业 114 人；从性别来看，男性 375 人，女性 299 人；从文化程度来看，初中或以下 126 人，高中或中专 319 人，大专 125 人，本科 84 人，研究生或以上 20 人；从职务来看，一线员工 419 人，基层管理者 178 人，中层管理者 70 人，高层管理者 7 人。可以看出，被调查者中超过半数是男性，年龄在 35 岁以下的新生代员工占比高，学历以大专以下为主，调研对象以公司一线员工为主，公司雇员数量以 100 人以下居多，公司规模以中小型企业为主，企业性质主要是民营企业，样本的整体分布较为均衡。

3. 模型构建与变量选取

为了更好地验证前面的理论假设，构建了下列回归模型：

$$CP = \beta_0 + \beta_1 CSR_1 + \beta_2 CSR_2 + \cdots + \beta_i CSR_i + \beta_{i+1} EL + \varepsilon \qquad (6.1)$$

其中，CP 为企业绩效，β_0 为截距项，β_i（$i = 1$，2，$\cdots$，4）为回归系数，CSR_i 为企业员工社会责任各个维度的责任，EL 为员工忠诚度，ε 为随机误差。各变量的具体研究框架见表 6.1。

表 6.1   研究变量定义

	变量	符号	定义
因变量	企业绩效	CP	调查问卷中 5 个题项简单平均数
自变量	生理需求责任	CSR_1	调查问卷中 4 个题项简单平均数
	安全需求责任	CSR_2	调查问卷 5 个题项简单平均数
	社会需求责任	CSR_3	调查问卷 4 个题项简单平均数

	变量	符号	定义
自变量	自我实现需求责任	CSR_4	调查问卷 2 个题项简单平均数
	企业员工社会责任	CSR	4 个维度题项简单平均数
	员工忠诚度	EL	调查问卷中 7 个题项简单平均数

6.2.3 数据分析与解释

1. 描述性统计与信度、效度检验分析

本研究采用 SPSS 17.0 对样本数据进行描述性统计,如表 6.2 所示。企业对员工的社会责任平均值为 3.07,生理需求责任平均值为 3.14,安全需求责任平均值为 3.07,社会需求责任平均值为 3.19,自我实现需求责任平均值为 2.89,其中自我实现需求责任最低,说明企业整体责任履行处于中等水平。对比各组数据显示,新生代员工社会责任满足情况高于老员工,民营企业的员工社会责任履践情况总体偏低,中小型企业承担的员工社会责任低于大型企业,企业承担社会责任情况因员工个人特征和企业特征不同而呈现异质性。

表 6.2 企业员工社会责任各变量的均值

维度	题数	总体样本	年龄		企业性质			企业规模		
			35 岁以下	35 岁以上	国有	民营	外资合资	小型	中型	大型
生理需求责任	4	3.14	3.15	3.16	3.49	3.13	3.09	2.96	3.25	3.59
安全需求责任	5	3.07	3.11	2.96	3.99	3.17	3.26	2.81	3.32	3.56
社会需求责任	4	3.19	3.23	3.14	3.74	3.18	3.28	2.93	3.46	3.72
自我实现需求责任	2	2.89	2.93	2.8	3.58	2.98	3.37	2.72	3.01	3.27
企业员工社会责任	15	3.07	3.11	3.02	3.7	3.11	3.25	2.86	3.26	3.54
员工忠诚度	7	3.19	3.23	3.17	3.79	3.18	3.21	3.05	3.25	3.67
企业绩效	5	2.86	2.87	2.86	3.48	2.79	3.05	2.63	3.11	3.33

采用克朗巴哈（Cronbach's α）系数对量表进行定量一致性检验。一般认为克朗巴哈系数高于 0.7 时，量表的信度非常高。根据 SPSS 17.0 的处理结果表明，企业对员工社会责任整个问卷的（Cronbach's α）系数为 0.959，表明整张问卷测量的一致性程度和稳定性良好。各个量表的各个维度具体结果如表 6.3 所示。

表 6.3　　　　　　　　各变量的 Cronbach's α 值

	企业员工社会责任（0.959）				员工忠诚度	企业绩效
	生理需求责任	安全需求责任	社会需求责任	自我实现需求责任		
Cronbach's α 值	0.813	0.854	0.755	0.709	0.923	0.767
项数	674	674	674	674	674	674

2. 相关性分析

本研究通过 SPSS 17.0 统计软件对企业员工社会责任与员工忠诚度、企业绩效进行了相关分析，在其基础上，控制"年龄"这个变量，进一步作变量的偏相关性分析。具体结果见表 6.4 和表 6.5。

表 6.4　　　　　　自变量、因变量、中介变量相关性分析结果

	1	2	3	4	5	6	7
生理需求责任 1	1						
安全需求责任 2	0.827**	1					
社会需求责任 3	0.805**	0.873**	1				
自我实现需求责任 4	0.714**	0.772**	0.742**	1			
企业员工社会责任 5	0.906**	0.947**	0.928**	0.888**	1		
员工忠诚度 6	0.802**	0.816**	0.804**	0.744**	0.862**	1	
企业绩效 7	0.649**	0.654**	0.704**	0.618**	0.714**	0.641**	1

注：** 表示在 0.01 水平（双侧）上显著相关。

表 6.5　　　　　　自变量、因变量、中介变量相关性分析结果

控制变量		1	2	3	4	5	6	7
年龄	生理需求责任 1	1.000						
	安全需求责任 2	0.830	1.000					
	社会需求责任 3	0.807	0.873	1.000				
	自我实现需求责任 4	0.716	0.770	0.741	1.000			
	企业员工社会责任 5	0.908	0.947	0.927	0.888	1.000		
	员工忠诚度 6	0.802	0.816	0.804	0.744	0.862	1.000	
	企业绩效 7	0.649	0.655	0.704	0.619	0.714	0.641	1.000

从表 6.4、表 6.5 可知，自变量与中介变量、因变量存在显著的相关关系，即本研究所提出的假设 H2、假设 H3、假设 H4 都初步通过了检验，即企业员工社会责任与员工忠诚度、企业绩效之间显著正相关，为进一步的回归分析奠定了数据基础。

同样，用 SPSS 17.0 软件对企业员工社会责任、员工忠诚度、企业绩效进行了相关分析，具体结果如表 6.6 所示。

表 6.6　　　　　　　　控制变量相关性系数

	生理需求责任	安全需求责任	社会需求责任	自我实现需求责任	员工社会责任	员工忠诚度
新生代员工	0.622	0.645	0.692	0.591	0.691	0.632
非新生代员工	0.719	0.683	0.733	0.693	0.774	0.662
民营企业	0.688	0.682	0.714	0.641	0.737	0.670
国有企业	0.387	0.481	0.610	0.360	0.541	0.641
外资及合资企业	0.500	0.441	0.574	0.470	0.556	0.449
小型企业	0.608	0.614	0.671	0.605	0.680	0.612
中型企业	0.506	0.537	0.530	0.427	0.556	0.420
大型企业	0.660	0.588	0.645	0.647	0.723	0.738

从表 6.6 可知，无论是按年龄划分还是按类型划分的企业，控制变量都呈显著性相关，只不过 35 岁以上的非新生代员工相关性更高。本研究所提出的假设 H1、假设 H1-1、假设 H1-2 都通过了检验，即企业特征不同，企业履行员工社会责任有着显著差异。

3. 回归分析

通过前面的相关分析，本研究明确了企业员工社会责任员工忠诚度与企业绩效之间显著的相关性，为了进一步验证以上变量的相关关系，本研究将对样本进行多元化线性回归分析。本研究中只列出线性回归分析中的进入模型的变量结果。

首先，对样本进行了双回归分析，具体结果见表 6.7。从表 6.7 中可以看到：企业员工社会责任（自变量）的四个维度除安全责任外与企业绩效（因变量）回归显著；企业员工社会责任（自变量）的四个维度与员工忠诚度（中介变量）回归显著；员工忠诚度（中介变量）与企业绩效（因变量）回归显著；企业员工社会责任（自变量）的四个维度、员工忠诚度（中介变量）与企业绩效（因变量）同时回归时，企业员工社会责任（自变量）中的安全需求责任的回归系数为负，其他维度仍然显著，员工忠诚度（中介变量）的回归系数依然显著。即假设 H2、假设 H2-1、假设 H2-2、假设 H2-3、假设 H2-4、假设 H3、假设 H4、假设 H4-1、假设 H4-3、假设 H4-4 得到了检验。

表 6.7　　　　　　　　　　　各变量回归系数结果

	直接回归		同时回归
	员工忠诚度	企业绩效 a	企业绩效 b
生理需求责任	0.295**	0.190**	0.162**
安全需求责任	0.190**	-0.016	-0.034
社会需求责任	0.226**	0.461**	0.440**
自我实现需求责任	0.157**	0.149**	0.133**
员工忠诚度		0.671**	0.096**

注：** 表示在 0.01 水平（双侧）上显著相关。

其次，对总体样本和 35 岁以下的新生代员工样本分别进行了多元回归分析，具体结果见表 6.8。从表 6.8 中可以看出，无论是总体样本还是新生代员工样本，企业员工社会责任的四个维度中的生理需求责任、社会需求责任、自我实现需求责任及员工忠诚度对提高企业绩效具有重要作用，即理论假设中除了 H4 - 2 外，所有假设都得到了检验。

表 6.8　　　　　　　　　　　回归模型分析结果

	总体样本				新生代员工样本			
	β_i	标准误差	t	Sig.	β_i	标准误差	t	Sig.
（常量）	0.362	0.102	3.568	0.000	0.380	0.125	3.024	0.003
生理需求责任 CSR_1	0.162	0.055	2.953	0.003	0.092	0.066	1.396	0.163
安全需求责任 CSR_2	-0.034	0.057	-0.599	0.549	-0.019	0.071	-0.265	0.791
社会需求责任 CSR_3	0.440	0.061	7.163	0.000	0.475	0.076	6.290	0.000
自我实现需求责任 CSR_4	0.133	0.039	3.461	0.001	0.082	0.047	1.722	0.086
员工忠诚度 EL	0.096	0.055	1.743	0.082	0.152	0.068	2.251	0.025

因变量：企业绩效。

总体样本回归方程为：
$$CP = 0.362 + 0.162CSR_1 - 0.034CSR_2 + 0.44CSR_3$$
$$+ 0.133CSR_4 + 0.096EL + \varepsilon \tag{6.2}$$
新生代员工样本回归方程为：
$$CP = 0.38 + 0.092CSR_1 - 0.019CSR_2 + 0.475CSR_3$$
$$+ 0.082CSR_4 + 0.068EL + \varepsilon \tag{6.3}$$

6.2.4　稳健性检验与结论

1. 稳健性检验

为了使本研究结论更具实践意义，进行了稳健性检验：剔除国有企业、外商独资企业及中外合资企业的样本 146 个，得到 528 个样本，这三种类型的企业由于企业性质差异性较大，员工规模和员工福利可能比民营制造企业规模大且福利好，可能影响本部分假设的研究结论，为此单独对民营制造企业的相关性与回归性进行检验，结果均支持以上的研究结论。

2. 研究结论

本研究旨在探讨企业员工社会责任的履行、员工忠诚度与企业绩效的关系及作用机制，这对于提高我国民营企业绩效有着重要的理论意义。本研究在文献分析的基础上，构建了三者的关系研究模型，提出研究假设，对江苏省部分民营企业的员工进行调研。研究结果表明：所提出的大部分假设通过了验证，只有员工社会责任中的安全需求责任维度没有通过检验。具体研究结论为：一是民营企业履行员工社会责任正向影响员工忠诚度，也对企业绩效产生正向影响；二是民营企业履行员工生理需求责任正向影响员工忠诚度，也对企业绩效产生正向影响；三是民营企业履行员工安全需求责任正向影响员工忠诚度，也对企业绩效产生正向影响；四是民营企业履行员工社会需求责任正向影响员工忠诚度，也对企业绩效产生正向影响；五是民营企业履行员工自我实现需求责任正向影响员工忠诚度，也对企业绩效产生正向影响；六是民营企业员工忠诚度对企业绩效有显著正向影响。

企业对员工的安全需求责任没有通过检验，说明民营企业在重视员工的健康、定期安排员工体检、企业为员工提供健康安全的工作环境等方面存在严重忽视的现象，民营企业在这方面还有待于进一步改善，所以对提升员工忠诚度没有起到正向作用从而影响了民营企业的企业绩效。研究的大多数假设得到了检验，因此，关于民营企业员工社会责任与企业绩效的关系，通过本研究可以得到的结论是：民营企业积极履行员工社会责任可以通过提升新生代员工忠诚度对企业绩效产生显著影响。这一研究结论为我国民营企业履行员工社会责任提供了决策依据。

6.3　民营企业员工社会责任行为与
新生代员工工作行为关系研究

6.3.1　理论分析与研究假设

根据社会交换理论和我国"投之以木桃，报之以琼瑶""受人滴水之恩，当以涌泉相报"的传统道德，企业履行社会责任必然会为利益相关者带来好处，而作为企业的核心利益相关者，当员工感受到组织带来的好处时，就会期望通过提高工作表现来寻求与组织之间平衡互惠的交换关系。因此，企业如果为员工提供合理的劳动报酬、安全的工作环境、适当的职业培训等，作为回报，员工将会以更加积极的态度和行为投入到工作中（颜爱民和李歌，2016）。此外，以往研究显示任务特征、企业特征及员工个体特征均为员工工作行为的重要影响因素（刘凤军等，2017）。在本书 2.2 中，基于扎根理论分析发现，新生代员工工作价值观通过个体工作态度的积极或消极，引发其积极在职行为和消极偏差行为。因此，研究民营企业员工社会责任行为与新生代员工工作行为关系，还需要考虑个体层面的员工工作价值观和员工与个人—工作特征匹配等因素。基于此，本节尝试以员工敬业度为中介变量，系统探讨影响新生代员工工作行为的各种因素，并对员工社会责任的外部效应进行实证研究，从而为民营企业加强新生代员工管理提供依据。

1. 员工社会责任行为与员工敬业度关系

前文有关新生代员工利益要求、工作价值观、职场特征的探索性分析发现：作为当前职场主力军的新生代员工，较之忠诚于某一组织，他们更加关注自身的职业发展和专业提升。根据 21 世纪兴起的积极心理学理论，为了长期有效地提高员工工作绩效，企业需要通过积极的方式挖掘员工的优势（胡孝德，2015）。积极的方式可以引发员工内心深处对企业的好感，自愿为企业奉献自我。卡恩（1990）将员工的积极工作状态定义为敬业度，并认为敬业度与员工的个人表现直接相关。为了分析员工敬业度的提升路径，学者从不同角度对敬业度的前置变量进行了研究，可以归为三个层面：员工个人因素、工作因素、组织因素，但总体而言尚未形成系统性研究框架和结论（Dalal et al.，2008）。

从现有文献来看，有关企业社会责任与员工敬业度关系的研究并不多见。阿里等（2013）通过实证分析证明企业积极承担社会责任和良好的企业声誉有助于提高员工敬业度。高（Gao，2014）提出企业社会责任对员工敬业度有直接的影响。格拉瓦斯和凯莱（Glavas and Kelley，2014）的研究发现企业积极承担社会责任之所以能影响员工的敬业度，是因为在这样的公司工作员工会觉得有意义。林（Lin，2010）则认为企业社会责任行为作为员工敬业度的前置变量原因在于，积极履行社会责任的公司会增加员工对组织的信任感。探究企业社会责任行为对员工敬业度的影响就是社会责任发展和维护的过程，积极承担员工社会责任会加强员工对组织的承诺，促使员工形成努力工作的动机（姜友文和张爱卿，2015）。基于此，提出如下研究假设：

H5：企业员工社会责任行为与员工敬业度正相关。

2. 个人—工作特征匹配与员工敬业度关系

有调查显示，影响员工敬业度的最重要因素并非薪酬，而是工作本身与工作环境（杨红明和刘耀中，2012）。新生代员工大多文化层次较高，拥有较高的自我决定水平，更关注成就需求，员工个人与工作特征的匹配程度直接影响其敬业度的形成。个人特质与工作特征之间的契合程度被称为个人—工作契合度（Kristof - Brown et al.，2005）。王红芳（2015）在此基础上，将"个人—工作特征匹配"定义为个人偏好与能力和工作特征的一致性。

哈克曼和奥尔德姆（Hackman and Oldham，1976）认为，倘若工作特征使员工能得到有效的工作反馈，员工的内在工作动机加大，而内在动机对员工高水平的工作绩效、较低的缺勤率和离职率以及心理健康状况都有很好的预测作用（Deci and Ryan，1985）。马斯拉奇等（Maslach et al.，2001）指出，员工与工作特征越匹配，工作满意度和敬业度越高，反之，则越有可能产生工作倦怠。李傲和李红勋（2010）的研究表明，员工与工作特征的匹配度在很大程度上影响着员工的敬业度。这些研究结论尤其适用于知识型新生代员工。基于此，提出如下研究假设：

H6：个人—工作特征匹配与员工敬业度正相关。

3. 工作价值观与员工敬业度关系

美国学者萨柏（Super，1970）首次对工作价值观进行了界定，他从个体需要满足的角度研究，认为工作价值观定义是"个体与工作有关的一种内在需要"，是个人在工作中表现出的价值取向。国内学者黄希庭等（1994）认为工作价值观是人生价值观在职业问题方面的反映，员工工作价值观反映了员工对职业的需求。金盛华和李雪（2005）认为，工作价值观是个人评断和职业选择的标准。

洛克和亨（Locke and Henne，1986）根据工作动机理论，认为工作价值观是员工相对稳定的个性倾向性，会影响个人的工作目标或意愿，从而对工作表现与工作努力程度产生影响。而员工敬业度的主要特征是员工愿意为实现公司目标付出更多努力，员工敬业度受员工职业需求满足程度的影响。由此可见，员工的敬业度与员工的工作价值观具有相关性（陈浩，2009）。洪克森（2012）以新生代员工为对象，研究其工作价值观与工作产出的关系，研究结果表明，新生代员工的工作价值观能有效提升企业内员工的组织认同感，进而影响员工的工作绩效。基于此，提出如下研究假设：

H7：工作价值观与员工敬业度正相关。

4. 员工敬业度与员工工作行为关系

随着新经济时代的到来和员工知识水平的提高，员工经常会在组织要求的、职责规定的范围之外，出现一些积极的、自愿的行为，卡茨和卡恩（Katz and Kahn，1966）将员工的这两种工作行为分别定义为角色行为和自发行为。奥根（Organ，1988）把自发行为命名为组织公民行为，并指出大多数组织系统的设计并不完美，仅仅依靠员工的角色内行为，难以全面完成组织目标，需要利用员工的组织公民行为，促进组织目标的实现（何显富等，2011）。

关于员工敬业度与员工工作行为的研究发现，拥有较高敬业度的员工更倾向于完成较多的任务，甚至还会帮助同事完成工作任务（陈明淑和申海鹏，2015）。工作敬业度常常表现为工作角色的卷入程度，直接影响企业的任务绩效（Luthans，2002）。此外，敬业度高的员工还会表现出更多的利他行为、奉献行为，产生较高的关系绩效（William 等，2000）。基于此，提出如下研究假设：

H8：员工敬业度与其工作行为正相关。

综合上述员工社会责任行为（徐芳和王静，2016）、个人—工作特征匹配（李傲和李红勋，2010）及工作价值观（陈浩，2009）与敬业度关系的相关论述，我们可以初步认为，企业积极履行员工社会责任、合理匹配员工工作岗位，适应新生代员工的工作价值观，则员工敬业度可以维持较高水平，进而影响员工的工作行为与绩效。根据社会交换理论（Gouldner，1960），一旦员工感受到组织的帮助与支持，就会通过提高工作敬业度、采取积极工作行为以及增加工作绩效来回馈组织。基于此，提出如下研究假设：

H9：敬业度在个人—工作特征匹配与工作行为之间具有中介作用。

H10：敬业度在工作行为与工作价值观之间具有中介作用。

H11：敬业度在员工感知社会责任与工作行为之间具有中介作用。

基于上述分析，本研究的研究模型如图 6.4 所示：

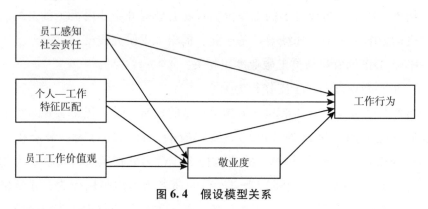

图 6.4　假设模型关系

6.3.2　研究设计

1. 问卷设计

有关新生代员工社会责任、敬业度及其工作行为的关系研究，采用问卷调查的形式收集数据资料，对所提出的假设进行检验。问卷包括四大部分：基本信息、企业员工社会责任表现、员工敬业度及其影响因素测度和员工的工作行为表现（见附件4）。量表仍采用李克特5点量表，其中员工敬业度量表用"5"表示"完全同意"，"4"表示"基本同意"，"3"表示"说不清"，"2"表示"基本不同意"，"1"表示"完全不同意"。

调查题项的设计是在参考了前文研究假设提出过程中设计的研究文献，又邀请相关研究领域的专家学者和民营企业资深管理人员参与评估、修订而设计出来的。其中，员工敬业度主要借鉴查淞城（2007）的敬业度测量表，员工感知的社会责任借鉴郑海东（2007）、杨菊兰（2016）开发的量表，员工的工作价值观量表依据迈耶（Meyer et al.，1998）、洪克森（2012）开发的量表，员工个人—工作特征的匹配程度量表借鉴爱德华兹（Edwards，1991）的研究成果；员工工作行为量表借鉴了王芳（2012）的研究成果。

2. 研究样本

本节研究问卷收集历时3个月，为了提高问卷回收质量，问卷发放主要针对江苏省民营制造型企业的新生代员工，共发放问卷800份，回收问卷750份，将空白问卷和反馈内容存在明显不符的问卷剔除，最终统计有效问卷525份，问卷回收率为93.75%，回收问卷有效率为65.63%。从性别、婚姻状况、出生年月、教育程度、户籍、工作年限、岗位性质7个方面进行描述研究，样本的基本信息如下：

从样本性别来看，受访员工中男性258人，女性267人，各占比49.1%和50.9%，男女员工比例相当。从样本年龄来看，1990年及以后出生的员工117人，占比22.28%；1980～1989年出生的员工330人，占比62.86%；1979年前出生的员工78人，占比14.86%。从婚姻状况来看，已婚423人，占比80.6%；未婚102人，占比19.4%。从整理的资料中可看出已婚的"80后"员工占大多数，"90后"正逐步进入职场，占比相对较低。

从教育程度来看，初中及以下学历30人，占比5.7%；高中或职中学历186人，占比35.4%；大专学历159人，占比30.3%；本科及以上学历150人，占比28.6%，可以看出新生代员工的教育水平普遍较高，即使在制造业类企业中仍然有58.9%的员工接受过高等教育。从岗位性质来看，其中

生产工人 129 人，占 24.57%；营销人员 135 人，占 25.7%；管理人员 108
人，占 20.57%；技术人员 78 人，占 14.9%；后勤服务人员 48 人，占
9.14%；其他 27 人、占 5.2%。从岗位性质来看，各岗位人员分布均衡。
从工作年限来看，1 年以下、1~3 年、4~6 年、7~9 年、10 年以上分别为
6 人、81 人、120 人、105 人和 213 人，各占比 1.1%、15.4%、22.9%、
20% 和 40.6%。可以看出，新生代员工的工作经验丰富，工作年限集中在 4
年以上，已成为劳动力市场的主力军。

3. 模型构建与变量选取

本研究构建的理论模型如图 6.4 所示，在具体实证阶段运用 SPSS 软件
对研究所涉及的变量进行了统计分析，研究模型具体设计如下：

$$y_i = \beta_0 + \beta_1 x_1 + \beta_2 x_2 + \cdots + \beta_i x_i + \varepsilon \tag{6.4}$$

其中，y_i 为员工敬业度，β_0 为常数项，$\beta_i (i = 0, 1, \cdots, 3)$ 为各变量
的相关系数（或回归系数），x_i 为个人—工作特征匹配、工作价值观、员工
感知社会责任和工作行为，ε 为残差。各变量的具体研究框架见表 6.9。

表 6.9 研究变量定义

	变量	符号	定义
因变量	员工敬业度	y_i	调查问卷中 17 个题项简单平均数
自变量	工作特征匹配	x_1	调查问卷中 9 个题项简单平均数
	工作价值观	x_2	调查问卷 21 个题项简单平均数
	员工感知社会责任	x_3	调查问卷 21 个题项简单平均数
	员工工作行为	x_4	调查问卷 23 个题项简单平均数

6.3.3　数据分析与解释

本节研究的问卷数据整理和编码工作主要运用 Excel 软件，数据分析工
作使用 SPSS 19.0。主要采用的统计分析方法有信度和效度分析、相关性分
析及回归分析等。

1. 信度、效度检验分析

问卷信度分析是对测量结果的一致性和稳定性的分析，是指对同一物体使用相同的方法进行测量，可以测量被测物的稳定性。美国统计学家海尔等（Hair et al.）认为 Cronbach's a 系数大于 0.7 为高信度。根据 SPSS 19.0 的处理结果表明，新生代员工敬业度影响因素调查的整个问卷系数（Cronbach's α）为 0.939，表明整张问卷测量的一致性程度和稳定性良好。各个量表的各个维度具体结果如表 6.10 所示。由表 6.10 可以看出，本研究所采用的量表中，Cronbach's a 系数最低的工作行为项为 0.863（<0.8），表明各量表具有较好的一致性。

表 6.10　　　　　　　　　　　各变量的 Cronbach's a 值

序号	变量	题项数量	Cronbach's a 值
1	个人—工作特征匹配	9	0.922
2	员工敬业度	17	0.943
3	工作行为	23	0.863
4	工作价值观	21	0.930
5	员工感知社会责任	21	0.951

为了测量整体问卷的效度，我们做整体问卷的 EFA 探索性因子分析，即 KMO 和 Bartlett's 球形检验，结果如表 6.11 所示。从表 6.11 看出，KMO 为 0.844，大于 0.5 且显著性小于 0.001，表明原有变量适合做因子分析，同时也说明问卷整体的建构效度比较好。

表 6.11　　　　　　　　　　KMO 与 Bartlett's 球形检验

Kaiser – Meyer – Olkin 测量取样适当性		0.844
Bartlett's 球形检验	大约卡方	15543.859
	df	4095
	显著性	0.000

2. 相关性分析

本研究通过 SPSS 19.0 软件对企业员工感知的社会责任与员工敬业度、员工工作行为、员工工作价值观各个变量进行了相关分析，具体结果如表6.12 所示。从表6.12 中可知，各变量呈现高度正相关，初步说明本节研究的假设 H5、假设 H6、假设 H7、假设 H8 成立，即员工感知社会责任、个人—工作特征匹配、工作价值观、工作行为和员工敬业度间具有显著正相关性关系（P = 0.000）。

表 6.12 相关分析结果（n = 525）

	1	2	3	4	5
个人—工作特征匹配 1	1				
员工敬业度 2	0.672**	1			
工作行为 3	0.567**	0.685**	1		
工作价值观 4	0.497**	0.487**	0.571**	1	
员工感知社会责任 5	0.619**	0.676**	0.479**	0.570**	1

注：** 在 0.01 水平（双侧）上显著相关。

3. 回归分析

相关性分析只能初步判断变量之间是否有关系及关系大小，但是不能判断变量之间是否存在因果关系。回归分析是检验变量之间是否存在因果关系的重要方法，本研究采用回归分析法来进行检验。

（1）个人—工作特征匹配、工作价值观、员工感知社会责任对敬业度的回归分析。本研究将性别、户籍、婚姻状况等人口学因素作为控制变量，分别将个人—工作特征匹配、工作价值观、员工感知社会责任作为自变量，将敬业度作为因变量，采用逐步回归法（Stepwise）进行多元回归分析，结果见表6.13。

表 6.13　　个人—工作特征匹配、工作价值观、员工感知社会责任

预测敬业度之逐步多元回归分析摘要

自变量	相关系数 R	决定系数 R^2	F	T	标准化回归系数 Beta	多重共线性检验 VIF
个人—工作特征匹配	0.668	0.447	138.921***	11.786***	0.668	1.983
工作价值观	0.487	0.237	53.539***	7.317***	0.487	1.992
员工感知社会责任	0.675	0.455	143.752***	11.990***	0.675	1.989

注：*** 表示在 $P < 0.001$ 的水平下显著。

表 6.13 中显示，个人—工作特征匹配、工作价值观、员工感知社会责任对敬业度均具有显著正向影响。由此，证明了假设 H5、假设 H6、假设 H7，即个人—工作特征匹配、工作价值观、员工感知社会责任与新生代员工敬业度呈正相关。

（2）敬业度对工作行为的回归分析。本研究将敬业度作为自变量，将工作行为作为因变量，采用强制进入法（Enter）进行一元线性回归分析，结果见表 6.14。

表 6.14　　员工敬业度预测工作行为之一元线性回归分析摘要

自变量	相关系数 R	决定系数 R^2	F	T	标准化回归系数 Beta	多重共线性检验 VIF
敬业度	0.720	0.519	185.468***	13.619***	0.720	1.988

注：*** 表示在 $P < 0.001$ 的水平下显著。

表 6.14 中显示，敬业度对工作行为具有显著正向影响。由此，证明了假设 H8，即新生代员工敬业度与工作行为呈正相关。

（3）敬业度的中介作用检验。敬业度在个人—工作特征匹配与工作行为之间的中介作用检验，计算结果见表 6.15。

表 6.15　敬业度中介作用的分层回归分析（个人—工作特征匹配—工作行为）

	模型	标准化回归系数 Beta	T	F	相关系数 R	决定系数 R^2
1	个人—工作特征匹配	0.568	9.047 ***	81.851 ***	0.568	0.322
2	个人—工作特征匹配	0.156	2.220 *	97.317 ***	0.730	0.532
	敬业度	0.616	8.760 ***			

注：*** 、* 分别表示在 P<0.001 和 P<0.05 的水平下显著。

如表 6.15 结果显示，个人—工作特征匹配对工作行为的关系显著正相关，敬业度对工作行为的关系显著正相关，且模型 2 中个人—工作特征匹配对工作行为系数 Beta 的绝对值小于模型 1 中个人—工作特征匹配对工作行为系数 Beta 的绝对值，可知敬业度在个人—工作特征匹配与工作行为起部分中介作用，即支持 H9。

敬业度在工作价值观与工作行为之间的中介作用检验，计算结果见表 6.16。

表 6.16　工作行为中介作用的分层回归分析（工作价值观—工作行为）

	模型	标准化回归系数 Beta	T	F	相关系数 R	决定系数 R^2
1	工作价值观	0.464	6.873 ***	47.233 ***	0.464	0.215
2	工作价值观	0.148	2.488 *	98.627 ***	0.732	0.536
	敬业度	0.628	10.859 ***			

注：*** 、* 分别表示在 P<0.001 和 P<0.05 的水平下显著。

如表 6.16 结果显示，工作价值观对工作行为的关系显著正相关，敬业度对工作行为的关系显著正相关，且模型 2 中工作价值观对工作行为系数 Beta 的绝对值小于模型 1 中工作价值观对工作行为系数 Beta 的绝对值，可知敬业度对工作价值观与工作行为起部分中介作用，即支持 H10。

敬业度在员工感知社会责任与工作行为之间的中介作用检验，计算结果见表 6.17。可以看出，员工感知社会责任对工作行为的关系显著正相关，敬业度对工作行为的关系显著正相关，且模型 2 中员工感知社会责任对工作行为系数 Beta 的绝对值小于模型 1 中员工感知社会责任对工作行为系数 Beta 的绝对值，可知敬业度对员工感知社会责任与工作行为起部分中介作用，即支持 H11。

表 6.17　　　敬业度中介作用的分层回归分析（员工感知社会责任—工作行为）

	模型	标准化回归系数 Beta	T	F	相关系数 R	决定系数 R^2
1	员工感知社会责任	0.586	9.492 ***	90.101 ***	0.586	0.344
2	员工感知社会责任	0.184	2.612 *	99.287 ***	0.733	0.537
	敬业度	0.596	8.457 ***			

注：***、* 分别表示在 P < 0.001 和 P < 0.05 的水平下显著。

6.3.4　研究结论与启示

为了对民营企业新生代员工社会责任的外部效应进行实证研究，在前人研究基础上提出了研究假设，基于调查数据进行了统计分析和研究假设的检验，得到如表 6.18 所示的检验结果。

表 6.18　　　　　　　　　研究假设检验结果

假设内容	结果
员工感知社会责任与员工敬业度正相关	成立
个人—工作特征匹配与员工敬业度正相关	成立
工作价值观与员工敬业度正相关	成立
员工敬业度与其工作行为正相关	成立
敬业度在个人—工作特征匹配与工作行为之间具有中介作用	成立
敬业度在工作价值观与工作行为之间具有中介作用	成立
敬业度在员工感知社会责任与工作行为之间具有中介作用	成立

研究假设检验结果表明，企业员工社会责任行为以员工敬业度为中介影响员工工作行为，能够有效改善员工的工作绩效，其中的缘由包括两个方

面：一方面，企业积极履行对员工的社会责任，一定程度上促进了员工更加出色地完成本职工作（核心任务绩效）；另一方面，企业员工的社会责任行为还能有效激励员工去完成本职工作之外的有利于企业的事情（组织公民行为）。基于上述研究结论，企业可以通过自身的社会责任行为提升员工工作绩效，为企业员工社会责任行为的外部效应提供了证据。

6.4 制度压力、新生代员工社会责任行为与民营企业绩效关系研究

目前，关于企业社会责任的影响因素和作用机制的研究较多，在企业所感知的外部制度压力方面成果颇丰。近年来，尽管中国的市场化进程取得了巨大进步，但在转型经济背景下（辜胜阻等，2006），政府仍然对民营企业的行为有着一定的影响。因此，有必要应用组织社会学制度理论，突出分析民营企业面临的制度压力，揭示民营企业履践员工社会责任行为的制度动因。本小节在分析制度压力对企业员工社会责任行为影响效果的基础上，进一步分析企业员工社会责任行为在其影响因素与行为效应之间的中介作用，将员工社会责任的内外部效应纳入同一分析框架，全面解析民营企业承担新生代员工社会责任的行为机理。

6.4.1 理论分析与研究假设

1. 制度压力与员工社会责任行为

制度理论自诞生以来被广泛用于政治学、经济学和组织社会学等研究领域，该理论强调制度环境不仅构成了组织分析的背景条件（Peng et al.，2009），还可以直接对组织制定决策、采取行为产生重要影响（Meyer and Rowan，1977）。苏克曼（Suchman，1995）认为制度环境要求组织通过广泛的组织形式和行为来服从合理性机制。斯科特（Scott，2001）建议将制度环境定义为个人或组织必须遵守的具体法规和条件。沈奇泰松（2010）的研

究发现，制度环境包括组织应该遵守的各种规则、规范或社会文化等要素，并将制度环境对企业组织行为产生的影响定义为制度压力。斯科特（2001）将制度压力划分为三个成分：规制压力、规范压力以及认知压力。布里克森（Brickson，2007）认为，制度环境是促进企业采取社会责任行为的重要因素。制度压力能影响企业的社会责任行为（Campbell，2007）。

员工社会责任行为是指企业必须保护员工的合法权益，承担对员工的伦理责任、经济责任及法律责任，是企业社会责任中非常重要的维度（刁宇凡，2013）。利益相关者理论认为，员工是企业内部的利益相关者，因此对员工的社会责任是企业社会责任的重要成分（徐淑英等，2008）。朱瑞雪和郭京福（2004）认为，企业与员工之间主要是基于契约基础上的经济关系、一定的道德关系和法律关系。企业应当重视和员工间的雇佣关系，相信且重视员工，支持员工的职业发展，维护员工的个人权益。郑文智（2011）基于员工需求提出了员工社会责任行为的五方面内容：成就需要责任、组织内关系需要责任、家庭需要责任、基本保障责任及公平公正责任。

在制度压力的三个维度中，企业所感知的规制压力通常指政府、行业协会制定的针对该行业的法律法规、政策等具有法律权威的各种文件产生的约束（Scott，2001）。学者们的研究发现企业的社会责任履行情况主要受到政府规制这一制度性因素的影响，并具体研究了不同国家的相关政府部门对该企业社会责任行为的规制作用（Campbell，2007；Doh and Guay，2006）。穆恩和申（2010）的研究表明，中国各级政府通过制定法律、颁布行政性文件等方式对企业社会责任产生规制作用。员工社会责任是企业社会责任的重要组成部分，制度压力中的规制压力对民营企业履行员工社会责任应该具有同样重要的影响作用。基于上述理论，本研究提出如下假设：

H12：制度环境中的规制压力对企业员工社会责任行为存在显著的正向影响。

企业社会责任行为的规范压力主要源于社会上普遍的价值观和行为准则。一般情况下，规范压力通过两种方式影响企业采取社会责任行为：一方面，报纸、互联网、电视等传播媒体将社会大众对企业采取社会责任行为的期待传递给企业；另一方面，有些权威机构通过建立相关的行业标准来给企业组织的行为带来影响，例如，欧洲著名的商学院始终把企业社会责任行为列入商科教育系列中高级经理教育教学计划（沈奇泰松，2010）。民营企业为了在社会环境中获得积极的评价或者增大盈利会形成相关决策偏好，这种偏好所带来的一系列评价标准有利于企业在与其他企业的竞争中凸显自身、从中获益。行为规范让企业的积极行为正式化并以追求目标的方式出现。基于上述理论，本研究提出如下假设：

H13：制度环境中的规范压力对企业员工社会责任行为有显著的正向影响。

认知压力主要源于广泛的社会认同。巴苏和帕拉左（Basu and Palazzo，2008）在研究企业组织本身对采取社会责任行为的影响时，提出企业组织关于合法性的认知将影响其社会责任行为的具体表现。玛顿和穆恩（Matten and Moon，2008）研究发现，企业组织因对社会环境、商业氛围、组织行业中不断变化着的不确定性的认知，产生了认知压力和模仿的期望，从而将采取"最佳实践"行为以提高组织的合法性。如欧洲的许多跨国公司往往通过加入权威的商业联盟，并常常组织管理人员参加企业社会责任相关的培训项目以提高自身的"最佳实践"。在我国的制度环境下，民营企业出于更好发展的目的，会将政府提倡的承担相应社会责任视作一种提升合法性的途径。基于上述理论，本研究提出如下假设：

H14：制度环境中的认知压力对企业员工社会责任行为有显著的正向影响。

2. 制度压力与企业绩效

企业绩效是指企业组织中所有工作流程或活动的最终累积结果，既包括财务绩效，也包括非财务绩效。现有研究常把企业绩效分为任务绩效和周边绩效两部分，任务绩效主要针对生产原材料转变成企业的产品或者服务，或者通过原材料的补充以维持原有服务的企业职能，而周边绩效针对与企业周边行为有关的工作，如提升企业在公众心目中的形象、降低员工流失率等（陈宏辉，2003）。只有将企业的任务绩效和周边绩效联系起来才能完整地对企业绩效进行测量与评价（施华森，2002）。企业提高社会绩效是获得合法性的一种敏感性应对（沈奇泰松，2010），制度压力中的规制压力、规范压力和认知压力可能通过不同的方式或途径影响企业财务绩效（朱蓉，2014）。基于上述理论，本研究提出如下假设：

H15：规制压力对企业绩效有显著的正向影响。

H16：规范压力对企业绩效有显著的正向影响。

H17：认知压力对企业绩效有显著的正向影响。

3. 员工社会责任行为与企业绩效

有关企业社会责任与企业绩效关系的研究数量众多、结论各异，从而反映出企业社会责任与企业绩效关系的不确定性（彭荷芳和陆玉梅，2014）。持正相关观点的学者认为，企业履行社会责任有利于获得社会认可和提升企业声誉，有利于吸引更多高素质人才，推动企业价值创造（王健辉和李永壮，2014）。就企业的发展环境而言，企业的竞争力不仅取决于有形资源与无形资源的多少，还需考虑人力资源的管理水平。面对我国和谐社会的建设要求和当前的用工环境，民营企业需要主动承担起对员工的社会责任，尊重信任员工，提供公平的就业机会和适当的工作岗位，保证员工的人身和财产安全，并且提高员工的福利待遇，进而增强企业的集体凝聚力与竞争力，最终提高企业绩效。基于上述理论，本研究提出如下假设：

H18：员工社会责任行为对企业绩效有显著的正向影响。

基于上述理论假设，构建制度压力、员工社会责任行为与企业绩效的关系模型，如图6.5所示。

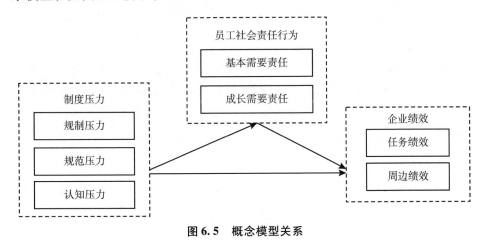

图6.5　概念模型关系

6.4.2　研究设计

1. 样本和数据采集

本研究采用问卷调查法来检验所提出的假设（见附件5），为了提高回收问卷的有效率，主要通过课题组成员和管理学任课教师带领学生，邀请企业单位管理人员填写问卷以获得数据，并在样本选择时考虑了主营业务、企业规模和生命周期等方面的代表性。本研究所发放的问卷共300份，回收260份，有效问卷238份。具体而言，在企业或公司规模方面，微型的有14家，占5.9%；小型的有66家，占27.7%；中型的有91家，占38.2%；大型的有57家，占23.9%；特大型的有10家，占4.2%；是家族企业的有41家，占17.2%；非家族企业的有197家，占82.8%。是上市公司的有47家，占19.7%；非上市公司的有191家，占80.3%。在企业或公司发展阶段方面，刚刚创建的有8家，占3.4%；已步入良性轨道的有114家，占47.9%；规模达相当程度的有101家，占42.4%；已过发展高峰期的有15家，占6.3%。

2. 研究量表

量表的设计尽可能采用被广为使用的经典量表题项，通过预调查适当增减题项，以适应本研究目的。这样可以确保量表的信效度，增加研究的可比性。除企业基本信息等题项外，问卷还包含：①制度压力量表。采用沈奇泰松（2010）编制的制度压力量表，包含规制压力、规范压力和认知压力3个分量表，各4、4、6个题项共14个题项。量表采用5点计分法，5表示"非常符合"，4表示"符合"，3表示"不确定"，2表示"不符合"，1表示"非常不符合"。②员工社会责任行为量表。综合选取陈昕（2011）和郑文智（2011）分别编制的量表，共15个题项，量表采用5点计分法，需要对该量表进行信效度分析。③企业绩效量表。综合选取陈昕（2011）和缪悦（2012）分别编制的量表共9个题项，量表采用5点计分法，从1到5程度不断提高，需要对该量表进行信效度分析。

3. 数据分析方法

根据研究目的和检验假设的需要，使用 SPSS 22.0 和 AMOS 21.0 对数据进行录入与统计分析。首先，利用 SPSS 22.0 进行量表的信度效度检验，根据公认的临界值结合信度分析、探索性分子分析、验证性因子分析等数据分析结果加以判断。然后，利用 AMOS 21.0 进行研究模型的构建，主要步骤包括相关分析、结构方程模型建构等。

6.4.3　数据分析与解释

1. 信效度检验

量表的效度一般从内容效度和建构效度两方面进行考察。由于本研究采用的量表题项大多选取自较为成熟的量表，因此可以认为已经具备较高的内容效度，仅采用因子分析法检验建构效度，结果详见表 6.19。

表 6.19　　　　　　　　　　　　量表因子分析结果

量表	维度	题项	因子载荷
制度压力量表	规制压力	b13	0.859
		b14	0.736
		b12	0.693
		b11	0.659
	规范压力	b6	0.801
		b7	0.733
		b5	0.570
	认知压力	b2	0.820
		b1	0.763
		b3	0.511
		b4	0.505

续表

量表	维度	题项	因子载荷
员工社会责任行为量表	基础需要责任	c11	0.803
		c15	0.726
		c14	0.667
		c10	0.636
		c6	0.629
		c8	0.620
		c13	0.586
		c12	0.571
		c7	0.567
	成长需要责任	c3	0.800
		c9	0.769
		c5	0.755
		c4	0.738
		c2	0.689
企业绩效量表	任务绩效	d1	0.823
		d2	0.772
		d4	0.725
		d3	0.674
	周边绩效	d6	0.733
		d8	0.695
		d7	0.675
		d5	0.629

信效度检验的具体检验步骤包括：采用主成分分析以最大方差法进行转轴，对主要研究量表进行构建效度检验，对于个别包含题项较少的因子因其层面所涵盖的题项内容太少而将相关题项删除。由表 6.19 可以看出，制度压力量表和企业绩效量表都得到了与理论预设相同的因子，具有较好的建构效度；员工社会责任量表的因子分析结果与理论预设不同，共有两个因子，根据其题项内容，因子 1 命名为基础需要责任（主要包含家庭需要责任、基本保障责任、公平与公正责任），因子 2 命名为成长需要责任（主要包含组

织内关系需要责任和成就需要责任）。

在分析探索性因子的基础上，采用验证性因素分析法验证通过探索性因素分析得到的因素结构，采用极大似然估计法对各量表的结果进行路径分析，结果见表6.20结果显示，各构念的验证性分析结果较好，各拟合指标也表明模型拟合较好。

表 6.20 量表模型拟合指标

量表	拟合指标							
	χ^2/df	RMSEA	GFI	AGFI	NFI	CFI	IFI	PGFI
制度压力	3.354	0.100	0.909	0.854	0.853	0.890	0.892	0.565
员工社会责任行为	3.532	0.103	0.898	0.816	0.865	0.898	0.899	0.627
企业绩效	3.535	0.103	0.936	0.880	0.869	0.901	0.903	0.494

为探索量表的信度，本研究使用 Cronbach's α 系数进行了检验，结果见表6.21。德维利斯（DeVellis，1991）提出，量表的信度最好在0.80以上，0.70~0.80为可接受的范围；分量表的信度最好在0.70以上，0.60~0.70为可接受的范围。表6.21显示，各量表中分量表的信度大多在0.65以上，总量表的信度大多在0.75以上。因此，问卷中各量表的信度较好。

表 6.21 量表信度分析

	规制压力	规范压力	认知压力	制度压力	基础需要责任	成长需要责任	员工社会责任行为	任务绩效	周边绩效	企业绩效
Cronbach's α	0.728	0.687	0.805	0.862	0.891	0.871	0.925	0.775	0.664	0.781

2. 相关分析

相关分析有助于研究者初步判断前文构建的模型和假设的合理性。在信度效度检验的基础上，对各维度所包括的题项得分进行均值化处理，得出3个量表的均值和7个维度的均值，然后对这10个变量进行了 Pearson 相关分析，结果见表6.22。表6.22显示，各因子之间都存在非常显著的正相关（p<0.01），这样可以初步验证所提出各个假设的合理性。

表 6.22　　各因子相关系数

序号	因子	1	2	3	4	5	6	7	8	9	10	11
1	规制压力	1										
2	规范压力	0.541**	1									
3	认知压力	0.550**	0.556**	1								
4	制度压力	0.835**	0.805**	0.865**	1							
5	基础需要责任	0.420**	0.537**	0.430**	0.544**	1						
6	成长需要责任	0.430**	0.378**	0.384**	0.475**	0.740**	1					
7	员工社会责任行为	0.452**	0.510**	0.441**	0.553**	0.963**	0.893**	1				
8	任务绩效	0.212**	0.337**	0.254**	0.314**	0.323**	0.315**	0.341**	1			
9	周边绩效	0.379**	0.343**	0.314**	0.410**	0.506**	0.512**	0.543**	0.441**	1		
10	企业绩效	0.340**	0.400**	0.331**	0.422**	0.480**	0.477**	0.511**	0.873**	0.822**	1	

注：** 表示 $p < 0.01$，变量之间显著相关。

3. 模型建构

本研究将制度压力、员工社会责任行为、企业绩效等变量纳入结构方程，构建了全模型分析框架。制度压力三个维度的观察指标基本与量表的各题项相同，员工社会责任行为和企业绩效则进行了指标缩减，最终纳入全模型中的共有7个观察变量。以被试在量表各因子对应题项上的平均分值作为该因子得分，再以该均分作为潜变量的观测指标进行分析。同时，基于数据分布要求，对观察变量进行了偏度和峰度检验，结果显示检验值都达到深入分析的要求。

模型拟合分为两步：第一步，通过在 AMOS 中构建模型、导入数据并运行算法，得到了制度压力与员工社会责任行为、企业绩效等构念之间的相互关系以及各潜变量与对应测量值的因子负荷量。结果显示，规范压力、认知压力指向企业绩效的路径系数未达到显著水平（p > 0.05），但模型的拟合效果可以接受。第二步，根据运算结果提出的修正建议，按照"因子载荷按照理论意义审慎分析"的原则，删去了规范压力、认知压力指向企业绩效的路径。第二步的运算结果显示拟合效果提升，对比修正前和修正后的运算结果，模型并无显著变化，修正后各项拟合评估指数均在临界参考值范围内。具体见图6.6和表6.23。

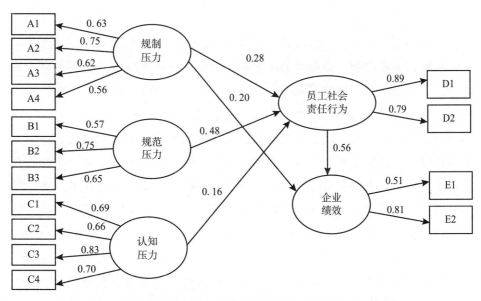

图 6.6 制度压力、员工社会责任行为与企业绩效关系模型

表 6.23 模型拟合指标

	拟合指标		
	χ^2/df	GFI	PGFI
第一步	4.678	0.828	0.573
第二步	4.571	0.828	0.587

第二步的模型拟合结果显示（见图 6.6），规制压力、规范压力和认知压力显著地正向影响企业员工社会责任行为，即本研究假设 12、假设 13、假设 14 成立。员工社会责任行为对企业绩效存在显著的正向影响作用，本研究假设 18 成立。但是，制度压力的三个维度对企业绩效的影响作用与所提出的假设存在差异，仅规制压力显著正向影响企业绩效，研究假设 15 成立，假设 16 和假设 17 不成立。研究还发现，制度压力中的规制压力维度不仅能直接作用于企业绩效，还能够通过员工社会责任行为显著影响企业绩效。

6.4.4 研究结论与讨论

1. 企业感知的制度压力对其员工社会责任行为存在显著的正向影响作用

本研究结果表明，企业对员工承担的社会责任行为受到外界制度环境的驱动。企业始终处于制度环境中（Pfeffer and Salancik，1978），因此，当感知到外界制度环境施加的压力和期望，企业将不断加强倾听员工的基础需求和成长需求，并在努力缓解社会问题的前提下注重提高企业自身的任务绩效与周边绩效。研究结果还显示，制度压力的三个维度均对员工社会责任行为存在显著的正向影响作用，与沈奇泰松（2010）的研究结果基本一致，并且制度压力对员工社会责任行为的影响程度要高于其对企业绩效的影响，这一结论与格雷宁和戈瑞（Greening and Gray，1994）等人的研究结果相似。

2. 制度压力的三个维度对员工社会责任行为和企业绩效的影响存在差异

首先，规制压力和规范压力对员工社会责任行为的影响程度相近，认知压力的影响程度较小。这个结果与赫斯和沃伦（Hess and Warren，2008）的结论不一致，赫斯和沃伦（2008）研究发现，制度压力中的规制压力对员工社会责任行为的影响程度最小，说明规制压力的影响力呈现出符号化的特征。此研究中出现的有疑义结论还需进行深入探讨，例如需要具体讨论环境因素的差异和企业性质的差异带来的影响。其次，制度压力中只有规制压力对企业绩效存在显著的正向影响，而规范压力和认知压力的影响不显著。这一结论与沈奇泰松（2010）的研究结果相似，说明规制压力对企业绩效的效用将强于规范压力和认知压力的效用，规制压力直接影响企业绩效，而规范压力和认知压力的影响是间接的、隐性的，需要通过员工社会责任行为等因素来体现。最后，员工社会责任行为在规制压力与企业绩效之间起中介作用。这一研究结果表明，无论企业对外界制度环境的认识程度如何，都需要加强对员工的重视程度，支持员工的合法权益和健康发展，提升自身的社会责任。无论企业的性质或影响力如何，都需要遵循一个标准，即承担社会责任，与自然环境、人文环境和谐共生（刘洪深等，2013）。

6.5　本　章　小　结

本章在对现有企业社会责任效应相关文献的核心观点进行梳理的基础上，从员工视角阐述了企业社会责任的内外部效应及其相互关系。然后，以员工忠诚度为中介变量，实证检验了企业履行员工社会责任对企业经济绩效的影响和企业员工社会责任行为与新生代员工工作行为的关系。

基于社会交换理论和社会认同理论，企业承担员工社会责任后，会对员工的忠诚度、敬业度等态度类变量产生影响，进而影响企业经济绩效和员工工作行为，使企业获得持续发展的动力，从而更高层次地实现外部效应。在企业社会责任效应中，实现内部效应是承担企业社会责任的根本动力所在。

关于民营企业新生代员工社会责任与企业绩效、员工工作行为的关系，本研究得到的结论是：民营企业切实有效履行员工社会责任通过新生代员工忠诚度对企业绩效产生显著影响；员工感知的企业社会责任与员工工作价值观和员工与个人—工作特征匹配等因素，通过员工敬业度变量对其工作行为产生显著影响。这些研究结论为我国民营企业履行员工社会责任提供决策支持，也为企业有效开展新生代员工绩效管理指明了方向。

从管理者角度分析制度环境、员工社会责任与企业绩效的关系，其中企业绩效包括了经营业绩和员工绩效。结果显示，制度压力的三个维度即规制压力、规范压力和认知压力均显著正向影响企业员工社会责任行为，但只有规制压力对企业绩效存在显著的正向影响作用。员工社会责任行为不仅显著正向影响企业绩效，而且在企业所感知的外部制度压力和企业绩效之间起到了重要的中介作用。

第 7 章

民营企业新生代员工
社会责任行为引导策略研究

伴随着不断优化的经济体制和社会环境，中国民营经济实现了健康成长和持续发展，民营企业的员工社会责任行为也呈现出良好态势。在改革开放初期，刚刚起步的民营经济处于生命周期的成长阶段，许多民营企业薄弱的经济基础决定了它们最关注的问题是生存，员工社会责任行为呈现出随意性和偶发性的特征（杜莹和刘珊珊，2012），企业员工经常遭遇加班工作、拖欠工资、福利缺乏等不合理待遇。到了 20 世纪 90 年代，民营企业的经济实力普遍增强，越来越多的企业意识到了只有适时满足员工的利益需求，才能调动员工的积极性，提升员工的责任心，为企业创造更多价值。但总体来说，我国企业社会责任刚刚引起理论界和实务界的关注，与国有企业相比，这一阶段民营企业对员工承担的社会责任存在许多不足。进入 21 世纪后，民营经济经过了几十年的发展，许多民营企业发生了一定的蜕变，成为现代企业制度的践行者。在承担员工社会责任方面，随着《劳动合同法》等相关法律法规不断出台和完善，越来越多的民营企业意识到适当承担员工社会责任能够增强企业的活力和竞争力，并涌现出万科、格力等社会责任典范企业。但是，众多中小民营企业对员工承担的社会责任仍存在缺失，特别是新生代员工较高的利益要求没能得到充分满足，影响了和谐劳动关系的建立。在此背景下，本书将对民营企业的新生代员工社会责任行为进行多维度透析，研究引导策略，指导其改善劳动关系，最终目的在于促进民营企业健康发展。

截至目前，学术界关于企业社会责任的履践机制主要有两种研究取向：一是基于经济学的立场，从经济理性的效率视角，认为企业社会责任行为是一种"开明的自利"行为（Frooman，1997）；二是基于制度理论的立场，从制度理性的合法性视角，认为企业社会责任行为是在强制、规范以及模仿机制的推动下发生的（薛天山，2016）。现有研究大多将员工社会责任涵盖在广义企业社会责任管理研究之中，宽泛的研究视角模糊了员工社会责任的自身行为机制，同时，由于研究样本或对象差异，民营企业新生代员工社会责任行为受哪些因素影响，仍然需要进一步加以探讨。

基于上述分析，本章将全面分析民营企业新生代员工社会责任行为的履践机制，并结合前面各章节得到的研究结论，提出相应的引导策略及具体措施。具体研究内容分为四部分：第一部分，分析民营企业新生代员工社会责任行为的履践机制；第二部分，从经济效率视角研究员工社会责任行为引导策略；第三部分，从合法性视角研究员工社会责任行为引导策略；第四部分，从传统文化视角研究员工社会责任行为引导策略。

7.1 民营企业新生代员工社会责任行为履践机制研究

7.1.1 民营企业新生代员工社会责任行为的驱动力分析

经过近 40 年的发展，民营经济已经成为社会主义市场经济的重要组成部分，在增加就业、改善民生、推动创新、企业家培养等方面发挥了巨大作用。人们也因此不再只是从经济绩效角度关注民营企业发展，而是从利益相关者的角度逐步提高对企业承担社会责任的要求。员工是企业的核心利益相关者，随着新生代员工不断进入职场，并成为主要力量，民营企业员工社会责任行为面临前所未有的挑战和压力。目前关于社会责任实现机制的研究成果较为丰富，员工社会责任包含于其中。基于此，借鉴相关研究范式并结合本书相关调查研究结论，将民营企业新生代员工社会责任驱动力从内外两方面进行分析，即内部直接驱动力和外部间接驱动力（见图 7.1）。

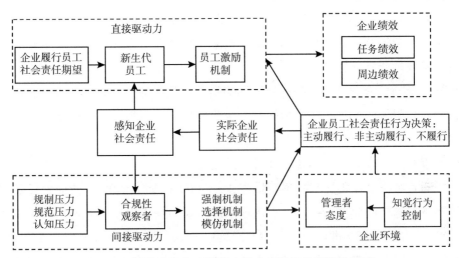

图 7.1　民营企业新生代员工社会责任行为的驱动模型

1. 直接驱动力——提升竞争力促进可持续发展

在依赖知识和创新制胜的今天，员工的主动性、创造性直接决定企业竞争能力，是企业可持续发展的动力所在。企业积极承担员工社会责任，适时满足员工的利益需求，有助于提升员工工作积极性。新生代员工大多具有较高的文化程度和较强的维权意识，出于满足自身健康安全、薪酬福利、职业规划等利益需求，对企业履行社会责任的范围和程度提出了更高要求。实践中，许多民营企业对员工社会责任认识不足，在"利润最大化"观念驱使下，对新生代员工的管理仍旧采用"经济人"或"直线"制管理假设与模式，忽视新生代员工的利益需求，导致人力资源管理难题不断涌现，进而影响企业效益的提升。不可否认，短期内企业履行员工社会责任会导致成本增加，但可以消除企业员工社会责任行为缺失带来的负面影响，如逆反心理行为的增加会导致更多的成本增加，风险规避、公平关切等心理契约也会使员工激励成本呈现出较大的不确定性等。本研究表明，新生代员工的忠诚度和执行力是企业最大的资产。员工感知到越多的企业社会责任，其敬业度和忠诚度就越高。因此，企业可以将承担员工社会责任作为改善人力资源状况的一种手段，为企业实现整体战略目标提供支持。

企业履行新生代员工社会责任还可以间接对企业绩效产生影响。波特和克雷默（Porter and Kramer，2006）认为企业社会责任活动能发挥出企业、员工与社会的共享价值，建立企业、员工与社会的共生关系，增加企业从社会上获取的资源，提升企业的竞争力。森和巴恰塔亚（Sen and Bhattacharya，2001）认为，企业社会责任的正面影响能够产生光环效应，对消费者的购买行为起到积极的推动作用。国际知名企业中流行"亏待员工，他将以一个次品回敬"的说法，所以履行员工社会责任有利于提升企业品牌和社会形象，从而提升企业竞争力，实现企业可持续发展。

随着经济全球化进程的不断推进，SA8000 和 ISO26000 等社会责任管理体系越来越被国际社会认可，也正逐步成为我国民营中小企业走向国际市场的障碍。追溯到 20 世纪 90 年代中期，我国南方地区的部分出口加工企业，相继发生多起员工权益侵害恶性事件，致使一些跨国公司开始在我国启动社会责任审核机制。据统计，近年来我国先后已有 8000 余家企业接受了跨国公司的 SA8000 社会责任审核，很多企业因达不到要求而痛失订单（喻剑利和曲波，2010）。民营企业只有提高新生代员工社会责任管理意识，对照国际标准积极履践响应，才能不断提升企业参与国际竞争的实力。

2. 间接驱动力——压力转化为动力促进可持续发展

（1）外部压力驱动力。沈奇泰松、蔡宁等（2012）的探索式案例研究发现，制度环境中的规制、规范和认知压力对企业社会战略反应和企业社会绩效存在正向影响。制度压力越大，企业就越倾向于主动履行社会责任行为；反之亦反（费显政等，2010）。"提升企业家地位、关注社会价值、争取政府支持、集聚优秀人才、规避发展风险"是民营企业社会责任行为动机（疏礼兵，2012），民营企业对员工承担的社会责任也应该存在相同的动机。

随着我国政府观念的转变，对待企业的态度由原来要求"利税最大化"这唯一经济责任转变为构建"社会、企业和生态和谐统一"的社会责任。为此，《公司法》《劳动合同法》等法律明确规定了员工权益的相关内容以及对企业相应的奖罚措施；《消费者权益保护法》等规定了消费者的权益及企业责任；《环境保护法》和《全民所有制工业法》要求企业合理利用资源并保护环境，促进社会可持续发展。同时，国际通用的 SA8000 标准体系的主要内容也主要与员工权益有关，国际贸易中对未达到 SA8000 标准体系要求的企业进行竞争性制约；员工对不认真履行相关员工责任的企业，可以通过与企业解除雇佣关系等手段加以制约；工会等非营利性组织则通过社会舆论等手段促使企业履行员工责任。企业若违反这些法律法规和体系，可能面临严重的经济损失。因此，企业履行员工社会责任会使企业、政府、社会之间形成良性互动，从而为企业的健康发展赢得良好的外部环境。

（2）声誉驱动力。声誉理论作为企业研究的新视角，被应用于管理学研究的许多领域，有关企业社会责任与企业声誉关系的研究成果正不断增加。其中已经被普遍接受和认可的结论有：企业社会责任对企业声誉产生积极影响，企业声誉又会进一步帮助企业获取竞争优势（汪凤桂和戴朝旭，2012）。卡罗尔和布克霍尔茨（Carroll and Buchholtz, 2008）认为企业社会责任是企业声誉的前导变量，可以加快利益相关者对企业的识别。从员工角度看，员工感知企业声誉对员工角色外行为具有显著影响（王文彬和李辉，2013）；员工感知的企业声誉越好，其组织情感承诺越高（刘郑一，2012）。因此，企业积极履行社会责任行为产生的良好企业信誉，将通过员工积极工作行为回馈于企业。

随着越来越多的新生代员工进入职场，员工为了保住自己的饭碗而对企业缺乏道德、信誉的行为不闻不问的时代将一去不复返。新生代员工对工作的期望不仅仅是一张"支票"，更希望自己的工作不仅给自身，也给同事和社会带来价值。所以企业一旦信誉缺失，不仅会造成人才流失，甚至会导致破产。"陈馅月饼"事件的冠生园和"三聚氰胺"事件的三鹿奶粉，是我国非常有名的两大民营企业，却因为社会责任事件使企业建立的"信誉大楼"轰然倒塌。新生代员工素质水平随着社会的进步而提升，因此在选择企业时也会考虑该企业是否有责任心，尤如谈恋爱选择对象一样，他（她）的人品作为首选要素，其他条件作为辅助。战略性的员工社会责任行为会提升企业美誉度和知名度，从而在市场上形成人力资源管理优势，留住现有员工，吸引新员工，进而提升企业竞争力。2012 年《财富》杂志对中国企业高层管理者关于社会责任观的调查显示，企业履行社会责任主要驱动力之一，是为了提升企业在社会上的形象和声誉。

7.1.2 民营企业新生代员工社会责任管理类型分析

由于内外因素的影响和企业管理者对法律规范的取舍，企业社会责任管理思路客观上表现出不同的类型，本研究将民营企业新生代员工社会责任管理类型划分为主动型、被动型和激励型三种（彭荷芳和陆玉梅，2015）。企业在承担员工社会责任的时候，要准确把握不同发展阶段企业的实力，不能过少承担，也不要超过企业能力过多承担。一般而言，在发展初期，企业只需承担员工的基本保障责任，如提高基本的劳动保护安全责任；当发展到一定阶段，才开始承担员工的成就需要责任，如开展员工职业培训；承担员工职业发展与参与治理责任，则需要等到企业发展到成熟阶段。

1. "主动型"社会责任行为

企业的战略目标是获得消费者、投资者等主要利益相关者的认可和支持，这些都需要优秀的人力资源团队来完成，而新生代员工通常都希望在一个拥有共同的优良价值观和道德观的企业里工作，因此，"主动型"员工社会责任行为不仅会对新生代员工产生吸引力，还能进一步助力企业实现战略目标。另外，中国经济新常态下民营企业要实现可持续发展就必须创新，而作为中坚力量的新生代员工的创新是组织获得和维持竞争优势的重要来源，这也使得企业主动履行员工社会责任成为可能。实践中，"主动型"履行社会责任的民营企业，首先要有效辨识新生代员工的利益需求，然后科学设计员工激励机制，才能使所履行的员工社会责任等于或大于新生代员工期望值，进而通过多种途径切实提升企业经济效益。

2. "被动型"社会责任行为

"被动型"履行社会责任的民营企业，一般会以现行法律法规作为行为底线，给新生代员工提供合理的报酬、安全的工作环境等工作条件。外部间接驱动力为企业履行"被动型"社会责任提供保障，政府部门、社会组织是民营企业新生代员工社会责任行为的引导者、推动者、制定者、监督者。例如，政府可以制定更完善的法律法规或对现有的法规进行修订，构建符合我国国情的员工社会责任评价体系，健全监督机构（工会、协会），加大对失信企业的处罚力度；积极利用非政府组织的社会监督功能，如媒体对好的行为进行宣传，对不良行为进行披露，发挥行业协会的约束、教育与管理作用，推动员工社会责任更好地被履行。可见，"被动型"履行社会责任是指民营企业在外在压力作用下承担规定的员工社会责任，能够保障新生代员工的基本权益，可以在一定程度上优化企业劳动关系。

3. "激励型"社会责任行为

这是在"主动型"和"被动型"基础上，基于声誉管理的员工社会责任行为类型。"激励型"履行社会责任的企业，将在更高层次和更广阔的范围内承担对新生代员工的社会责任。这将有助于企业获得良好声誉，进而得到政府和社会的认可，吸引优秀员工加入并留住高素质员工，形成企业与员工发展的良性循环。新生代员工比以往员工更具有社会责任感，大多数会优先选择社会形象良好的企业，因为企业声誉良好会让员工获得心理上的满足感和荣誉感。因此，"激励型"履行社会责任的民营企业应该作为同类企业的标杆和企业履责实践的引领者，需要政府和社会组织积极引导、鼓励和大力宣传。

7.2　从经济效率视角研究员工社会责任行为引导策略

民营企业中新生代员工所具有的高成就导向与自我导向，注重工作意义和乐趣、工作自主性及不喜欢循规蹈矩等工作特质，表现出清晰和明确的创新导向价值观。他们对具有明显挑战性和创新意义、需要团队协作才能完成的高报酬工作有着强烈的期望。根据期望激励理论，只有当民营企业承担的员工社会责任与使新生代员工真正感受到的效用和责任行为前产生的期望相吻合，才能激发其更高的企业忠诚度和更多创新行为，提高民营企业的核心竞争力。这里的效用可以看作是报酬的内外价值全部物质化为经济报酬后的效用。本书第 5 章中我们主要研究了由诱导因素所激发的民营企业激励机制在强度方面的控制规则，如绩效激励、团队激励等，属于行为幅度制度方面的内容。而本部分探讨如何采取有效的引导策略促进新生代员工的期望价值与民营企业实施的员工责任行为相一致，属于行为导向制度方面的内容。这两方面同属激励机制中的两个重要组成部分，相辅相成，不可分割。

7.2.1 模型构建

新生代员工越来越高的利益要求与民营企业缺失的社会责任行为之间的矛盾，导致企业人力资源管理问题频发。按照"主动型"履行社会责任的内涵要求，企业必须积极主动地弥补履行社会责任与员工期望值之间的差距（缺口），为此，借鉴帕拉休拉曼、泽丝曼尔和贝里（Parasuraman，Zeithaml and Berry，PZB）的 SERVQUAL（服务质量评价）模型（1985），针对民营企业履行员工社会责任水平与新生代员工的期望值之间产生的差距（缺口）进行有效管理，如图 7.2 所示。

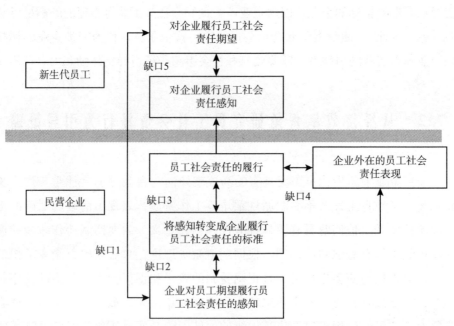

图 7.2 经济效率视角下员工社会责任行为模型

缺口 1 是新生代员工对员工社会责任的期望与民营企业对员工期望的感知之间的差距。它是由于民营企业不能够完全了解新生代员工对企业员工社会责任行为的期望而产生的，如新生代员工希望企业能够给他们提供个性化培训，但企业却按统一的"填鸭式"模式对其进行培训。这种缺口在我国所有企业中普遍存在，要消除这一缺口，企业可更好地履行员工社会责任。民营企业应注重研究更适用于新生代员工的沟通方式，如由原来的直线制管理改变为扁平化管理，让员工有机会反映自身的利益需求。

缺口 2 是民营企业未能将感知的员工社会责任期望转化成实际的员工社会责任标准。该缺口发生是由于企业对于更好地履行员工社会责任缺乏承诺，或是觉得要履行符合新生代员工期望的社会责任根本不可能。要消除这一缺口，企业应参照行业标杆企业或平均水平，将员工社会责任目标化，并以相应的条款呈现，作为履践责任的依据。

缺口 3 是企业实际履行的员工社会责任与企业承诺的员工社会责任标准之间的差距。企业承诺实施的绩效工资没有实行、工作环境较恶劣、工作时间超长休息时间超短、培训不足、岗位不适以及企业社会形象较差等均可能造成该缺口的产生。这一缺口既可以通过制度压力加以约束，也可通过模仿标杆企业的做法加以弥补。

缺口 4 是企业对外展示的员工社会责任行为与企业实际承担的员工社会责任之间的差距。在当今信息时代，企业承担员工社会责任的内外表现不一致则很容易被揭穿，这会引起新生代员工不满，甚至出现反生产行为。

缺口 5 是员工社会责任实际缺口，即员工期望的员工社会责任与企业实际履行的员工社会责任的实际感知之间的差距，直接影响员工社会责任激励效果。缺口 5 受前面 4 个缺口的影响，因此，缩短或消除前面产生的 4 个差距，有助于弥补缺口 5。

7.2.2　策略分析

1. 转变民营企业的人力资源管理观念

中国民营经济在发展初期是在"夹缝"中求生存，民营企业以获取经济利益为首要任务。经过几十年的快速发展，中国民营经济已经成为国民经济的重要组成部分，民营企业的经营理念和发展格局均应该适度提升。就承担员工社会责任而言，就是要从根本上为企业承担社会责任清除"路障"，从人力资源角度需予以重新定位，实施现代的"战略性"人力资源管理，将人力资源的开发、员工社会责任行为决策与企业发展战略相结合（王君毅，2013）。具体而言可采取以下措施：

（1）树立"人才第一"的现代人力资源管理观念。民营企业的创新发展离不开人才的创造与努力，树立"人才第一"观念才能使企业不断注入发展活力。"人才第一"观念需要通过恰当地制定人才开发和使用的基本方针和政策加以落实，从而有效降低新生代员工人才开发和使用的盲目性、随意性。此外，企业还需要建立"以人为本"的企业文化，为新生代员工施展才华搭建平台，来不断吸引人才、尊重人才、留住人才，实现人才兴企。

（2）建立学习型企业，促进人才资本自我优化。企业应充分认识到新生代员工在特定环境中可以"增值"也可以"贬值"的特性，创造条件帮助员工不断提升自身价值。一方面在民营企业内部建立"学习型"组织，基于项目管理为新生代员工提供工作交流机会，并注重营造有利于员工增长技能、验证知识的宽松环境；另一方面，大力加强培训和继续教育，鼓励新生代员工坚持学习，使员工知识快速更新。对于企业的高级人才，应为其量身定制职业生涯发展规划，根据企业的人力资源战略确定他们的专业能力和职务职称的提升路径。

（3）将人力资源管理制度体系化。为了将新的人力资源管理观念落到实处，需要制定诸如考核评估、薪酬福利、激励约束和教育培训等方面的制度体系，并严格遵照执行。在日常管理活动当中，要建立各种制度政策实施效果反馈机制，让新生代员工有更多的机会参与到制度优化建设中，在互动中激发新生代员工的工作热情和创造性。

2. 构建富有挑战性的员工长期责任激励机制

一般而言，刚刚进入职场的新生代员工首先面临经济独立的压力，而"80后"员工则面临养家糊口的生活压力，企业提高薪酬、福利等显性激励强度，有助于缓解他们面临的各种压力，实现生存为始的工作目标（杨涛等，2015）。然而，本研究表明，新生代员工拥有较前辈们更高的利益需求和成就动机，具有"长—短期导向"的文化特质，印证了神经经济学的一个著名论断（Weber and Johnson，2008），即尽管物质性目的（生存与经济福利）在经济性激励塑造个体行为的过程中发挥着重要作用，但是，个体会更注重组织对个人能力与努力的认可及自己对自我实现与自我超越的追求。因此，民营企业要改变短期导向的绩效和激励结构，积极构建富有挑战性的员工责任激励机制，引导新生代员工塑造健康的工作价值观，将员工的发展与组织的成长统一起来，在激励员工的同时实现企业发展壮大。根据前面的研究结论，我们认为民营企业构建长期员工责任激励机制的具体做法有。

（1）对企业的社会责任激励进行重新定位。民营企业应该认识到对员工承担社会责任不仅是企业社会责任的重要组成部分，能够提升企业的外部形象，更能提高员工的团队协作精神，是一种有效的激励手段，有利于企业的长远发展。因此，企业在思想上要重视员工责任激励，不应仅把员工责任看作"责任"，更要把员工责任看作是一种重要的社会资本，甚至作为核心竞争力来培养。在建立员工责任激励机制的过程中，应致力于"以人为本"的文化建设，在给予员工基本工资的基础上更多地通过精神激励的方式增加员工责任投入以加强团队协作。具体精神激励方式可以包括晋升、享受闲暇、授权、与团队成员情感认同、自我发展的实现等。这样不仅能提高员工的工作努力程度，增强员工的绩效分享，也能增大企业本身的经济效益，是一种"双赢"的投资决策。

（2）以项目为基础、以团队为载体实施责任激励。民营企业应该以项目为抓手建立工作团队，鼓励更多的新生代员工参与工作团队，并使得团队规模保持在一定水平。另外，培养新生代员工积极进取的创新精神，对员工的"失败"有一定的容忍度，从而降低员工的风险成本。这样做能使企业员工责任的激励绩效更加明显，也能显著提高企业的预期收益。值得注意的是，在协作效应较强的团队中进行员工责任投入能产生更大的激励效应。因此，企业应该努力协调企业、工作团队和团队员工的关系，通过建立通畅的沟通渠道来实现团队成员间充分的信息共享，鼓励新生代员工提高团队意识，从而产生更大的团队协作效应。在此基础上再投入员工责任激励能获得更大的绩效提升。

（3）降低企业责任激励成本、提升投入动力。高昂的责任成本是许多企业不愿进行员工责任投入的根本原因，也严重影响责任激励的效果。解决这一问题仅靠民营企业自身是无法完全解决的，政府或行业组织应加大宣传，促进企业积极履行员工责任，同时应该组织制定客观的企业员工责任评价体系，健全监督机制，对致力于员工责任投入的企业，通过物质奖励、提高声誉等方式降低企业责任单位成本，增强其员工责任投入的动力。

（4）关注新生代员工的心理影响因素。本研究发现，新生代员工的横向公平关切敏感度也会对企业责任激励的效果产生重要影响。因此，企业首先应该从日常管理的机制优化、程序公开、制度透明等方面入手，倡导公开、公正、公平的组织氛围；同时，企业应充分关注员工心理状态的变化，通过知识讲座、培训、内部宣传等方式对新生代员工进行心理疏导，从而使员工对他人收益的公平关切程度尽量保持在较低水平。在这样的环境下实施责任激励才能实现企业价值最大化。与此同时，新生代员工自身应积极培养个人自豪感，认识到自我行动的重要性，只有主动加强自身努力和与其他成员协作，才能使自己获得更多的责任激励和物质奖励，实现自身价值最大化。而不应过分着眼于别人的报酬是否高于自己，这种嫉妒心理反而会降低努力程度，减少绩效奖励额度，同样也不利于企业价值的实现。

3. "国内依法，国际接轨"构建新生代员工社会责任体系

民营企业是否切实履行了对员工利益保障的责任以及履行此类职责的程度如何，需要通过一系列指标的计算来衡量，而构建新生代员工社会责任体系是评估企业社会责任履践水平的前提。基于本研究，所构建的民营企业新生代员工社会责任体系，不仅要反映当前国际上企业社会责任运动中众多"生产守则"对企业履行社会责任的共同要求，还要能贴近我国民营企业现实，反映新生代员工的普遍客观要求。

具体而言，民营企业应当严格遵守《劳动合同法》《安全生产法》、SA8000 和 ISO26000 等国家有关劳动法律法规的相关规定，保障新生代员工的就业权、劳动报酬权、休息获假权等基本权利，严格恪守不使用童工、不强迫劳动、不超时加班等基本准则。注重改善员工工作场所的劳动条件，建

立完善的员工安全生产保障体系，避免发生劳动安全事故，做好职业危险防护，保障员工安全生产作业。在保障员工基本权益基础上，进一步扩大新生代员工参与民主管理的范围，例如在民营企业规章制度和劳动纪律制定过程中请新生代员工参与讨论，并在制度出台前征求员工意见（崔丽，2013）。

4. 优化企业承担员工社会责任的组织保障体系

企业自身的相关组织保障是影响其员工社会责任决策和履践效果的重要条件（王君毅，2013）。对于大多数民营企业而言，通常不存在员工参与公司治理以及与董事会共商共决的机制和载体，特别是那些初始创业或处于成长期的民营企业，人力资源管理部门代表员工就社会责任承担与董事会进行谈判，将直接影响企业员工社会责任策略选择（陆玉梅等，2014）。更进一步地，还需要企业的人力资源管理部门从组织角度来保证企业落实员工社会责任。

优化企业承担员工社会责任的组织保障体系，需要做好以下两方面的工作：一是发挥人力资源管理部门在企业员工社会责任决策和执行中的作用；二是搞好企业职工委员会（工会）的建设。其中，工会组织的建设注重加强企业与员工的感情联络，多从思想教育角度开展工作。相比工会组织，人力资源管理部门具有更多的管理职能，应注重优化员工社会责任决策和执行策略。首先，将人力资源的开发与管理活动与企业战略相结合，尽可能地论证企业员工社会责任投入与产出的关系，提供充分的信息去寻求董事会的战略选择支持；其次，在日常管理活动当中做好协调工作，在既定的社会责任投入下，不断提升产出率，对外树立良好的企业形象。

5. 建立民营企业社会责任危机预警与处理体系

企业无论怎样规划与管理，都无法避免企业社会责任危机的发生，因此，需要建立危机预警与处理体系，及时处理各种突发情况。民营企业首先要树立社会责任危机意识，并建立员工社会责任危机预警与处理体系，注重收集新生代员工利益要求相关信息，分析企业员工社会责任行为现状与行为效果，预测企业的不当社会责任行为可能产生的负面影响，并制定相应的改善措施。

具体而言，民营企业可以在传统的财务危机预警体系中融入新生代员工社会责任投入方面的内容。例如，选取与新生代员工责任相关联的财务指标

（如新生代员工年均工资数、新生代员工年均绩效奖金数、年均培训数等），采用学术界常用的社会责任贡献法来计量企业对新生代员工的社会责任分值，并根据同类企业的相应数据设置预警标准，超过此标准即自动报警。以此定量方法来预测民营企业陷入员工责任危机的概率，提前制定改善新生代员工工作条件的相应措施。

7.3　从合规性视角研究员工社会责任行为引导策略

7.3.1　模型构建

制度压力作用于民营企业员工社会责任行为决策的重要方式是合法性机制，即在法律法规、文化传统和社会规范等制度力量的作用下，企业采纳或接受符合预期的恰当行为。现阶段，民营企业的经济属性及其特殊的处境，决定了其难以纯粹出于道德动因承担社会责任，经济动因的驱动力也存在各种限制与障碍。同时，尽管中国的市场化进程取得了巨大进步，但在特殊的转型经济背景下，政府和社会组织对民营企业的影响仍然无处不在（彭荷芳等，2016）。因此，从制度理论出发可以更好地理解企业社会责任范围及其驱动策略。本研究借鉴了郭跃进等（2013）的做法，分析了民营企业新生代员工社会责任行为机理（见图 7.3）。

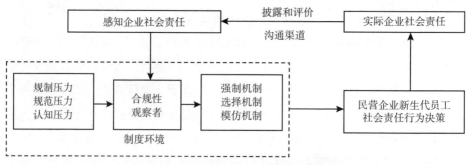

图 7.3　合法性视角下员工社会责任行为模型

从图 7.3 中可以看出，合法性机制对民营企业新生代员工社会责任行为决策的作用路径如下：政府部门和社会组织通过法律法规、文化传统和社会规范等形成制度压力；相关部门或机构的企业社会责任行为合规性观察者，根据企业的社会责任履践状况判断其行为态度和结果；在与参照标准体系进行比较的基础上，通过合法性机制来影响企业行为，产生协同、系统性作用。该模型的关键节点在于民营企业员工社会责任行为的合规性观察者，模型有效运行的前提是合规性观察者能够清晰认知企业责任的实际情况。然而，面广量大的民营中小企业，增加了合规性观察者对企业社会责任信息的了解难度，加之有些合规性观察者不具有执法权，需要通过改善信息传递途径和方式，来尽可能对企业社会责任行为进行客观判断。

在三种合法性机制中，基于规制压力的强制机制对民营企业员工社会责任行为决策最具影响力，尽管国内相关法律法规还在不断修订完善，仍需紧跟时代步伐、接轨国际，但合规性观察者所具有的执法权或行政权使得强制机制的实施得以保障。选择机制的作用大多在企业员工社会责任行为与合法性观察者的期望不一致时显现，当新生代员工利益要求无法满足而产生负面效应时，企业合法性观察者将会采取拒绝购买企业产品、提高企业融资成本和原材料成本等一系列遏制行为，对企业施加规范压力。当小微民营企业对员工社会责任行为认识不深刻时，可以通过模仿那些已经成功的企业获得合法性。为了更好地实现模仿机制，相关机构或部门应该对新生代员工社会责任体系进行清晰定义，对社会责任履行状况较好企业的那些容易看到的、易于定义的行为进行宣传。

7.3.2　策略分析

随着我国法制建设和精神文明建设步伐的不断加快以及市场经济运行规则的日益完善，组织合法性需要正逐渐成为民营企业履行新生代员工社会责任的制度层面驱动因素。基于图 7.3 的合法性视角下员工社会责任行为模型，要想促进民营企业积极承担新生代员工社会责任，需要从以下几个方面进行制度安排或优化设计。

1. 完善企业员工社会责任相关政策法规

新生代员工逐步进入职场，在为企业人力资源管理带来新问题的同时，对员工社会责任相关政策法规也提出了挑战。原有的企业社会责任相关法律法规，已经难以满足新生代员工的利益要求，需要与时俱进地加以优化完善。以《劳动合同法》为例，尽管对企业员工的许多权益加以了界定并提出了最低保障标准，但执法力度不够，影响了法律效力（于飞，2014）。只有明晰执法细则，明确相应的激励机制，严格执行不良行为的曝光和惩处措施，才会对企业起到震慑作用，切实发挥法律条款的作用。另外，新生代员工乐于从互联网获取信息，有关部门应针对这一特征，开辟网络维权渠道，降低维权成本，提高执法效果。

2. 鼓励非营利组织良性发展

在本研究构建的合法性视角下员工社会责任行为的模型中，选择机制需要通过非政府组织和团体作用于民营企业。选择机制要求民营企业的员工社会责任行为与社会公众的共同价值观和道德规范保持一致，企业违背常规并不会像违背法律一样受到制裁，但非政府组织或团体会通过其影响力降低企业的声誉，使企业失去发展的基础。此外，当现有的法规政策不能适应新生代员工的社会责任需求时，非政府组织和团体还可以通过对政府部门施加压力，促使其出台新政或修订旧规，间接推动企业社会责任的发展（毕楠，2012）。因此，应鼓励非营利组织良性发展，特别应注重发挥行业协会和工会的作用，这些组织能够全面掌握新生代员工的工作状况，与民营企业实施协同战略，共同提升员工社会责任的履践效果。

3. 重视加强行业的内部治理

根据合法性视角下员工社会责任行为模型的模仿机制，每一个行业的标杆企业或典范企业，会影响其他企业对员工社会责任行为的认知，甚至会影响其员工社会责任行为决策。因此，应就企业员工社会责任行为加强行业的内部治理。面对新生代员工的高规格利益要求，行业领头企业应加强研究与探索，在实践中树立标杆形象，并借助行业协会等平台对外展示，以触发场域环境中其他企业的学习和模仿效应，激发更大范围内企业员工社会责任履践水平的提升。此外，应当注重发挥国有及国有控股企业在承担社会责任方面的表率作用，因为社会主义国家的国有企业一直担负着社会责任，积累了大量履践经验，应该在同行业内成为践行员工社会责任的引领者。

4. 优化企业社会责任披露、评价体系

从图 7.3 中可以看出，合规性观察者基于客观信息对企业员工社会责任行为进行正确评价尤为关键。实践中，因中小民营企业数量庞大、分布不均，致使信息收集成本高、时间长，影响评价的准确性和时效性。另外，合规性观察者与企业之间存在严重的信息不对称，也会带来许多负面影响。因此，正确感知企业新生代员工社会责任履践情况，需要改进企业社会责任披露制度、评价制度和披露渠道。首先，建立企业员工社会责任行为披露制度，让企业对于披露什么、何时披露、何地披露等事项有章可循，并增加企业间的可比性；其次，建立企业员工社会责任行为评价制度，为合规性观察者、新生代员工、社会公众考量企业社会责任履行状况提供评价标准，并适时公布评价结果；最后，建立企业员工社会责任披露渠道，在"互联网 +"时代，针对新生代员工特性，在传统媒体基础上增加网上披露平台，便于适时查询。

7.4　从传统文化视角研究员工社会责任行为引导策略

7.4.1　理论依据

企业社会责任的概念和实践虽然源于西方，但是不管是在我国古代诸子百家的古典文籍中，还是在当前我国以人为本构建和谐社会的基本国策中，都蕴含着企业社会责任的思想渊源（冯臻，2010）。经过多年的引导和宣传，我国民营企业家已经逐步树立企业社会责任观念，民营企业的社会责任实践运动也得到了长足发展（施星辉，2003）。然而，在国家经济体制转变、社会价值体系转型的特殊发展背景下，在社会公众的社会责任意识普遍提高的条件下，民营企业需要立足于中国传统文化并结合自身情况，进一步提升员工社会责任决策科学性和履践水平。

黄蕾（2009）基于"义"和"利"这对中国传统文化中的典型概念，将中国企业员工社会责任管理类型进行了划分（见表7.1），四种类型从"义利对立"逐步过渡到"义利共生"。尽管目前大多数民营企业处于义利共存状态，但企业实施员工社会责任管理的终极目的在于，将经济责任的"利"与社会责任"义"统一起来，实现企业的义利共生状态（欧阳润平，2000）。

表 7.1   中国企业员工社会责任管理类型

类型	内涵	具体表现
义利对立	否认社会责任	不为员工购买"五险一金"
义利共存	谋利而不损义、循义而不损利	以法律要求最低标准为所有员工购买"五险一金"，缴费比例为最低缴费比例
		以所在城市平均工资为所有员工购买"五险一金"，缴费比例为最低缴费比例
		根据实际工资总额为所有员工购买"五险一金"，缴费比例为最低缴费比例
义利共融	谋利必先谋义	根据法律规定为所有员工购买"五险一金"，以高于法定标准的缴费比例缴费
义利共生	谋义不为谋利而利自生	完全根据法律规定为所有员工购买"五险一金"，以最高比例交纳费用

尽管7.3小节提出制度压力是促进民营企业履行员工社会责任的重要因素，但很多民营企业对《劳动合同法》等法律法规所采取的被动或敷衍态度让我们意识到，正式制度在很多情形下存在失灵现象。表面上看是法律法规执行力度不够或者企业管理者怀有侥幸心理，究其根本，是整个国家在经济社会转型过程中没有形成新的责任伦理体系，这种体系亟待基于传统文化加以构建。在基于中国传统"义""利"观念构建的企业员工社会责任管理类型中，根据当前中国社会和企业发展的现实状况，在2020年以前倡导民营企业实施义利共存型管理方式（黄蕾，2009）。当然，对于那些经济实力和

道德实力较强的企业，可以选择更高层次的责任管理类型，最终朝着义利共生型员工社会责任行为方向努力。

7.4.2　策略分析

民营企业的员工社会责任管理活动并不是独立存在的，而是扎根于中国传统文化的土壤上，并且需要企业内外各种力量的保障、监督和配合。下面从高层管理者的价值观、企业的社会责任文化、政府的监管与推动、社会公众的权利意识等方面展开分析。

1. 提升高层管理者的道德素养

中国传统文化是中国 5000 年发展历史中各种思想文化、观念形态的总体表征。但自五四运动以来，中国传统文化对经济社会发展的促动作用被忽略，需要重新找回来，进而接续社会责任的文化传统基因（辛杰和于俊军，2014）。其中，"义利统一"对于当今企业履践社会责任有着很好的启示。民营企业的高层管理者行使企业的决策权，他们的道德素养决定了企业"义"与"利"的关系，相应决定了企业员工社会责任决策取向。党的十八大召开以来，中国社会正在形成共有的信仰和价值观体系。以此为契机，政府部门和社会组织可以通过培训方式，提升民营企业高层管理者特别是民营企业家的道德素养，并积极搭建平台请企业高层管理者就企业社会责任加强交流，逐步构建适应新时期经济社会发展的责任伦理体系。

2. 塑造民营企业的社会责任文化

社会责任文化是企业在长期的社会责任履践过程中形成的社会责任行为方式、价值标准和道德规范（辛杰，2010），构成了企业社会责任有效运行的内在驱动力。就员工社会责任而言，民营企业应该汲取传统文化中的社会责任基因，制订一个由公司高层领导认可和支持的伦理计划，并有企业员工参与计划的实施。当然，若想真正促进民营企业由被动履行社会责任转化到主动承担社会责任义务，企业员工也要自觉加强自身的博弈优势，或者通过加强工会力量以维护企业员工的切实利益（陆玉梅等，2014）。

3. 加强政府部门的引导与推动

政府部门除了出台相关法律法规和标准体系来约束企业的员工社会责任行为之外，还可以积极营造倡导企业履行社会责任的外部环境。为了引导民营企业积极承担员工社会责任，可以通过评选年度最佳企业社会责任雇主等活动，切实助力上榜企业提升企业声誉，形成示范效应。同时，通过教育的手段来推动民营企业社会责任运动，如从中国传统文化中可借鉴和谐发展、义利统一、内圣外王等优秀的企业社会责任思想，加以宣传和推介。在推介和宣传过程中，邀请企业家、员工参与活动，提升活动效果。

4. 增强社会公众的权利意识

本研究对有关民营企业员工社会责任影响因素的探索性调查分析发现，外向型企业或上市公司普遍能够积极承担社会责任，这就意味着社会公众的关注和责任型消费者行为有助于促进企业承担社会责任。然而，社会公众和消费者的社会责任提升需要加以引导，因此，应当由政府部门或非政府组织搭建中国传统文化论坛、企业社会责任研讨等平台，向社会公众传播企业社会责任思想，影响民众的购买行为。当越来越多的责任型消费者出现时，可以从价值链的后端敦促企业履践社会责任。新生代员工则应该利用自身素质较高的优势，不断提高自身维权意识，学会运用法律武器或舆论力量捍卫自身权利。

7.5　本　章　小　结

本章根据现有关于社会责任驱动机制的研究以及前面相关调查研究结论，构建了民营企业新生代员工社会责任行为的驱动模型，在此基础上详细分析了民营企业履行新生代员工社会责任过程中发挥的经济理性和制度理性，然后从经济效率、合法性机制和传统文化挖掘角度研究了民营企业新生代员工社会责任行为引导策略。

在经济全球化和我国产业结构大调整的形势下，我国民营企业要适应全球可持续发展，必须从人力资源资本战略高度进行新生代员工社会责任行为决策。通过履行战略性员工社会责任可以使民营企业更好地满足新生代员工需求，实现企业人力资源与组织战略目标相匹配，从而获取竞争优势，最终实现民营企业的可持续发展。

对于面广量大的民营企业尤其是中小民营企业而言，基于制度理性的合法性机制激励约束框架，可以更好地促进它们履行新生代员工社会责任。当企业感受到《劳动合同法》等法律法规带来的合法性压力时，应结合自身发展阶段，按照自己的方式履行社会责任。当然，也需要社会组织发挥作用，落实选择机制和模仿机制。

中国传统文化对经济社会发展的促动作用在被国人忽视的同时，却被日本、韩国等国家用来实现经济腾飞，因此，我们应该重新找回来并接续社会责任的文化传统基因。基于传统文化视角的员工社会责任行为引导策略，可以通过提升高层管理者的道德素养、塑造民营企业的社会责任文化、加强政府部门的引导与推动、增强社会公众的权利意识等方式实现。

第 8 章

结论和展望

8.1 主要研究结论

本研究以民营企业为对象，针对新生代员工的利益需求和工作价值观特征，以增加企业履行员工社会责任的行为意愿和能力为目标，研究了民营企业新生代员工社会责任行为的决策机制、履践效应与引导策略。

研究首先通过文献回顾的方式综述了新生代员工特性及其职场代际差异、员工视角下的企业社会责任行为表征和民营企业员工社会责任的影响因素；然后分别聚焦于新生代员工和民营企业，采用扎根理论、计划行为理论等多种方法刻画了新生代员工利益需求、工作价值观及工作行为等方面的显著特点，并测度了民营企业社会责任行为的维度与特征，剖析了民营企业新生代员工社会责任行为各影响因素之间的相互关系；接着以企业承担员工社会责任会产生激励效应为前提，提出"员工责任激励"概念，设计了基于团队协作效应的民营企业员工责任激励机制和"标尺竞争"机制，探讨了新生代员工风险规避、横向公平关切等特殊心理契约对激励效果的调节作用；然后进行实证研究，采用多元回归和结构方程方法，实证检验了企业履行新生代员工社会责任的决策机制和内外部效应，并考察了民营企业员工社会责任行为在其影响因素与企业绩效之间承担的角色，最后，结合各章节的研究发现和得出的研究结论，从经济效率视角、合法性视角、传统文化视角，分别研究了民营企业员工社会责任行为的引导策略。

本研究得出的主要结论有：

（1）成长环境的不同使得民营企业新生代员工的利益要求和工作价值观与老一代员工形成了鲜明的代际差异，并且没有得到很好地满足。与玛汉·坦姆仆（Mahen Tampoe）的知识型员工需求模型所得出的结果有所不同，我国新生代员工需求要素的重要性程度排列顺序是：个人成长＞环境支撑＞业务成就＞工作自主＞金钱财富，尽管金钱财富要素排名最后，但新生代员工对薪酬因素的重要性认可度仍然十分显著；自我表达、物质环境、社会关系、自我发展、创新意识因素共同构建了新生代员工的工作价值观结构，其对员工工作行为的机理过程可以用"工作价值观—自我感知的工作状态—工作态度—工作行为"的理论模型来表达。实践中，民营企业的新生代员工普遍存在工作时间长、工作压力大、工作稳定性偏低、工作满意度不高等问题，导致他们敬业度不高、工作行为有待进一步引导。

（2）民营企业新生代员工社会责任总体履践水平不高，且存在较大差异；管理者行为态度、主观规范、知觉行为控制显著影响民营企业新生代员工社会责任行为意愿与行为决策。以江苏省制造业民营上市公司为对象，从技术性 CSR（投资者、债权人、政府、员工、消费者、供应商）和制度性 CSR（社会和资源环境）两个方面、8 个维度来测量他们的社会责任表现。就不同利益相关者的重要性而言，江苏省民营企业承担社会责任的顺序依次为：股东和债权人责任、政府和消费者责任、供应商和环境责任、员工责任、慈善责任。员工责任总体履践水平不高，且存在较大差异。探索性分析和实证检验发现，主观规范和知觉行为控制因素对管理者行为态度影响显著，行为态度、主观规范、知觉行为控制等因素通过行为意愿间接影响民营企业员工社会责任行为决策，知觉行为控制对民营企业员工社会责任行为决策的影响机理较为复杂且在三类因素中影响程度最大。要想促进民营企业积极承担新生代员工社会责任，应该注重提升民营企业管理者的员工社会责任认知，加大民营企业履行新生代员工社会责任的外部压力，提高民营企业履行新生代员工社会责任的能力。

（3）民营企业承担员工社会责任会产生激励效应，新生代员工的特殊心理契约以及团队规模等重要因素对员工责任激励效果具有调节作用。民营企业的激励机制由诱导因素集合、行为导向制度、行为幅度制度以及行为归化制度四部分组成；在民营企业中引入"标尺竞争"机制不仅可以激发新生代员工投入更多的努力，而且可以降低企业代理成本，提高企业总效用；在团队员工责任激励机制中，只有初始协作效应不是非常大且团队规模一定时，责任激励机制才能发挥作用；与一般激励机制相比，只要员工责任成本不是过高，企业员工责任激励机制总能显著提升员工的两类努力、新生代员工的个人单位绩效奖励以及团队期望总收益；民营企业的员工责任投入与新生代员工风险规避程度负相关，与团队规模正相关；民营企业实施员工责任激励机制的单位绩效增量随横向员工公平关切度的上升而下降，团队期望收益的增量则随员工公平关切度的增大先上升后下降。

（4）民营企业切实有效履行员工社会责任通过新生代员工忠诚度、敬业度等态度类变量对企业绩效、员工工作行为均产生显著影响。具体而言，员工生理需求责任、安全需求责任、社会需求责任、自我实现需求责任均会正向影响员工忠诚度。有趣的是，安全需求对员工忠诚度的影响并不明显，员工忠诚度对企业绩效有显著正向影响；企业员工社会责任行为能够通过员工敬业度影响其工作行为；民营企业对员工承担的社会责任行为还受到外界制度环境的驱动，制度压力的三个维度（规制压力、规范压力和认知压力）均对员工社会责任行为存在显著的正向影响作用，但三个维度对员工社会责任行为和企业绩效的影响存在一定的差异，规制压力和规范压力对员工社会责任行为的影响程度相近，认知压力的影响程度较小；制度压力对员工社会责任行为的影响程度要高于其对企业绩效的影响。

（5）民营企业新生代员工社会责任行为可以分为"主动型""被动型""激励型"三种，进而从经济效率、制度合法性、传统文化嵌入视角提出员工社会责任行为引导策略。民营企业新生代员工社会责任驱动力可以分为内部直接驱动力和外部间接驱动力两个方面，其履行社会责任的动机可以分为"主动型""被动型""激励型"三种主要类型：主动型履行要求从经济效率的视角弥补社会责任与员工期望值之间的缺口，员工责任引导策略应该从树立起现代人力资源观念、积极构建富有挑战性的员工长期责任激励机制、优化企业承担员工社会责任的组织保障体系等方面入手；被动型履行要求从合法性视角采纳或接受外部制度环境（法律制度、文化、观念和社会）期望的行为，引导策略应包含完善企业员工社会责任相关政策法规、鼓励非营利组织良性发展、重视行业的内部治理、优化企业社会责任披露评价体系等方面；中国传统文化对经济社会发展的促动作用在被国人忽视的同时，却被日本、韩国等国家用来实现经济腾飞，因此，应该重新找回并接续社会责任的文化传统基因。激励型履行需要接续传统文化基因，可以通过提升高层管理者的道德素养、塑造民营企业的社会责任文化、加强政府部门的引导与推动、增强社会公众的权利意识等方式实现。

8.2　研究不足与展望

本研究存在的不足主要有以下几点：

（1）采用质性研究和多案例研究方法得出的结论普适性存在局限性。在民营企业新生代员工社会责任行为影响因素的探索性分析中采用了案例分析的方法，但案例数量偏少，并且涉及的行业有限，虽然后续的实证研究在更大范围的企业问卷调查基础上论证了所提出的研究假设，但研究结论的普适性仍需扩大样本实地调研加以提升。另外，在案例分析中，员工社会责任行为特征、行为态度、主观规范、知觉行为控制等方面的指标设计与衡量方法主观性较强，而且也未能进一步研究各影响因素之间的交互作用。同样的道理，在采用扎根理论进行民营企业新生代员工工作价值观与作用机制的研究过程中也存在一定程度的扎根时间较短、样本数量偏少、开放性编码主观性太强等问题。

（2）民营企业新生代员工责任激励机制研究还存在较大的研究空间。本研究提出了"员工责任激励"概念，博弈研究主要基于"员工责任能增加团队协作效应"这一重要假设，但这一假设仅在相关文献中有所提及，并没有从实证上进行详细检验，也未有相应案例分析的支持；同样，本研究虽考虑了新生代员工风险规避、公平关切等心理契约的影响，也未能实证分析这些心理契约的影响因素。另外，主要结论都是在团队激励背景下得出的，同时考虑了基于个人产出的绩效激励和基于团队产出的绩效激励，但对于无项目团队的民营企业，员工责任激励到底通过何种机制增强员工的努力投入，并未进行深入研究；本书并没有研究员工责任激励机制下企业的代理成本如何变化的问题，也没有把标尺竞争放到员工责任激励机制的框架下，研究其在降低企业代理成本方面的作用是否会在员工责任激励机制下发生不同变化。

（3）民营企业新生代员工社会责任行为效应的实证检验存在研究条件限制。一方面，民营企业新生代员工社会责任行为效应较为复杂，复杂系统的简单化处理虽然提高了研究的可操作性，但难以保证研究的系统性、全面性。如员工社会责任本身就是一个包含多维度内容的概念，不同的员工对社会责任的理解也不同，但本研究未能揭示员工社会责任的每个维度与企业绩效之间的定量关系。另一方面，在实证研究的数据来源方面，为了提高调查数据的信度和效度，考虑民营企业的区域分布，本研究样本主要来自江苏省苏南地区的制造企业，数据收集主要借助于关系网络进行，尽管也增加了其他省份和行业的调查数据，但所得到的样本数据的代表性尚显不足。同时，调查数据是基于被调查者感知的主观测量方式获取，而不是具体可量化的数据，如在企业绩效调查中由于考虑到员工对企业的具体财务数据无法准确填写，所以均用抽象的等级制表示。此外，在所有实证研究过程中，没有考虑时间跨度，调查的员工社会责任相关情况都是在同一时间层面上，未能动态考察员工责任行为、员工忠诚度以及员工绩效之间的关系。

基于以上问题，本研究的未来研究展望有：

（1）进一步深入研究民营企业新生代员工社会责任行为的内外部效应。一方面，详细分解民营企业新生代员工社会责任的多维度指标和测度方法，定量探讨每个维度指标与企业绩效、员工工作行为之间的关系；另一方面，进一步分行业、分地区设置不同民营企业绩效衡量指标，把数据收集的范围扩大至整个苏南地区的所有典型行业，并与浙江、广东等省份高校合作，进行不同区域、不同行业民营企业新生代员工社会责任行为效应比较研究，注重调查研究的持续性和阶段性，并采用调查获取的面板数据进行动态分析，提升研究结论的完整性与适用性。

（2）进一步完善民营企业员工责任激励机制方面的研究内容。不仅要进一步探讨无团队激励背景时员工责任对提升新生代员工努力程度的内在机制，更要把心理契约下激励模型的研究从理论向实证研究迈进，实证检验所得结论的正确性和稳健性。首先要设计能体现新生代员工风险规避及公平关切等心理特征的有效量表，并采用调查问卷、实地访谈等方法收集实际数据，而后建立起心理特征与新生代员工责任投入、绩效提升之间的理论模型，采用结构方程模型探索心理契约与企业责任投入意愿以及持续投入行为之间的作用路径；再在员工责任激励机制的背景下建立标尺竞争模型，探讨企业在投入员工责任时如何用标尺竞争降低代理成本。

主要参考文献

中文部分

[1] 白丽梅. "80后""90后"员工忠诚度管理初探 [D]. 内蒙古大学, 2012.

[2] 毕楠. 企业社会责任价值创造的驱动因素与作用机理研究 [J]. 当代经济研究, 2012 (7): 50 – 56.

[3] 曹丽. 企业履行员工责任问题研究 [D]. 山东经济学院, 2011.

[4] 查淞城. 企业员工敬业度结构建模研究 [D]. 暨南大学, 2007.

[5] 陈东健, 陈敏华. 工作价值观、组织支持感对外企核心员工离职倾向的影响——以苏州地区为例 [J]. 经济管理, 2009 (11): 96 – 105.

[6] 陈浩. 基于工作价值观的员工敬业度管理 [J]. 中外企业家, 2009 (11): 35 – 37.

[7] 陈宏辉. 企业的利益相关者理论与实证研究 [D]. 浙江大学, 2003.

[8] 陈竞晓. 需求层次与企业激励机制的建构 [J]. 学术研究, 2002 (7): 29 – 31.

[9] 陈明淑, 申海鹏. 组织内信任、敬业度和工作绩效关系的实证研究 [J]. 财经理论与实践 (双月刊), 2015, 36 (5): 113 – 118.

[10] 陈向明. 质的研究方法与社会科学研究 [M]. 北京: 教育科学出版社, 2000.

[11] 陈晓峰. 生命周期视角: 民营企业社会责任履行促进机制探讨 [J]. 现代财经 – 天津财经大学学报, 2011 (3): 46 – 50.

[12] 陈昕. 利益相关者利益要求识别、企业社会责任表现与企业绩效

[D]. 华南理工大学，2011.

[13] 陈玉明，崔勋. 代际差异理论与代际价值观差异的研究评述 [J]. 中国人力资源开发，2014（13）：43-48.

[14] 程延园. 员工关系管理的基本内涵 [J]. 中国劳动，2004（4）：31-32.

[15] 崔丽. 当代中国企业社会责任研究 [D]. 吉林大学，2013.

[16] 崔明华. 民营经济：一个内涵不确定的概念 [J]. 合肥工业大学学报（社会科学版），2006，20（5）：32-35.

[17] 邓玉林，王文平，达庆利. 基于可变风险偏好的知识型员工激励机制研究 [J]. 管理工程学报，2007，21（2）：29-33.

[18] 刁宇凡. 民营企业员工社会责任的战略定位及实施绩效研究 [D]. 浙江工商大学，2013.

[19] 丁超群，蒲勇健，郭心毅. 公平偏好对员工努力水平的影响——基于行为经济学观点的实证分析 [J]. 技术经济，2010，29（4）：125-128.

[20] 杜莹，刘珊珊. 中国民营企业对员工社会责任的缺失及对策 [J]. 经济与管理，2012，26（3）：5-9.

[21] 段永瑞，王浩儒，霍佳震. 基于协同效应和团队分享的员工激励机制设计 [J]. 系统管理学报，2011，26（6）：641-647.

[22] 多纳德逊，邓非著，赵月瑟译. 有约束力的关系——对企业伦理学的一种社会契约论的研究 [M]. 上海：上海社会科学院出版社，2001.

[23] 费显政，李陈微，周舒华. 一损俱损还是因祸得福？企业社会责任声誉溢出效应研究 [J]. 管理世界，2010（4）：74-82，98.

[24] 冯超阳. "80后"员工组织激励及其相关因素实证研究 [D]. 暨南大学，2013.

[25] 冯丽. 广东机场业履行劳务工的社会责任与其离职倾向的关系研究 [D]. 华南理工大学，2009.

[26] 冯臻. 企业社会责任行动实施过程影响因素实证研究——基于计划行为理论视角 [J]. 企业经济，2014（4）：48-51.

[27] 冯臻. 影响企业社会责任行为的路径——基于高层管理者的研究

[D]. 复旦大学, 2010.

[28] 傅红, 段万春. 我国新生代员工的特点及动因——从新生代各种热门事件引发的思考 [J]. 社会科学家, 2013 (1): 88-91.

[29] 高中建, 孟利艳. "80后" 现象的归因及对策分析 [J]. 中国青年研究, 2007 (10): 76-79.

[30] 葛青华, 林盛. 企业员工期望的构成及测量研究 [J]. 东岳论丛, 2012, 33 (6): 149-152.

[31] 龚志文, 陈金龙. 江西省上市公司企业社会责任评价研究 [J]. 特区经济, 2010 (6): 102-104.

[32] 辜胜阻, 李俊杰, 郑凌云. 我国民营经济的发展趋势和战略转型 [J]. 宏观经济研究, 2006 (1): 14-16.

[33] 关辉国. 运用责任激励激发知识型员工的工作热情 [J]. 甘肃农业, 2008 (6): 42-43.

[34] 郭淑宁. 企业履行员工责任的价值分析与有效途径 [J]. 商业时代, 2008 (22): 51-52.

[35] 郭跃进, 张迎迎, 赵海艳. 合法性视域下企业社会责任促进策略研究 [J]. 科技进步与对策 2013, 30 (16): 61-65.

[36] 郭志文, 简红艳. 中国企业社会责任行为驱动力的实证研究 [J]. 湖北大学学报 (哲学社会科学版), 2012, 39 (5): 123-128.

[37] 海因茨·韦里克, 马克·V·坎尼斯, 哈罗德·孔茨, 等. 管理学: 全球化与创业视角 (第十二版) [M]. 北京: 经济科学出版社, 2008.

[38] 郝云宏, 唐茂林, 王淑贤. 企业社会责任的制度理性及行为逻辑: 合法性视角 [J]. 商业经济与管理, 2012, 1 (7): 74-81.

[39] 郝云宏, 汪月红. 企业员工责任对其绩效影响的实证研究 [J]. 福建论坛 (人文社会科学版), 2008 (4): 15-18.

[40] 何辉. 制度压力和组织同构——企业社会工作促进企业履行社会责任的机制研究 [J]. 社会工作与管理, 2013, 13 (4): 20-25.

[41] 何奎. 企业员工责任对新生代员工角色行为的影响 [J]. 税务与经济, 2017 (4): 58-64.

［42］何贤杰，肖土盛，陈信元．企业社会责任信息披露与公司融资约束［J］．财经研究，2012，38（8）：60－72．

［43］何显富，陈宇，张微微．企业履行对员工的社会责任影响员工组织公民行为的实证研究——基于社会交换理论的分析［J］．社会科学研究，2011（5）：115－119．

［44］何显富，蒲云，薛英．企业社会责任对员工组织公民行为的影响——员工组织认同感和工作投入的中介作用［J］．西南交通大学学报（社会科学版），2011，12（5）：61－67．

［45］贺志刚．80后：管理还是激励［J］．IT经理世界，2006（13）：87．

［46］洪克森．新生代员工工作价值观、组织认同对其产出的作用机制研究［D］．武汉大学，2012．

［47］胡娟娟．80后大学生工作价值观对离职倾向的影响研究［D］．山东大学，2012．

［48］胡孝德．企业对员工的社会责任的一个理论分析框架——基于相关文献的研究［J］．人力资源管理，2015（2）：44－46．

［49］黄蕾．企业员工社会责任管理研究［D］．湖南大学，2007．

［50］黄蕾．试论中国企业员工社会责任管理的类型及其影响因素［J］．华东经济管理，2009，23（4）：87－90．

［51］黄希庭，张进辅，李红．当代中国青年价值观与教育［M］．成都：四川教育出版社，1994．

［52］霍娜，李超平．工作价值观的研究进展与展望［J］．心理科学进展，2009，17（4）：795－801．

［53］季学凤．中小企业履行社会责任的国外经验及启示［J］．财会通讯，2011（29）：38－39．

［54］加里·德斯勒（Gary Dessler）．人力资源管理［M］．北京：中国人民大学出版社，1999．

［55］郏宝云，陆玉梅，彭荷芳．政治关联对企业社会责任行为异质性的影响——以江苏省制造业上市公司为例［J］．财会月刊，2017（11）：38－43．

[56] 郏宝云，陆玉梅，王金珠．江苏制造业上市公司社会责任行为的异质性评价 [J]．企业经济，2016 (6)：156 - 159.

[57] 姜万军，杨东宁，周长辉等．中国民营企业社会责任评价体系初探 [J]．统计研究，2006 (07)：32 - 36.

[58] 姜友文，张爱卿．企业履行社会责任对员工心理状态及工作敬业度的影响 [J]．云南社会科学，2015 (4)：77 - 82.

[59] 金立印．企业社会责任运动测评指标体系实证研究——消费者视角 [J]．中国工业经济，2006 (6)：114 - 120.

[60] 金盛华，李雪．大学生职业价值观：手段与目的 [J]．心理学报，2005 (5)：25 - 29.

[61] 卡尔·曼海姆原，卡尔·曼海姆精粹 [M]．南京：南京大学出版社，2005.

[62] （美）勒波夫．怎样激励员工 [M]．北京：清华大学出版社，2000.

[63] 雷振华，阳秋林．社会责任视角下的员工责任指标设计研究 [J]．内蒙古财经学院学报，2010 (2)：59 - 62.

[64] 李傲，李红勋．基于契合度的企业员工敬业度研究 [J]．中小企业管理与科技，2010 (4)：25 - 26.

[65] 李柏洲，徐广玉，苏屹．中小企业合作创新行为形成机理研究——基于计划行为理论的解释架构 [J]．科学学研究，2014，32 (5)：777 - 786.

[66] 李琳．"80 后"员工压力管理分析 [J]．人才资源开发，2007 (4)：55 - 56.

[67] 李玮．从"民工荒"现象看企业对员工的责任 [J]．中国青年政治学院学报，2007，26 (2)：64 - 68.

[68] 李文川，曹长省，王晓梅，等．民营企业 CSR 战略行为——基于员工权益责任视角的多案例研究 [J]．管理案例研究与评论，2012，5 (5)：379 - 390.

[69] 李祥进，杨东宁，雷明．企业社会责任行为对员工工作绩效影响

的跨层分析 [J]. 经济科学, 2012 (5): 104 – 118.

[70] 李训, 曹国华. 基于公平偏好理论的激励机制研究 [J]. 管理工程学报, 2008, 22 (2): 107 – 116.

[71] 李艳华. 企业社会责任表现对员工组织行为的影响研究 [J]. 当代经济管理, 2008, 30 (8): 67 – 69.

[72] 李燕萍, 侯烜方. 新生代员工工作价值观结构及其对工作行为的影响机理 [J]. 经济管理, 2012 (5): 77 – 86.

[73] 李智. 民营企业90后大学毕业新员工短工化行为的影响因素研究 [D]. 广西师范大学, 2014.

[74] 凌玲. 基于企业社会责任视角的劳工权益保障分级模型构建 [J]. 湖北社会科学, 2011 (2): 81 – 84.

[75] 刘彩娟. 零售商业企业员工满意度影响因素分析 [D]. 哈尔滨工业大学, 2011.

[76] 刘凤军, 李敬强, 杨丽丹. 企业社会责任、道德认同与员工组织公民行为关系研究 [J]. 中国软科学, 2017 (6): 117 – 129.

[77] 刘洪深, 汪涛, 周玲等. 制度压力、合理性营销战略与国际化企业绩效——东道国受众多元性和企业外部依赖性的调节作用 [J]. 南开管理评论, 2013, 16 (5): 123 – 132.

[78] 刘建秋, 宋献中. 企业社会责任的决策机制研究 [J]. 管理现代化, 2013 (1): 85 – 87.

[79] 刘远, 周祖城. 员工感知的企业社会责任、情感承诺与组织公民行为的关系——承诺型人力资源实践的跨层调节作用 [J]. 管理评论, 2015, 27 (10): 118 – 127.

[80] 刘郑一. 员工感知的企业声誉与组织情感承诺关系研究——以杭州市公共交通集团有限公司为例 [D]. 浙江大学, 2012.

[81] 龙文滨, 宋献中. 社会责任投入增进价值创造的路径与时点研究——一个理论分析 [J]. 会计研究, 2013 (12): 60 – 64.

[82] 卢涛, 王志贵. 基于员工视角的企业社会责任对组织认同的影响研究 [J]. 湖北社会科学, 2009 (8): 88 – 92.

[83] 陆庆平. 以企业价值最大化为导向的企业绩效评价体系——基于利益相关者理论 [J]. 会计研究, 2006 (3): 56-62.

[84] 陆玉梅, 高鹏, 高杰, 刘素霞. 团队协作视角下的知识型员工责任激励机制研究 [J]. 经济问题, 2016, 38 (1): 100-108.

[85] 陆玉梅, 高鹏, 刘素霞. 公平关切及风险规避下知识型员工激励机制及改进模型 [J]. 预测, 2016, 35 (2): 56-61.

[86] 陆玉梅, 黄晓琼, 彭荷芳. 员工视角下企业社会责任的行为表征与研究进展 [J]. 财会月刊, 2015 (33): 99-102.

[87] 陆玉梅, 陆海曙, 刘素霞. 民营企业承担员工社会责任的内生机制博弈分析 [J]. 软科学, 2014, 28 (10): 39-42.

[88] 吕际荣. 基于员工角度的企业社会责任研究 [J]. 华北水利水电学院学报 (社科版), 2009, 25 (4): 33-36.

[89] 吕英, 王正斌. 员工感知的企业社会责任与员工满意度关系的实证研究——以西安地区 IT 和零售企业为例 [J]. 大连理工大学学报 (社会科学版), 2009, 30 (3): 54-59.

[90] 吕英. 基于员工视角的企业社会责任与员工满意度关系的实证研究 [D]. 西北大学, 2008.

[91] 马俊. 员工视角的企业社会责任、人力资源管理与组织绩效关系实证研究 [D]. 南开大学, 2014.

[92] 梅强, 陈好, 刘素霞. 中小企业安全投入行为决策研究 [J]. 中国安全科学学报, 2013, 23 (8): 150-156.

[93] 缪悦. 高管团队社会责任去向、战略选择及其企业绩效关联机制研究 [D]. 中南大学, 2012.

[94] 倪陈明, 马剑虹. 企业职工的工作价值观与组织行为关系分析 [J]. 人类工效学, 2000, 6 (4): 24-28.

[95] 欧阳润平. 义利共生论——中国企业伦理研究 [M]. 长沙: 湖南人民出版社, 2000.

[96] 彭荷芳, 陆玉梅. 民营企业员工社会责任与企业绩效相关性实证研究 [J]. 会计之友, 2014 (34): 8-13.

[97] 彭荷芳，陆玉梅. 员工社会责任、忠诚度与企业绩效 [J]. 财会月刊，2015（35）：31 - 36.

[98] 彭荷芳，陆玉梅. 制造企业新生代员工社会责任行为的驱动——基于可持续发展战略视角 [J]. 财会月刊，2015（2）：36 - 39.

[99] 彭荷芳，周健颖，陆玉梅. 制度压力、员工社会责任行为与民营企业绩效关系研究 [J]. 宏观经济研究，2016（11）：152 - 160.

[100] 乔治·恩德勒. 国际经济伦理 [M]. 北京：北京大学出版社，2003.

[101] 沈洪涛，沈艺峰. 公司社会责任思想起源与演变 [M]. 上海：上海人民出版社，2007.

[102] 沈奇泰松，蔡宁，孙文文. 制度环境对企业社会责任的驱动机制——基于多案例的探索分析 [J]. 自然辩证法研究，2012（2）：113 - 119.

[103] 沈奇泰松. 组织合法性视角下制度压力对企业社会绩效的影响机制研究 [D]. 浙江大学，2010.

[104] 施华淼. 企业薪酬战略与绩效之间关系的研究 [D]. 浙江大学，2002.

[105] 施星辉. 企业公民：中国企业社会责任状况调查报告 [J]. 中国企业家，2003（1）：81 - 84.

[106] 疏礼兵. 基于需要满足的民营企业社会责任行为动机研究 [J]. 软科学，2012，26（8）：118 - 122.

[107] 疏礼兵. 民营企业社会责任认知与实践的调查研究 [J]. 软科学，2010，24（10）：97 - 101.

[108] 司建楠. 2013 年中国（全口径）装备制造业区域竞争力评价报告 [EB/OL]. 中国工业新闻网，2015 - 01 - 05.

[109] 宋丽娟. 企业社会责任对企业价值影响的微观作用机理——基于效率效应与信誉效应的分析 [J]. 商业经济研究，2016（13）：127 - 132.

[110] 苏蕊芯，仲伟周. 基于企业性质的社会责任履责动机差异及政策含义 [J]. 财经理论与实践，2011，32（1）：83 - 86.

[111] 苏蕊芯, 仲伟周. 履责动机与民营企业社会责任观——由"富士康连跳"现象引发的思考 [J]. 理论与改革, 2010 (5): 56-58.

[112] 眭文娟, 谭劲松, 张慧玉. 企业社会责任行为中的战略管理视角理论综述 [J]. 管理学报, 2012, 09 (3): 345-355.

[113] 孙伟, 狄贵梅, SUNWei, 等. 企业履行社会责任的动因及保障机制研究 [J]. 科技与管理, 2014, 16 (1): 86-90.

[114] 田虹, 王汉瑛. 异质性企业社会责任存在协同效应吗?——一个三维交互模型 [J]. 商业研究, 2014, 56 (12): 134-140.

[115] 田虹. 企业社会责任效应研究 [D]. 吉林大学, 2007.

[116] 汪凤桂, 戴朝旭. 企业社会责任与企业声誉关系研究综述 [J]. 科技管理研究 2012 (21): 237-241.

[117] 王聪颖, 杨东涛. 新生代知识型员工离职行为的心理归因及管理启示——基于扎根理论的分析 [J]. 江海学刊, 2015 (6): 108-113.

[118] 王芳. 新生代员工工作价值观、领导风格和工作行为研究 [D]. 华东理工大学, 2012.

[119] 王红芳. 非国有企业员工总体报酬感知、敬业度与工作绩效研究 [D]. 山西财经大学, 2015.

[120] 王建琼, 侯婷婷. 社会责任对企业可持续发展影响的实证分析 [J]. 科技进步与对策, 2009 (9): 94-96.

[121] 王健辉, 李永壮. 企业社会责任、企业品牌内化特征对员工组织公民行为的作用研究——来自服务行业的实证分析 [J]. 宏观经济研究, 2014 (9): 90-102.

[122] 王晶晶, 杨洁珊, 胡成宝. 企业社会责任的研究现状及未来研究展望——基于 CSSCI 来源期刊中经济学、管理学类期刊上文章的分析 [J]. 管理评论, 2010, 22 (8): 96-102.

[123] 王君毅. 企业社会责任建设的动力基础与策略: 人力资源视角 [J]. 理论探讨, 2013 (1): 102-105.

[124] 王黎萤, 陈劲. 知识型员工心理契约结构与激励机制 [J]. 经济管理, 2008, 30 (1): 17-21.

[125] 王丽霞，钱士茹．从社会认知角度解析新生代知识型员工的管理 [J]．中国石油大学学报（社会科学版）社会科学版，2012，28（6）：26 - 32.

[126] 王丽霞．新生代员工组织忠诚度形成机制研究 [D]．安徽大学，2013.

[127] 王文彬，李辉．感知企业声誉对员工角色外行为的影响机制研究——来自心理契约理论视角的实证 [J]．现代管理科学，2013（10）：39 - 41.

[128] 王文彬，李辉．企业社会责任对组织公民行为产生影响的内在机制——基于暗示理论的模型构建及实证 [J]．中国流通经济，2012，26（11）：78 - 84.

[129] 王跃，善畅，彭荷芳，等．制造业新生代员工社会责任行为对企业竞争优势影响的实证研究 [J]．商业经济，2017（1）：90 - 92.

[130] 闻效仪．企业人力资源管理的挑战与劳动关系管理体系建设 [J]．中国人力资源开发，2013（11）：81 - 86.

[131] 闻效仪．人力资源管理与劳工权益保护 [J]．中国劳动关系学院学报，2011，25（2）：34 - 39.

[132] 吴静静．企业社会责任对员工行为影响的研究 [D]．浙江大学，2008.

[133] 吴明隆．SPSS 统计应用实务 [M]．北京：中国铁道出版社，2000.

[134] 吴燕霞．所有权差异及企业社会责任行为——国内外研究综述 [J]．会计之友，2012（5）：9 - 13.

[135] 夏立军，陈信元．市场化进程、国企改革策略与公司治理结构的内生决定 [J]．经济研究，2007（7）：82 - 95.

[136] 肖红军，张俊生，曾亚敏．资本市场对公司社会责任事件的惩戒效应——基于富士康公司员工自杀事件的研究 [J]．中国工业经济，2010（8）：118 - 128.

[137] 谢蓓．"80 后"新型员工激励措施探讨 [J]．技术与市场，2007

（2）：65 – 66.

[138] 谢雅萍，许美丽. 基于利益相关者的企业社会责任行为与企业社会责任效应关系的实证研究 [J]. 经济经纬，2012（5）：87 – 91.

[139] 辛杰，于俊军. 企业社会责任非正式制度的诱致性变迁 [J]. 湖南科技大学学报（社会科学版），2014，17（5）：57 – 62.

[140] 辛杰. 儒家义利观与企业社会责任的实现 [J]. 企业研究，2010（11）：55 – 59.

[141] 邢晓柳. 员工视角下的企业社会责任评价体系研究 [J]. 技术与创新管理，2013，34（6）：573 – 576.

[142] 徐芳，王静. 企业社会责任履行对人才敬业度影响因素的实证检验 [J]. 经济与管理研究，2016，37（10）：57 – 63.

[143] 徐淑英，边燕杰，郑国汉. 中国民营企业的管理和绩效：多学科视角 [M]. 北京：北京大学出版社，2008.

[144] 许婷婷. 管理者价值观与企业社会责任表现关系研究 [D]. 辽宁大学，2014.

[145] 薛天山. 民营企业高层管理者的社会责任态度及其影响因素研究 [J]. 华东经济管理，2015（3）：41 – 45.

[146] 薛天山. 企业社会责任的动力机制研究——经济驱动抑或制度推进 [J]. 软科学，2016，30（8）：88 – 91.

[147] 闫威，韩美清，陈燕. 薪酬差距与员工努力：基于横向公平的研究 [J]. 海南大学学报人文社会科学版，2006，24（3）：390 – 394.

[148] 颜爱民，李歌. 企业社会责任对员工行为的跨层分析——外部荣誉感和组织支持感的中介作用 [J]. 管理评论，2016，28（1）：121 – 129.

[149] 阳秋林. 中国社会责任会计研究 [M]. 北京：中国财政经济出版社，2005.

[150] 杨春方. 我国企业社会责任驱动机制研究 [D]. 华中科技大学，2009.

[151] 杨红明，刘耀中. 工作特征对知识员工敬业度作用的实证研究：基于内在动机视角 [J]. 科技管理研究，2012（11）：169 – 174.

[152] 杨菊兰. 企业社会责任行为对员工工作绩效的跨层次作用机制研究 [D]. 山西财经大学，2016.

[153] 杨涛，马君，张昊民. 新生代员工的工作动力机制及组织激励错位对创造力的抑制 [J]. 经济管理，2015（5）：74-84.

[154] 杨文. 企业对员工的社会责任、员工态度与工作绩效研究 [D]. 陕西师范大学，2008.

[155] 杨秀香. 企业员工责任的资本效用 [J]. 人力资源，2010（10）：61-63.

[156] 尹珏林. 企业社会责任前置因素及其作用机制研究 [D]. 南开大学，2010.

[157] 尤佳，孙遇春，雷辉. 中国新生代员工工作价值观代际差异实证研究 [J]. 软科学，2013，27（6）：83-88.

[158] 于飞. 制度环境、企业社会责任行为与利益相关者关系质量研究 [D]. 武汉大学，2014.

[159] 喻剑利，曲波. 社会责任标准体系下的我国中小企业人力资源管理策略 [J]. 科技进步与对策，2010，27（9）：142-145.

[160] 喻权域. 值得大家来议论的几张工资表 [J]. 中华魂，2005（9）：61-62.

[161] 袁声莉. 中小企业对员工履行社会责任的现状与相关因素分析——以湖北省为例 [J]. 湖北经济学院学报，2008，6（6）：98-102.

[162] 曾艳. 基于需求特征的企业知识型员工激励研究 [D]. 湖南大学，2003.

[163] 詹姆斯·E. 波斯特，安妮·T. 劳伦斯，詹姆斯·韦伯，等. 企业与社会：公司战略、公共政策与伦理 [M]. 北京：中国人民大学出版社，2005.

[164] 张朝彬. 构建和谐社会背景下我国企业对员工责任问题研究 [D]. 河南理工大学，2012.

[165] 张川，娄祝坤，詹丹碧. 政治关联、财务绩效与企业社会责任——来自中国化工行业上市公司的证据 [J]. 管理评论，2014，26（1）：130-

139.

[166] 张国民. "80 后"员工管理问题探析 [J]. 人才开发，2008 (1)：21 –22.

[167] 张建君，张志学. 中国民营企业家的政治战略 [J]. 管理世界，2005 (7)：94 –105.

[168] 张萍，梁博. 政治关联与社会责任履行——来自中国民营企业的证据 [J]. 会计与经济研究，2012 (5)：14 –23.

[169] 张三峰，杨德才. 供应链社会责任管理与异质性企业社会责任行为——基于中国企业数据的实证研究 [J]. 中国发展，2013，13 (5)：27 –34.

[170] 张望军，彭剑锋. 中国企业知识型员工激励机制实证分析 [J]. 科研管理，2001，22 (6)：90 –96.

[171] 张小军. 企业绿色创新战略的驱动因素及绩效影响研究 [D]. 浙江大学，2012.

[172] 张毅，游达明. 科技型企业员工创新意愿影响因素的实证研究——基于 TPB 视角 [J]. 南开管理评论，2014，17 (4)：110 –119.

[173] 张兆国，梁志钢，尹开国. 利益相关者视角下企业社会责任问题研究 [J]. 中国软科学，2012 (2)：139 –146.

[174] 张喆，万迪昉，贾明. 组织责任与组织公民行为之间关系的实证研究——以高科技生物制药行业为例 [J]. 科技管理研究，2008，28 (6)：258 –260.

[175] 赵辉，田志龙. 伙伴关系、结构嵌入与绩效：对公益性 CSR 项目实施的多案例研究 [J]. 管理世界，2014 (6)：142 –156.

[176] 赵世勇，香伶. 制度环境与民营企业发展地区差异——中国大型民营企业地区分布不平衡的解析 [J]. 福建论坛·人文社会科学版，2010 (11)：4 –10.

[177] 赵涛，刘保民，朱永明. 基于员工权益的企业社会责任评价体系探讨 [J]. 郑州大学学报（哲学社会科学版），2008，41 (2)：80 –82.

[178] 赵卫东，吴继红. 心理契约形成机理的博弈分析 [J]. 软科学，

2011, 25 (9): 90 - 93.

[179] 赵小仕, 陈全明. 论劳动关系中的企业社会责任 [J]. 当代财经, 2008 (2): 69 - 73.

[180] 赵芸, 李长洪. 不同行业员工责任绩效比较及其与企业经济绩效的关系研究 [J]. 数理统计与管理, 2014, 33 (3): 441 - 447.

[181] 郑海东. 企业社会责任行为表现: 测量维度、影响因素及对企业绩效的影响 [D]. 浙江大学, 2007.

[182] 郑文智. 民营企业雇主社会责任管理实证研究 [D]. 华侨大学, 2011.

[183] 郑雪艳. 中国劳动密集型企业 90 后员工激励研究 [D]. 武汉科技大学, 2010.

[184] 郑祖威. 企业对员工的社会责任与员工组织承诺的关系研究 [D]. 浙江财经学院, 2010.

[185] 周延风, 罗文恩, 肖文建. 企业社会责任行为与消费者响应——消费者个人特征和价格信号的调节 [J]. 中国工业经济, 2007 (3): 64 - 71.

[186] 周中胜, 何德旭, 李正. 制度环境与企业社会责任履行: 来自中国上市公司的经验证据 [J]. 中国软科学, 2012 (10): 59 - 68.

[187] 朱俏俏, 宋焕斌. 知识型员工组织承诺前因变量影响分析 [J]. 中国商贸, 2012 (10): 136 - 137.

[188] 朱蓉. 商业银行制度压力、社会责任战略与财务绩效 [J]. 金融理论与实践, 2014 (9): 57 - 61.

[189] 朱瑞雪, 郭京福. 社会责任与企业国际竞争力研究 [J]. 华东经济管理, 2004, 18 (6): 28 - 30.

[190] 邹洁, 武常岐. 制度理论视角下企业社会责任的选择性参与 [J]. 经济与管理研究, 2015, 36 (9): 110 - 120.

外文部分

[1] Afsheen F, Zahid M. Organizational Commitment and Counterproductive Work Behavior: Role of Employee Empowerment [C]. Lecture Notes in Electrical

Engineering, 2013: 665 – 679.

[2] Aiman – Smith L, Bauer T N, Cable D M. Are You Attracted? Do You Intend to Pursue? A Recruiting Policy – Capturing Study [J]. Journal of Business & Psychology, 2001, 16 (2): 219 – 237.

[3] Ajzen I, Fishbein M. Understanding Attitudes and Predicting Social Behavior [M]. Prentice Hall, 1980.

[4] Ajzen I. From Intentions to Actions: A Theory of Planned Behavior [M]. Action Control, Springer Berlin Heidelberg, 1985.

[5] Albinger H S, Freeman S J. Corporate Social Performance and Attractiveness as An Employer to Different Job Seeking Populations [J]. Journal of Business Ethics, 2000, 28 (3): 243 – 253.

[6] Alchian A, Demsets Z. Production, Information Costs and Economic Organization [J]. American Economic Review, 1972, 62 (5): 777 – 795.

[7] Alderfer, P C. Existence, Relatedness, and Growth [M]. New York: Free Press, 1972.

[8] Ali I, Khan S U R, Rehman I U. How Corporate Social Responsibility and Corporate Reputation Influence Employee Engagement? [J]. Transformation in Business and Economics, 2013, 12 (Ia): 354 – 364.

[9] Ali I, Rehman K, Ali S I, Yousaf J, Zia M. Corporate Social Responsibility Influences, Employee Commitment and Organizational Performance [J]. African Journal of Business Management, 2010, 13 (4): 2796 – 2801.

[10] Allen F, Qian J, Qian M. Law, Finance and Economic Growth in China [J]. Journal of Financial Economics, 2005 (77): 57 – 116.

[11] Argandoña A, Hoivik H V W. Corporate Social Responsibility: One Size Does Not Fit All Collecting Evidence From Europe [J]. Journal of Business Ethics, 2009, 89 (3): 221 – 234.

[12] Baden D, Harwood I A, Woodward D G. The Effects of Procurement Policies on ' Downstream ' Corporate Social Responsibility Activity: Content – Analytic Insights into The Views and Actions of SME Owner – Managers [J]. Interna-

tional Small Business Journal, 2011, 29 (3): 259 – 277.

[13] Bakke E W. The Human Resources Function [J]. Management International, 1992, 1 (2): 16 – 24.

[14] Bardi A, Schwartz S H. Values and Behavior: Strength and Structure of Relations [J]. Personality & Social Psychology Bulletin, 2003, 29 (10): 1207 – 1220.

[15] Baron D P. Private Politics, Corporate Social Responsibility, and Integrated Strategy [J]. Journal of Economics & Management Strategy, 2001, 10 (1): 7 – 45.

[16] Basu K, Palazzo G. Corporate Social Responsibility: A Process Model of Sense Making [J]. Academy of Management Review, 2008, 33 (1): 122 – 136.

[17] Baumann – Pauly D, Wickert C, Spence L J, et al. Organizing Corporate Social Responsibility in Small and Large Firms: Size Matters [J]. Journal of Business Ethics, 2013, 115 (4): 693 – 705.

[18] Becker G M, Mcclintock C G. Value: Behavioral Decision Theory [J]. Annual Review of Psychology, 1967, 18 (18): 239 – 286.

[19] Benson J, Brown M. Generations At Work: Are There Differences and Do They Matter? [J]. International Journal of Human Resource Management, 2011, 22 (9): 1843 – 1865.

[20] Bhattacharya C B, Sen S, Korschun D. Leveraging Corporate Responsibility: The Stakeholder Route to Maximizing Business and Social Value [M]. Cambridge University Press, 211.

[21] Bhattacharya C B, Sen S, Korschun D. Using Corporate Social Responsibility to Win The War for Talent [J]. Mit Sloan Management Review, 2008, 49 (2): 37 – 44.

[22] Blair M M. Ownership and Control: Rethinking Corporate Governance for The Twenty – First Century [M]. The Brookings Institution, Washington Dc, 1995.

［23］ Bokemeier J L, Lacy W B. Job Values, Rewards and Work Conditions as Factors in Job Satisfaction Among Men and Women ［J］. Sociological Quarterly, 1987, 28 (2): 189 - 204.

［24］ Boubakri N, Cosset J C, Saffar W. Political Connections of Newly Privatized Firms ［J］. Journal of Corporate Finance, 2008, 14 (5): 654 - 673.

［25］ Bowen H R. Social Responsibilities of The Business ［M］. New York: Harper & Row, 1953.

［26］ Bowman E H, Haire M. A Strategic Posture Toward Corporate Social Responsibility ［J］. California Management Review, 1975, 18 (2): 49 - 58.

［27］ Boycko M, Shleifer A, Vishny R W. Privatizing Russia ［J］. Brookings Papers on Economic Activity, 1993 (2): 139 - 192.

［28］ Brickson S. Organizational Identity Orientation: The Genesis of The Role of The Firm and Distinct Forms of Social Value ［J］. Academy of Management Review, 2007, 32 (3): 864 - 888.

［29］ Britt T W, Adler A B, Bartone Pt. Deriving Benefits From Stressful Events: The Role of Engagement in Meaningful Work and Hardiness ［J］. Journal of Occupational Health Psychology, 2001, 6 (1): 53.

［30］ Brown D. The Role of Work and Cultural Values in Occupational Choice, Satisfaction, and Success: A Theoretical Statement ［J］. Journal of Counseling and Development, 2002, 80 (1): 48 - 56.

［31］ Cabrales A, Charness G. Optimal Contracts Adverse Selection and Social Preferences: An Experiment ［W］. Economics Working Papers, 2000.

［32］ Campbell J L. Why Would Corporations Behave in Socially Responsible Ways? An Institutional Theory of Corporate Social Responsibility ［J］. Academy of Management Review, 2007, 32 (3): 946 - 967.

［33］ Carroll A B, Buchholtz A K. Business and Society: Ethics and Stakeholder Management ［M］. United States: South - Western, 2008.

［34］ Carroll A B. A Three - Dimensional Conceptual Model of Corporate Performance ［J］. Academy of Management Review, 1979, 4 (4): 497 - 505.

［35］ Carroll A B. The Pyramid of Corporate Social Responsibility： Toward The Moral Management of Organizational Stakeholders ［J］. Business Horizons, 1991，7（8）：39 – 48.

［36］ Carroll B, Blumen M W. Job Satisfaction： A Review of The Literature ［J］. Matovinović, 1973.

［37］ Chan K W. The Global Financial Crisis and Migrant Workers in China： 'There Is No Future as A Labourer；Returning to The Village Has No Meaning' ［J］. International Journal of Urban & Regional Research, 2010, 34（3）：659 – 677.

［38］ Charmaz K. Constructing Grounded Theory： A Practical Guide Through Qualitative Analysis ［J］. International Journal of Qualitative Studies on Health and Well – Being, 2006, 1（3）：378 – 380.

［39］ Chen Z X, Francesco A M. The Relationship Between The Three Components of Commitment and Employee Performance in China ［J］. Journal of Vocational Behavior, 2003, 62（3）：490 – 510.

［40］ Cheruiyot T K, Maru L C. Employee Social Responsibility Practices and Outcomes in Kenya's Tourist Hotels ［J］. African Journal of Economic & Management Studies, 2012, 3（1）：23 – 41.

［41］ Cialdini R B, Kallgren C A, Reno R R. A Focus Theory of Normative Conduct： A Theoretical Refinement and Reevaluation of The Role of Norms in Human Behavior ［J］. Advances in Experimental Social Psychology, 1991, 24（1）：201 – 234.

［42］ Clarkson M B E. A Stakeholder Framework for Analyzing and Evaluating Corporate Social Performance ［J］. Academy of Management Review, 1995, 20（1）：92 – 117.

［43］ Cordano M, Frieze I H. Pollution Reduction Preferences of U. S, Environmental Managers： Applying Ajzen's Theory of Planned Behavior ［J］, Academy of Management Journal, 2000, 43（4）：627 – 641.

［44］ Costanza D P, Badger J M, Fraser R L, et al. Generational Differences in Work – Related Attitudes: A Meta – Analysis [J]. Journal of Business & Psychology, 2012, 27 (4): 375 – 394.

[45] Crampton S M, Hodge J W. Generation Y. Unchartered Territory [J]. Journal of Business and Economics Research, 2009, 7 (4): 1 – 6.

[46] Dahlsrud A. How Corporate Social Responsibility Is Defined: An Analysis of 37 Definitions [J]. Corporate Social Responsibility and Environmental Management, 2008, 15 (1): 1 – 13.

[47] Dalal R S, Brummel B J, Wee S, Thomas L L. Defining Employee Engagement for Productive Research and Practice [J]. Industrial and Organizational Psychology, 2008 (1): 52 – 55.

[48] Davis K, Blomstrom R L. Business, Society, and Environment: Social Power and Social Response [M]. Mcgraw – Hill Company, 1971.

[49] Deci E L, Ryan R M. Intrinsic Motivation and Self – Determination in Human Behavior [M]. New York: Plenum, 1985.

[50] Demougin D, Fluet C, Helm C. Output and Wages With Inequality Averse Agents [J]. Canadian Journal of Economics, 2006, 39 (2): 399 – 413.

[51] Dencker J C, Joshi A, Martocchio J J. Towards A Theoretical Framework Linking Generational Memories to Workplace Attitudes and Behaviors [J]. Human Resource Management Review, 2008, 18 (3): 180 – 187.

[52] DeVellis R F. Scale Development: Theory and Application [M]. Newbury Park, CA: Sage Publications, 1991.

[53] Doh J P, Guay T R. Corporate Social Responsibility, Public Policy, and Ngo Activism in Europe and The United States: An Institutional – Stakeholder Perspective [J]. Journal of Management Studies, 2006, 43 (1): 47 – 73.

[54] Dries N, Pepermans R, De Kerpel E. Exploring Four Generations' Beliefs About Career: Is "Satisfied" The New "Successful?" [J]. Journal of Managerial Psychology, 2008, 23 (8): 907 – 928.

[55] Du S, Bhattacharya C B, Sen S. Corporate Social Responsibility, Multi – Faceted Job – Products and Employee Outcomes [J]. Journal of Business

Ethics, 2015, 131 (2): 319 – 335.

[56] Du S, Bhattacharya C B, Sen S. Reaping Relational Rewards From Corporate Social Responsibility: The Role of Competitive Positioning [J]. International Journal of Researchin Marketing, 2007, 24 (3): 224 – 241.

[57] Edwards J R. Person – Job Fit: A Conceptual Integration, Literature Review and Methodological Critique [J]. International Review of Industrial Organizational Psychology, 1991 (6): 283 – 357.

[58] Egri C P, Ralston D A. Generation Cohorts and Personal Values: A Comparison of China and The United States [J]. Organization Science, 2004, 15 (2): 210 – 220.

[59] Eisenhardt K M. Building Theory From Case Study Research [J]. Academy of Management Review, 1989, 14: 532 – 550.

[60] Eisner S P. Managing Generation Y [J]. Engineering Management Review, IEEE, 2005, 39 (2): 6 – 18.

[61] Elizur D, Borg I, Hunt R, et al. The Structure of Work Values: A Cross Cultural Comparison [J]. Journal of Organizational Behavior, 1991, 12 (1): 21 – 38.

[62] Elizur D. Facets of Work Values: A Structural Analysis of Work Outcomes [J]. Journal of Applied Psychology, 1984, 69 (3): 379 – 389.

[63] Elliott M A, Armitage C J, Baughan C J. Using The Theory of Planned Behaviour to Predict Observed Driving Behaviour [J]. British Journal of Social Psychology, 2007, 46 (1): 69 – 90.

[64] Eyerman R, Turner B S. Outline of A Theory of Generations [J]. European Journal of Social Theory, 1998, 1 (1): 91 – 106.

[65] Falk A, Fehr E. Why Labor Market Experiments [J]. Labor Economics, 2003, 10 (4): 399 – 406.

[66] Fassin Y, Rossem A V, Buelens M. Small – Business Owner – Managers' Perceptions of Business Ethics and CSR – Related Concepts [J]. Journal of Business Ethics, 2011, 98 (3): 425 – 453.

［67］ Frederick W C, Davis K, Post J E. Business and Society: Corporate Strategy, Public Policy, Ethics ［M］. Irwin/McGraw – Hill, 1996.

［68］ Freeman I, Hasnaoui A. The Meaning of Corporate Social Responsibility: The Vision of Four Nations ［J］. Journal of Business Ethics, 2011, 100 (3): 419 –443.

［69］ Freeman R E, Harrison J S, Wicks A. Managing for Stakeholders: Survival, Reputation and Success ［M］. New Haven: Yale University Press, 2008.

［70］ Freeman R E. Strategic Management: A Stakeholder Approach ［M］. Cambridge University Press, 1984.

［71］ Friedman M. Capitalism and Freedom ［M］. Chicago: Chicago University Press, 1962.

［72］ Frooman J. Socially Irresponsible and Illegal Behavior and Shareholder Wealth: A Meta – Analysis of Event Studies ［J］. Business and Society, 1997, 36 (3): 221 –249.

［73］ Gao J H. Relating Corporate Social Responsibility and Employee Engagement: The Mediating of Perceived Organizational Support and Chinese Values ［J］. International Journal of Asian Business And Information Management, 2014, 5 (2): 12 –22.

［74］ Glavas A, Kelley K. The Effect of Perceived Corporate Social Responsibility on Employee Attitudes ［J］. Business Ethics Quarterly, 2014, 24 (4): 165 –202.

［75］ Gouldner A W. The Norm of Reciprocity: A Preliminary Statement ［J］. American Sociological Review, 1960, 25 (2): 161 –178.

［76］ Greening D W, Gray B. Testing A Model of Organizational Response to Social and Political Issues ［J］. The Academy of Management Journal, 1994, 37 (3): 467 –498.

［77］ Greening D W, Turban D B. Corporate Social Performance as A Competitive Advantage in Attracting A Quality Workforce ［J］. Business & Society,

2000, 39 (3): 254 - 280.

[78] Hackman Jr, Oldham G R. Motivation Through The Design of Work: Test of A Theory [J]. Organizational Behavior and Human Performance, 1976 (16): 250 - 279.

[79] Hamilton B, Nickerson J, Owan H. Team Incentives and Worker Heterogeneity: An Empirical Analysis of The Impact of Teams on Productivity and Participation Team [J]. Journal of Political Economy, 2003 (3): 465 - 497.

[80] Heivik H V W, Shankar D. How Can SMEs in A Cluster Respond to Global Demands for Corporate Responsibility? [J]. Journal of Business Ethics, 2011, 101 (2): 175 - 195.

[81] Herriot P, Manning W E G, Kidd J M. The Content of The Psychological Contract [J]. British Journal of Management, 1997 (8): 151 - 162.

[82] Herzberg F, Mausner B. Motivation to Work [M]. New York: Wiley, 1959.

[83] Hess D, Warren D E. The Meaning and Meaningfulness of Corporate Social Initiatives [J]. Business and Society Review, 2008, 113 (2): 163 - 197.

[84] Higgins E T, Klein R, Strauman T. Self - Concept Discrepancy Theory: A Psychological Model for Distinguishing Among Different Aspects of Depression and Anxiety [J]. Social Cognition, 1985, 3 (1): 51 - 76.

[85] Hillman A J, Keim G D. Shareholder Value, Stakeholder Management and Social Issues: What'S The Bottom Line? [J]. Strategic Management Journal, 2001, 22 (2): 125 - 139.

[86] Hofstede G. Cultures and Organizations: Software of The Mind [M]. McGrawhill, New York, 2005.

[87] Holmstrom B, Milgrom P. The Firm as An Incentive System [J]. American Economic Review, 1994, 84 (4): 972 - 991.

[88] Holmstrom B. Moral Hazard in Team [J]. Bell Journal of Economics, 1982, 13 (2): 324 - 340.

[89] Howe N, Strauss W. Millennials Rising: The Next Great Generation [M]. Vintage Books, 2000.

[90] Husted B W, Allen D B. Strategic Corporate Social Responsibility and Value Creation Among Large Firms: Lessons From The Spanish Experience [J]. Long Range Planning, 2007, 40 (6): 594 – 610.

[91] Husted B W, Allend B. Is It Ethical to Use Ethics as Strategy? [M]// Business Challenging Business Ethics: New Instruments for Coping With Diversity in International Business. Springer Netherlands, 2000: 21 – 31.

[92] Inglehart R, Bakerw E. Modernization, Cultural Change and The Persistence of Traditional Values [J]. American Sociological Review, 2000, 65 (1): 19 – 51.

[93] Inglehart R. Modernization and Postmodernization: Cultural, Economic and Political Change in 43 Societies [M]. Cambridge Univ Press, 1997.

[94] Inoue Y H, Lee S K. Effects of Different Dimensions of Corporate Social Responsibility on Corporate Financial Performance in Tourism – Related Industries [J]. Tourism Management, 2011, 32 (4): 790 – 804.

[95] Jamali D. A Stakeholder Approach to Corporate Social Responsibility: A Fresh Perspective into Theory and Practice [J]. Journal of Business Ethics, 2008, 82 (1): 213 – 231.

[96] Jensen M, Meckling W. The Theory of The Firm: Managerial Behaviour, Agency Costs and Ownership Structure [J]. Social Science Electronic Publishing, 1976, 3 (4): 305 – 360.

[97] Jong A, Ruyter K, Wetzels M. Linking Employee Confidence to Performance: A Study of Self – Managing Service Teams [J]. Journal of Academy of Marketing Science, 2006, 34 (4): 576 – 587.

[98] Joshi A, Dencker J C, Franz G, et al. Unpacking Generational Identities in Organizations [J]. Academy of Management Review, 2010, 35 (3): 392 – 414.

[99] Kahn W A. Psychological Conditions of Personal Engagement and Disen-

gagement At Work [J]. Academy of Management Journal, 1990, 33 (4): 692 – 724.

[100] Katz D, Kahn R L. The Social Psychology of Organizations [M]. New York: Wiley, 1966.

[101] Kehrli S, Sopp T. Managing Generation Y [J]. Hr Magazine, 2006, 51 (5): 113 – 119.

[102] Khatri Y, Collins R. Impact and Status of HACCP in The Australian Meat Industry [J]. British Food Journal, 2007, 109 (5): 343 – 354.

[103] Kim H R, Lee M, Lee H T, et al. Corporate Social Responsibility and Employee – Company Identification [J]. Journal of Business Ethics, 2010, 95 (4): 557 – 569.

[104] Ko C P, Ko C C, Chiu S C. Engaging Employees in Organizational Commitment: The Training Quality in Industrial Management [C]. Ieem2010 – Ieem International Conference on Industrial Engineering and Engineering Management, 2010: 1840 – 1844.

[105] Kristof – Brown A L, Zimmerman R D, Johnson E C. Consequences of Individuals, Fit At Work: A Meta – Analysis of Person – Job, Person – Organization, Person – Group, and Person – Supervisor Fit [J]. Personnel Psychology, 2005, 58 (2): 281 – 342.

[106] Kwok H K. The Generation Y'S Working Encounter: A Comparative Study of Hong Kong and Other Chinese Cities [J]. Journal of Family & Economic Issues, 2012, 33 (2): 231 – 249.

[107] Lantos G P. The Boundaries of Strategic Corporate Social Responsibility [J]. Journal of Consumer Marketing, 2001, Volume 18 (7): 595 – 630 (36).

[108] Leipziger D. SA8000: The Definitive Guide to The New Social Standard [M]. Financial Times/Prentice Hall. 2001.

[109] Lepouter J, Heene A. Investigating The Impact of Firm Size on Small Business Social Responsibility: A Critical Review [J]. Journal of Management Studies, 2001, 38 (4): 489 – 513.

［110］ Lin C P. Modeling Corporate Citizenship, Organizational Trust, and Work Engagement Based on Attachment Theory ［J］. Journal of Business Ethics, 2010, 94 (4): 517 –531.

［111］ Locke E A, Henne D. Work Motivation Theories ［J］. International Review of Industrial and Organizational Psychology, 1986 (1): 1 –35.

［112］ Loscocco K A, Bose C E. Gender and Job Satisfaction in Urban China: The Early Post – Mao Period ［J］. Social Science Quarterly, 1998: 91 – 109.

［113］ Loughlin C, Barling J. Young Workers' Work Values Attitude and Behaviors ［J］. Journal of Occupational and Organizational Psychology, 2011 (11): 543 –558.

［114］ Luthans F. The Need for and Meaning of Positive Organizational Behavior ［J］. Journal of Organizational Behavior, 2002 (26): 695 –706.

［115］ Lyons S T, Higgins C A, Duxbury L. Work Values: Development of A New Three – Dimensional Structure Based on Confirmatory Smallest Space Analysis ［J］. Journal of Organizational Behavior, 2009, 31 (7): 969 –1002.

［116］ Lyons S. An Exploration of Generational Values in Life and At Work ［C］. Dissertation Abstracts International, 3462a (UMI No, . Aatnq94206), 2004.

［117］ Macey W H, Schneider B. Engaged in Engagement: We Are Delighted We Did It ［J］. Industrial and Organizational Psychology, 2008 (1): 76 – 83.

［118］ Macky, K, Gardner, D, Forsyth, S. Guest Editorial, Generational Differences At Work: Introduction and Overview ［J］. Journal of Managerial Psychology, 2008, 23 (8): 857 –861.

［119］ Manhardt P J. Job Orientation of Male and Female College Graduates in Business ［J］. Personnel Psychology, 1972, 25 (2): 361 –368.

［120］ Maslach C, Schaufeli W B, Leiter M P. Job Burnout ［J］. Annual Review of Psychology, 2001 (52): 397 –422.

［121］ Maslow A H. Motivation and Personality ［M］. New York：Harper & row，1954.

［122］ Matten D，Moon J. "Implicit" and "Explicit" CSR：A Conceptual Framework for A Comparative Understanding of Corporate Social Responsibility ［J］. Academy of Management Review，2008，33（2）：404 – 424.

［123］ Mattingly J E，Berman S L. Measurement of Corporate Social Action Discovering Taxonomy in The Kinder Lydenburg Domini Ratings Data ［J］. Business & society，2006，45（1）：20 – 46.

［124］ Mcbarnet D，Voiculescu A，Campbell T. The New Corporate Accountability：Corporate Social Responsibility and The Law ［M］：Cambridge University Press，2009.

［125］ Mcwilliams A，Siegel D. Corporate Social Responsibility and Financial Performance：Correlation or Misspecification ［J］. Strategic Management Journal，2000（5）：603 – 609.

［126］ Meyer J P，Allen N J. Testing The "Side – Bet Theory" of Organizational Commitment：Some Methodological Considerations ［J］. Journal of Applied Psychology，1984，69（3）：372 – 378.

［127］ Meyer J P，Irving G P，Allen N J. Examination of The Combined Effects of Work Values and Early Work Experiences on Organizational Commitment ［J］. Journal of Organizational Behavior，1998，19（1）：29 – 52.

［128］ Meyer J W，Rowan B. Institutionalized Organizations：Formal Structure as Myth and Ceremony ［J］. American Journal of Sociology，1977，83（2）：340 – 363.

［129］ Moon J，Shen X. CSR in China Research：Salience，Focus and Nature ［J］. Journal of Business Ethics，2010，94（4）：613 – 629.

［130］ Moore S，Grunberg L，Krause A J. Generational Differences in Workplace Expectations：A Comparison of Production and Professional Workers ［J］. Current Psychology，2015，34（2）：346 – 362.

［131］ Morsing M，Perrini F. CSR in SMEs：Do SMEs Matter for The CSR

Agenda? [J]. Business Ethics A European Review, 2009, 18 (1): 1–6.

[132] Mowday R, Porter L, Steers R. Employee – Organization Linkages [M]. Academic Press, 1982.

[133] Murillo D, Lozano J M. SMEs and CSR: An Approach to CSR in Their Own Words [J]. Journal of Business Ethics, 2006, 67 (3): 227–240.

[134] Newman A, Sheikh A Z. Organizational Commitment in Chinese Small-and Medium – Sized Enterprises: The Role of Extrinsic, Intrinsic and Social Rewards [J]. International Journal of Human Resource Management, 2012, 23 (2): 349–367.

[135] Nicholas C, Theodore H. The Effect of Age on The Job Satisfaction of Construction Workers [J]. Journal of Engineering, 2010 (3): 107–118.

[136] Nielsen I, Smyth R, Liu Y. The Moderating Effects of Demographic Factors and Hukou Status on The Job Satisfaction – Subjective Well – Being Relationship in Urban China [J]. International Journal of Human Resource Management, 2011, 22 (6): 1333–1350.

[137] Nielsen I, Smyth R. Job Satisfaction and Response to Incentives Among China's Urban Workforce [J]. The Journal of Socio – Economics, 2008, 37 (5): 1921–1936.

[138] Norris G, O'Dwyer B. Motivating Socially Responsive Decision Making: The Operation of Management Controls in A Socially Responsive Organisation [J]. British Accounting Review, 2004, 36 (2): 173–196.

[139] North D. Institutions, Institutional Change and Economic Performance [M]. Harvard University Press, 1990.

[140] O'Sullivan K. Virtue Rewarded – Companies Are Suddenly Discovering The Profit Potential of Social Responsibility [J]. CFO Magazine, 2006 (22): 46–52.

[141] Organ D W. Organizational Citizenship Behavior: The Good Soldier Syndrome [M]. Lexington, Ma: Lexington Books, 1988.

[142] Palazzo G, Scherer A G. Corporate Legitimacy as Deliberation: A Com-

municative Framework [J]. Journal of Business Ethics, 2006, 66 (1): 71 - 88.

[143] Parasuraman A, Zeithaml V A, Berry L L. A Conceptual Model of Service Quality and Its Implications for Future Research [J]. Journal of Marketing, 1985, 49 (4): 41 - 50.

[144] Parry E, Urwin P. Generational Differences in Work Values: A Review of Theory and Evidence [J]. International Journal of Management Reviews, 2011, 13 (1): 79 - 96.

[145] Peet L. Research Pew: Millennials and Libraries [J]. Library Journal, 2014, 139 (77): 19.

[146] Peloza J. The Challenge of Measuring Financial Impacts From Investments in Corporate Social Performance [J]. Journal of Management, 2009, 35 (6): 1518 - 1541.

[147] Peng M W, Sun S L, Pinkham B, and Chen H. The Institution - Based View as A Third Leg for A Strategy Tripod [J]. Academy of Management Perspectives, 2009, 23 (3): 63 - 81.

[148] Perrini F, Russo A, Tencati A. CSR Strategies of SMEs and Large Firms Evidence From Italy [J]. Journal of Business Ethics, 2007, 74 (3): 285 - 300.

[149] Peterson D K. The ReLationship Between Perceptions of Corporate Citizenship and Organizational Commitment [J]. Business & Society, 2004, 43 (3): 296 - 319.

[150] Pfeffer J, Salancik G. The External Control of Organizations: A Resource Dependence Perspective [M]. New York: Harper and Row, 1978.

[151] Pool G J, Schwegler A F. Differentiating Among Motives for Norm Conformity [J]. Basic and Applied Social Psychology, 2007, 29 (1): 47 - 60.

[152] Porter L W, Lawlere E. Managerial Attitude and Performance [M]. Richard D, Irwin Inc, 1968.

[153] Porter M E, Kramer M R. Strategy and Society: The Link Between Competitive Advantage and Corporate Social Responsibility [J]. Harvard Business

Review, 2006, 84 (12): 78 – 92.

[154] Quinn R E, Spreitzer G M. The Road to Empowerment: Seven Ques-
tions Every Leader Should Consider [J]. Organizational Dynamics, 1997, 26
(2): 37 – 49.

[155] Ralston D A, Egric P, Stewart S, et al. Doing Business in The 21st
Century With The New Generation of Chinese Managers: A Study of Generational
Shifts in Work Values in China [J]. Journal of International Business Studies,
1999, 30 (2): 415 – 427.

[156] Robbins S P. Organizational Behavior: Concepts, Controversies, and
Applications [J]. Lecture Notes in Control & Information Sciences, 1993, 374
(1): 9 – 29.

[157] Rokeach M. Beliefs, Attitudes and Values: A Theory of Organization
and Change [J]. Revue Française De Sociologie, 1968, 11 (3): 202 – 205.

[158] Rokeach M. The Nature of Human Values [M]. New York: Free
Press, 1973.

[159] Ros M, Schwartz S H, Surkiss S. Basic Individual Values, Work Val-
ues and The Meaning of Work [J]. Applied Psychology, 1999, 48 (1): 49 – 71.

[160] Rynes S L, Schmidt F L, Orlitzky M. Corporate Social and Financial
Performance: A Meta – Analysis [J]. Organization Studies, 2003, 24 (3):
403 – 441.

[161] Sanders P. Phenomenology: A New Way of Viewing Organizational
Research [J]. Academy of Management Review, 1982, 7 (3): 353 – 360.

[162] Schwartz S H. A Theory of Cultural Values and Some Implications for
Work [J]. Applied Psychology, 1999, 48 (1): 23 – 47.

[163] Scott W R. Institutions and Organizations (2nd Ed) [M]. Thousand
Oaks, Ca: Sage, 2001.

[164] Scott W R. Institutions and Organizations [M]. Institutions and Organ-
izations, Sage Publications, 2001.

[165] Sen S, Bhattacharya C B. Does Doing Good Always Lead to Doing

Better? Consumer Reactions to Corporate Social Responsibility [J]. Journal of Marketing Research, 2001 (38): 225 – 243.

[166] Sheldon O. The Philosophy of Management [M]. London: Sir Isaac. Pitman and Sons Ltd, 1924.

[167] Shleifer A, Vishny R W. The Grabbing Hand: Government Pathologies and Their Cures [M]. Cambridge, Massachusetts: Harvard University Press, 1998.

[168] Shri C. Developing The Next Generation of Leaders: How to Engage Millennial in The Workplace [J]. Leadership Advance Online, 2011 (1): 1 – 6.

[169] Smola K W, Sutton C D. Generational Differences: Revisiting Generational Work Values for The New Millennium [J]. Journal of Organizational Behavior, 2002, 23 (4): 363 – 382.

[170] Snider J, Hill R P, Martin D. Corporate Social Responsibility in The 21st Century: A View From The World's Most Successful Firms [J]. Journal of Business Ethics, 2003, 48 (2): 175 – 187.

[171] Solomon CM. Ready or Not, Here Come The Net Kids [J]. Workforce, 2000, 79 (2): 62 – 68.

[172] Southey G. The Theories of Reasoned Action and Planned Behavior Applied to Business Decisions: A Selective Annotated Bibliography [J]. Journal of New Business Ideas & Trends, 2011, 9 (1): 43 – 50.

[173] Suchman M C. Managing Legitimacy: Strategic and Institutional Approaches [J]. Academy of Management Review, 1995, 20 (6): 571 – 610.

[174] Sun J, Wang X. Value Differences Between Generations in China: A Study in Shanghai [J]. Journal of Youth Studies, 2010, 13 (1): 65 – 81.

[175] Super D E. Manual for The Work Values Inventory [M]. Chicago: Riverside Publishing Company, 1970.

[176] Tapscott D. Growing Up Digital: The Rise of The Net Generation [M]. McGraw – Hill, Inc, 2002.

[177] To S M, Tam H L. Generational Differences in Work Values, Per-

ceived Job Rewards, and Job Satisfaction of Chinese Female Migrant Workers: Implications for Social Policy and Social Services [J]. Social Indicators Research, 2014, 118 (3): 1315 –1332.

[178] Turban D B, Greening D W. Corporate Social Performance and Organizational Attractiveness to Prospective Employees [J]. Academy of Management Journal, 1997, 40 (3): 658 –672.

[179] Twenge J M, Campbell S M, Hoffman B J, et al. Generational Differences in Work Values: Leisure and Extrinsic Values Increasing, Social and Intrinsic Values Decreasing [J]. Journal of Management, 2010, 36 (5): 1117 – 1142.

[180] Valentine S, Fleischman G. Ethics Programs, Perceived Corporate Social Responsibility and Job Satisfaction [J]. Journal of Business Ethics, 2008, 77 (2): 159 –172.

[181] Vázquez – Carrasco R, López – Pérez M E. Small & Medium – Sized Enterprises and Corporate Social Responsibility: A Systematic Review of The Literature [J]. Quality & Quantity, 2013, 47 (6): 3205 –3218.

[182] VroomV H. Work and Motivation [M]. Oxford, England: Wiley, 1964.

[183] Waddock S A, Graves S B. The Corporate Social Performance [J]. Strategic Management Journal, 1997, 8 (4): 303 –319.

[184] Waddock S, Smith N. Relationships: The Real Challenge of Corporate Global Citizenship [J]. Business & Society Review, 2000, 105 (1): 47 –62.

[185] Wang Y P, Chen M H, Hyde B, et al. Chinese Employees' Work Values and Turnover Intentions in Multinational Companies: The Mediating Effect of Pay Satisfaction [J]. Social Behavior and Personality An International Journal, 2010, 38 (7): 871 –894.

[186] Weber E U, Johnson E J. Mindful Judgment and Decision Making [J]. Annual Review of Psychology, 2008 (L): 53 –85.

[187] Weitzner D, Cairns G, Darroch J. Why Moral Failures Precede Fi-

nancial Crises [J]. Critical Perspectives on International Business, 2009, 5 (1/ 2): 68 - 82.

[188] Williamson O E. Managerial Discretion and Business Behavior [J]. American Economic Review, 1963, 53 (5): 1032 - 1057.

[189] Wilson B, Squires M, Widger K, et al. Job Satisfaction Among A Multigenerational Nursing Workforce [J]. Journal of Nursing Management, 2008, 16 (6): 716 - 723.

[190] Wilson D K. New Look At Performance Appraisal for Scientist and Engineer [J]. Research Technology Management, 1994 (1): 51 - 55.

[191] Wood D J, Jones R E. Stakeholder Mismatching: A Theoretical Problem in Empirical Research on Corporate Social Performance [J]. International Journal of Organizational Analysis (1993 - 2002), 1995, 3 (3): 229 - 267.

[192] Wood D J. Corporate Social Performance Revisited [J]. Academy of Management Review, 1991, 16 (4): 691 - 718.

[193] Wood D J. Measuring Corporate Social Performance: A Review [J]. International Journal of Management Reviews, 2010 (1): 50 - 84.

[194] Yin, R K. Case Study Research: Design and Methods 2nd Edition [M]. Sage Publications Usa, 1994.

[195] Zemke R, Raines C, Filipczak B. Generations At Work: Managing The Clash of Veterans, Boomers, Xers and Nexters in Your Workplace [J]. Career Planning & Adult Development Journal, 2000, 41 (2): 98 - 99.

[196] Zhang B, Yang S, Bi J. Enterprises' Willingness to Adopt/Develop Cleaner Production Technologies: An Empirical Study in Changshu, China [J]. Journal of Cleaner Production, 2013 (40): 6 - 270.

[197] Zhu Q, Yinh, Liu J, et al. How Is Employee Perception of Organizational Efforts in Corporate Social Responsibility Related to Their Satisfaction and Loyalty Towards Developing Harmonious Society in Chinese Enterprises? [J]. Corporate Social Responsibility & Environmental Management, 2014, 21 (1): 28 - 40.

附件 1：

民营企业新生代员工的职场特征调查问卷

尊敬的女士/先生：

您好！首先非常感谢您能抽出宝贵的时间参加这次问卷调查。本问卷不记姓名，所有资料仅用于学术研究的整体分析，调查内容绝对保密。问卷中所有的问题和答案没有对错、好坏、高低之分，不会对您自已和所在工作单位带来任何不良影响，请放心填写！谢谢您的支持与帮助！

江苏理工学院课题组

一、您的基本信息与工作特征（请在相应的选项打"√"，在空白处填写具体情况）

1. 性别： A. 男 B. 女	2. 婚姻状况： A. 已婚 B. 未婚
3. 出生年月： A. 1979 年及以前 B. 1980～1989 年 C. 1990 年及以后	
4. 受教育程度： A. 初中及以下 B. 高中或职中 C. 大专或高职 D. 本科 E. 研究生及以上	
5. 政治面貌是： A. 中共党员 B. 民主党派 C. 共青团员 D. 一般群众	
6. 您的工作性质： A. 生产工人 B. 营销人员 C. 管理人员 D. 技术人员 E. 后勤服务人员 F. 其他（请填写）	
7. 您的职位： A. 一般员工 B. 基层管理者 C. 中层管理者 D. 高层管理者	
8. 您的月平均收入状况： A. 2000 元以下 B. 2001～5000 元 C. 5001～10000 元 D. 10001～20000 元 E. 20000 元以上	
9. 您所在企业的性质： A. 国有或国有控股 B. 民营 C. 外商独资 D. 中外合资 E. 其他（请说明）	
10. 您所在企业所在行业： A. 制造业 B. 服务业 C. 其他（请说明）	
11. 您所在企业成立时间：_____年	12. 您所在企业员工人数_____人
13. 您的工作年限：_____年	14. 您在本企业的工作年限：_____年
15. 您的平均每周工作天数：_____天	16. 您的平均每天工作时间_____小时

二、您的职场状态（请您根据自身的实际情况选择）

1. 您的劳动报酬构成有哪些？请按照您认为的重要性排序。（　　　）

A. 基本工资　　　B. 绩效工资　　　C. 学历工资　　　D. 津贴和补贴

E. 工龄工资　　　F. 劳动保护　　　G. 社会保险　　　H. 企业年金

I. 公积金　　　　J. 带薪休假　　　K. 奖金　　　　　L. 教育培训

M. 分红　　　　　N. 企业股份　　　O. 其他（请填写）

2. 所在单位为您足额缴纳的保险险种有（可多选）：（　　　）

A. 养老保险　　　B. 医疗保险　　　C. 失业保险　　　D. 生育保险

E. 工伤保险　　　F. 住房公积金　　　G. 其他（请填写）

3. 您的薪酬能及时发放吗？（　　　）

A. 能　　　　　　B. 基本能　　　　C. 经常拖欠

4. 您认为自己的才能在目前岗位是否得到充分发挥？（　　　）

A. 完全没有　　　B. 有些方面没有　　C. 一般

D. 发挥尚好　　　E. 充分发挥

5. 您对企业的奖惩制度是否满意？（　　　）

A. 满意（请跳过下一题继续作答）B. 不满意（请继续作答下一题）

不满意的原因是（至多选三项）：（　　　）

A. 太严格了，没有人情味　　　　B. 奖惩制度不完善

C. 领导层不按奖惩制度执行　　　D. 公司没有奖惩制度

E. 其他（请注明）：

6. 当您出色完成任务时，您最希望获得的奖励是（请排序）：（　　　）

A. 薪酬提高　　　B. 职位晋升　　　C. 在同事面前得到表扬

D. 被人尊重　　　E. 领导认可　　　F. 旅游休假

G. 得到向往已久的培训机会　　　　H. 其他（请填写）：

7. 就目前的工作和生活，您认为最需要企业帮助解决的是什么问题（请排序）：（　　　）

A. 提高工资待遇　　　　　　　　B. 改善工作环境

C. 完善晋升机制　　　　　　　　D. 解决住房问题

E. 完善公共交通等生活设施　　　F. 解决个人户籍、婚姻及子女入学问题

G. 其他（请注明）：

8. 您认为企业缺乏对员工哪些方面的培养（至多选三项）？（　　）

A. 专业知识和技能的培养　　　　B. 社交能力的培养

C. 社会责任感的培养　　　　　　D. 自我塑造能力的培养

E. 其他（请注明）：

9. 截至目前，您更换过几次工作？（　　）

A. 1 次　　　　　B. 2 次到 3 次　　C. 4 次到 5 次　　　D. 6 次以上

您可能更换工作的原因（至多选三项）：（　　）

A. 没有发展前途或福利待遇不好　　B. 离家远

C. 同事或管理层的原因　　　　　　D. 工作环境的原因

E. 其他（请说明）

10. 您目前的生活或工作是否有压力？（　　）

A. 有（请继续回答下一题）　　　B. 没有（请跳过下一题继续作答）

压力主要来自哪些方面（至多选三项）：（　　）

A. 人际关系压力　B. 经济压力　　C. 工作压力　　D. 个人情感压力

E. 其他（请注明）：

11. 您一般会采取何种方式应对压力？（　　）

A. 倾诉、交流　B. 上网　　　C. 酗酒　　　　D. 运动

E. 想到自杀　F. 其他方式（请注明）：

12. 您所在的企业是否有压力管理相关宣传教育或培训活动？（　　）

A. 有　　　　　　　　　　　　　B. 无

13. 您所在的企业是否设置压力咨询服务部门？（　　）

A. 有　　　　　　　　　　　　　B. 无

14. 您的工作满意度是？（　　）

A. 非常满意　　B. 比较满意　　C. 一般

D. 不满意　　　E. 非常不满意

15. 您所在单位员工的敬业情况？（　　）

A. 非常敬业　　B. 比较敬业　　C. 一般

D. 不敬业　　　E. 非常不敬业

16. 您所在单位员工的工作行为？（　　　）

A. 非常积极　　　B. 比较积极　　　C. 一般

D. 比较消极　　　E. 非常消极

三、您的利益需求（请按照每项陈述与自己理解、感知及实际情况的吻合程度在相应数字上打"√"。）如果有的问题让您感到比较模糊，请不必反复推敲，只要按照您的第一感觉填写就行。

		非常不重要	不重要	不确定	重要	非常重要
1	享有学习和培训的机会	1	2	3	4	5
2	承担具有挑战性的工作	1	2	3	4	5
3	能力在工作中可以得到提高	1	2	3	4	5
4	获得新的工作机会和承担新的责任	1	2	3	4	5
5	能按自己的方式安排工作	1	2	3	4	5
6	享有灵活的工作场所和工作时间	1	2	3	4	5
7	工作能得到上级的信任或被授权	1	2	3	4	5
8	上级能采纳提出的创意或建议	1	2	3	4	5
9	能从工作中获得满足感和成就感	1	2	3	4	5
10	享有提供晋升的机会	1	2	3	4	5
11	工作岗位能发挥自己的潜能	1	2	3	4	5
12	享有一份与自己贡献相称的报酬	1	2	3	4	5
13	物质报酬仅是自身价值的体现	1	2	3	4	5
14	工作目的就是为了获得物质报酬	1	2	3	4	5
15	能以自身价值拥有股权，分享公司利益	1	2	3	4	5
16	良好的双向沟通环境和人际关系	1	2	3	4	5
17	好的团队工作氛围	1	2	3	4	5
18	知识共享的学习型组织	1	2	3	4	5
19	优秀的企业文化（共同的价值观）	1	2	3	4	5
20	良好的制度环境（健全的管理制度）	1	2	3	4	5
21	科学合理的员工价值与业绩评估体系	1	2	3	4	5

您还有哪些其他需求，请列出：

问卷到此结束，再次感谢您的支持！

附件 2：

企业员工社会责任决策行为调查问卷

尊敬的女士/先生：

您好！本问卷旨在从管理者角度了解企业员工社会责任决策行为特征。答题没有对错、好坏之分，请您根据企业实际情况及您个人的实际感受作答。本问卷不记姓名，所有资料仅用于学术研究的整体分析，不会对您自己和所在工作单位带来任何不良影响，且调查信息绝对保密。请放心填写！谢谢您的支持与帮助！

江苏理工学院课题组

说明：企业员工社会责任是指企业针对内部利益相关者——员工承担的社会责任，包括有竞争力的薪酬、有效的健康和安全保障、培训和晋升机会等。

一、您和所在企业的基本信息（请在相应的选项上打"√"）

1. 您的性别：□男 □女

2. 您的文化程度：

□初中及以下 □高中及中专 □大专

□本科 □硕士及以上

3. 您的年龄为：

□25 岁以下 □26～30 岁 □31～35 岁

□36～40 岁 □41～45 岁 □46～50 岁

□51～55 岁 □56～60 岁 □60 岁以上

4. 您的职位：□基层主管 □中层干部 □高层管理人员 □其他（请注明）

5. 您所在的部门：

□技术或研发 □生产 □市场或销售

□财务 □人力资源 □行政

□其他（请注明）

6. 您是否相信儒家学说或佛教或基督教？

□明确反对 □不大相信 □不相信也不反对

□有些相信　　　　　□非常相信

7. 贵企业/公司的员工人数＿＿＿人，贵企业/公司的成立时间＿＿＿年。

8. 贵企业/公司的性质：

□国有（含国有控股）□集体　　　　　□股份制

□外资或合资　　　　□民营　　　　　□其他（请注明）

9. 贵企业/公司的规模：□微型　□小型　□中型　□大型　□特大型

10. 贵企业/公司是否家族企业？　　□是　　　　□否

11. 贵企业/公司是否上市公司？　　□是　　　　□否

12. 贵企业/公司所属的行业：

□制造业　　　　　□服务业　　　　　□其他产业（请注明）

13. 贵公司/企业正处于哪个发展阶段：

A. 刚刚创建，各种资源比较匮乏，目前求生存是我们的首选目标

B. 公司开始步入良性轨道，正进入一个快速发展时期，需要调整企业战略实现规模扩张

C. 公司的规模已达到相当程度，企业更加关注社会责任的承担和履践

D. 公司已经过了发展高峰期，目前非常不景气，难以适应社会发展，面临被淘汰的局面

14. 下列哪些选项符合贵企业/公司高管（老总或董事长、副总、部门经理）实际情况？（可多选）

A. 本企业高管是人大代表或政协委员

B. 本企业高管在政府部门/国有企业任职或曾经任职

C. 本企业高管是政府部门的咨询顾问

D. 本企业的高管在行业协会中任职

E. 本企业老总或董事长加入了中国共产党或民主党派

F. 本企业的高管与政府官员保持经常的私人联系

G. 上述各项都不符合，补充说明

二、企业社会责任认知（请在相应的选项上打"√"）

1. 管理者社会责任态度（请您根据自己的观点对下列陈述进行判断，并在相应数字上打"√"）

		非常不赞同	不赞同	不确定	赞同	非常赞同
1	企业严格追求经济利益就是对社会的最大负责	1	2	3	4	5
2	承担社会责任可能使企业资源的使用偏离企业主要目标	1	2	3	4	5
3	承担社会责任会增加企业成本，削弱企业竞争力	1	2	3	4	5
4	社会对企业的期望只是追求效率和利润最大化	1	2	3	4	5
5	让企业从事盈利以外的社会活动会使社会变得更糟而不是更好	1	2	3	4	5
6	承担社会责任可以提高企业的知名度与美誉度	1	2	3	4	5
7	承担社会责任使管理者挪用和出卖了股东的财富	1	2	3	4	5
8	承担社会责任可以影响到消费者的购买意向	1	2	3	4	5
9	承担社会责任可以增加商业伙伴的信赖	1	2	3	4	5
10	承担社会责任可以塑造融洽的组织气氛和人际关系	1	2	3	4	5
11	参与社会责任行动能够融洽与社区的关系	1	2	3	4	5
12	承担社会责任可以优化政企关系	1	2	3	4	5
13	选择工作职业的最重要因素是工资待遇	1	2	3	4	5
14	金钱是衡量个人价值的最重要的标准	1	2	3	4	5
15	选择工作最主要是看能否作出一番成就	1	2	3	4	5
16	工作中取得成绩是让人最快乐的事情	1	2	3	4	5
17	有精神追求的生活让人幸福	1	2	3	4	5
18	任何时候都不应该做社会不能接受的事情	1	2	3	4	5
19	任何时候都不应为自己的利益而不顾公共利益	1	2	3	4	5
20	社区的事也是自己的事情	1	2	3	4	5

2. 企业外部环境感知（请您根据自己的观点对下列陈述进行判断，并在相应数字上打"√"）

		非常不符合	不符合	不确定	符合	非常符合
1	各级政府对违反社会责任的经营行为有严厉的惩罚措施	1	2	3	4	5
2	政府通过举报和严格执法等措施来保障市场主体的利益	1	2	3	4	5
3	各级政府通过各种形式宣传企业社会责任理念	1	2	3	4	5
4	国家对公众反应的违反社会责任行为有迅速反应	1	2	3	4	5
5	公司从行业或职业协会中了解企业社会责任理念	1	2	3	4	5
6	对社会负责的经营理念备受本地公众的推崇	1	2	3	4	5
7	公众对企业负责任地对待利益相关者的行为非常赞赏	1	2	3	4	5
8	公司领导、员工接受的社会责任教育对企业有很强影响	1	2	3	4	5
9	业内企业因其社会责任履行较好而扩大了它的知名度	1	2	3	4	5
10	公司密切关注同业在公共关系中的策略和举措	1	2	3	4	5
11	企业所在的行业组织制定了企业社会责任准则	1	2	3	4	5
12	社会责任建设做得好的同行在经营中的效益也好	1	2	3	4	5
13	公司商业伙伴逐渐加强了企业社会责任体系建设	1	2	3	4	5
14	本地或同业标杆企业社会责任情况对本企业有深刻影响	1	2	3	4	5

3. 知觉行为控制（请您根据自己的观点对下列陈述进行判断，并在相应数字上打"√"）

		非常不赞同	不赞同	不确定	赞同	非常赞同
1	企业内部有足够的财务资源可以用于自由支配	1	2	3	4	5
2	企业的留存收益（如未分配利润）足以支持市场扩张	1	2	3	4	5
3	企业的工艺设备或技术虽然比较先进，但没有得到充分利用	1	2	3	4	5
4	企业拥有的专业人才比较多，还有一定的发掘潜力	1	2	3	4	5
5	企业目前的生产能力有富余	1	2	3	4	5
6	企业具备较强的社会责任管理能力	1	2	3	4	5
7	企业拥有较多的潜在关系资源可以利用	1	2	3	4	5
8	企业能够在需要时获得银行贷款或其他金融机构资助	1	2	3	4	5
9	企业有良好的渠道了解社会责任评价标准、法律法规、政策制度等相关信息	1	2	3	4	5
10	企业无法方便获得专业协会或中介组织提供的与社会责任履行有关的管理与技术支持	1	2	3	4	5

三、企业员工社会责任履践意向与行为特征

1. 企业员工社会责任履践意向（请您根据自己的观点对下列陈述进行判断，并在相应数字上打"√"）

		非常不符合	不符合	不确定	符合	非常符合
1	社会责任管理已被整合到企业整体运营计划中	1	2	3	4	5
2	企业在制定战略规划时考虑社会问题对自身业务的影响	1	2	3	4	5

续表

		非常不符合	不符合	不确定	符合	非常符合
3	企业将社会责任问题以一定的形式向社会报告	1	2	3	4	5
4	在具体社会责任事件中，相关部门有明确的职责	1	2	3	4	5
5	企业积极制定社会问题解决方案以及相关部门的职责	1	2	3	4	5
6	企业管理人员接受的培训课程有关于企业社会责任的内容	1	2	3	4	5
7	高层管理者为相应的企业社会责任制订具体的行动计划	1	2	3	4	5
8	企业高层将承担相应的社会责任列入日常主要经营活动中	1	2	3	4	5
9	企业高层在日常经营活动中能够为承担相应的社会责任分配资源	1	2	3	4	5
10	企业高层对企业承担社会责任的目标进行监督	1	2	3	4	5
11	企业高层对社会责任行动的效果进行审核、反馈及修正	1	2	3	4	5

2. 企业员工社会责任行为特征（请您根据自己的观点对下列陈述进行判断，并在相应数字上打"√"）

		非常不符合	不符合	不确定	符合	非常符合
1	本企业职务晋升机会均等，无歧视与不公平待遇	1	2	3	4	5
2	本企业内部沟通渠道畅通	1	2	3	4	5
3	本企业决策的透明度高	1	2	3	4	5
4	本企业员工适才而用，合理配置	1	2	3	4	5

		非常不符合	不符合	不确定	符合	非常符合
5	本企业员工有投诉渠道，并能迅速得到反馈	1	2	3	4	5
6	本企业有合理公平的奖酬、惩罚机制	1	2	3	4	5
7	本企业劳务合同的诚信度高	1	2	3	4	5
8	本企业管理者尊重员工、维护员工尊严	1	2	3	4	5
9	本企业工资、奖金的分配合理公平	1	2	3	4	5
10	本企业工作分工明确，权责分明	1	2	3	4	5
11	本企业工作环境与安全有保障，工作场所卫生设施完善	1	2	3	4	5
12	本企业保护女性及未成年工，或为残障人士提供工作岗位	1	2	3	4	5
13	本企业额外发放加班补贴，有假期薪水	1	2	3	4	5
14	本企业有人性化休息制度，能够为员工安排弹性工作时间	1	2	3	4	5
15	本企业退休养老制度完善，作为该公司的员工有自豪感	1	2	3	4	5

四、企业员工社会责任绩效

1. 员工敬业度（请您根据自己的观点对下列陈述进行判断，并在相应数字上打"√"）

		完全不同意	基本不同意	说不清	基本同意	完全同意
1	我很自豪地告诉别人我是这公司的一员	1	2	3	4	5
2	我对朋友高度评价我所在的公司	1	2	3	4	5
3	我愿意向正在求职的朋友推荐公司	1	2	3	4	5
4	如果有机会，我将向公司以外的人员介绍在这里工作的益处	1	2	3	4	5

		完全 不同意	基本 不同意	说不清	基本 同意	完全 同意
5	我很高兴地向朋友和家庭介绍我的公司产品服务	1	2	3	4	5
6	我每天尽全力工作	1	2	3	4	5
7	在工作中，我常常不知疲倦	1	2	3	4	5
8	当我工作时，我脑子里就只有工作	1	2	3	4	5
9	当我工作时，时间总是不知不觉就过去了	1	2	3	4	5
10	我常常做得比要求的更多	1	2	3	4	5
11	在工作时很忘我	1	2	3	4	5
12	让我放下手中的工作是件很困难的事情	1	2	3	4	5
13	能从我的工作中体验出一种成就感	1	2	3	4	5
14	我发现我所做的工作充满意义和价值	1	2	3	4	5
15	我的工作对我来说很有挑战性	1	2	3	4	5
16	我的工作很有激励性	1	2	3	4	5
17	我在工作中感到很快乐	1	2	3	4	5

2. 企业经营绩效（请您根据自己的观点对下列陈述进行判断，并在相应数字上打"√"）

（1）本企业在市场扩张方面：

1. 市场缩小　　　　2. 扩大极慢　　　　3. 扩大较慢

4. 扩大较快　　　　5. 扩大非常快

（2）本企业在盈利方面：

1. 亏损　　　　　　2. 盈利较少　　　　3. 中等水平

4. 盈利丰厚　　　　5. 盈利相当丰厚

（3）预计本企业的规模将：

1. 迅速减小　　　　2. 有所减小　　　　3. 保持不变

4. 有所扩大　　　　5. 迅速扩大

（4）本企业的竞争能力：

1. 非常弱   2. 较弱   3. 中等

4. 较强   5. 非常强

（5）本企业完成任务的能力：

1. 非常差   2. 较差   3. 一般

4. 较好   5. 非常好

（6）本企业实际离职的员工：

1. 非常多   2. 较多   3. 中等

4. 较少   5. 非常少

（7）本企业员工工作满意度：

1. 非常低   2. 较低   3. 中等

4. 较高   5. 非常高

（8）本企业员工的出勤率：

1. 非常低   2. 较低   3. 中等

4. 较高   5. 非常高

（9）本企业应聘人员的求职意愿：

1. 非常弱   2. 较弱   3. 中等

4. 较强   5. 非常强

问卷到此结束，再次感谢您的支持！

附件 3：

企业员工社会责任、员工忠诚度与企业经济绩效调查问卷

尊敬的女士/先生：

您好！非常感谢您在百忙之中参与此次问卷调查，本次调查目的主要在于探究企业员工社会责任行为背后的驱动力，为了促进企业更好地承担对员工的社会责任和提高员工忠诚度，我们特向您发放此问卷。本问卷采用匿名的调查方式，得到的数据仅供学术研究之用，我们不会以任何形式泄露您填写的信息。

感谢您的协助！

江苏理工学院课题组

一、基本信息（请根据您个人及您所在企业的真实情况回答下列问题，并在相应□中打"√"）

（一）个人基本信息

1. 您的性别：　□男　　　□女

2. 您的年龄：　□20 岁及以下　　□21～30 岁　　　□31～40 岁
　　　　　　　□41～50 岁　　　□51 岁及以上

3. 您的文化程度：□初中及以下　□高中/中专　□大专/本科　□研究生

4. 您在企业的工作时间：

□1 年及以下　　　□2～6 年　　　　□7～10 年

□11～15 年　　　□16 年以上

5. 您的工作职务：□一线工人　　　　□基层管理人员
　　　　　　　　□中层管理人员　　□高层管理人员

6. 您的月平均收入状况：

□1000 元以下　　□1001～3000 元　　□3001～5000 元

□5001～10000 元　□10000 元以上

（二）您所在企业的基本情况

企业名称：_____企业所在地及联系方式

7. 您所在企业的性质：

□国有或国有控股　　□民营　　　　　　□外商独资

□中外合资　　　　　□其他

8. 贵公司所在行业：

□制造业　　　　　□服务业　　　　　□医疗、教育业

□信息技术业　　　□建筑房地产业　　□贸易业

□交通运输业　　　□金融保险业　　　□其他

9. ①贵公司成立时间：＿＿＿＿＿＿＿②贵公司的人数是＿＿＿＿＿＿。

二、企业对员工的社会责任表现（请根据实际情况，从下列描述中选出您认为最符合实际的选项，并在对应方格打"√"）

		非常差	比较差	一般	比较好	非常好
1	企业为员工提供公平、合理的薪酬					
2	企业准时发放工资、不无故克扣工资					
3	员工加班，企业给予合理的加班费					
4	企业依法为员工缴纳社会保险费					
5	企业依法与员工签订劳动合同					
6	企业重视员工的健康，定期安排员工体检					
7	企业为员工提供健康安全的工作环境					
8	企业依法保障员工的休息、休假					
9	企业尊重员工的人格					
10	企业能够正确对待患病负伤、生理不健全的员工					
11	企业为员工提供公平的职业培训或培训机会					
12	企业重视员工的晋升和职业发展					
13	企业依法建立工会组织或职工代表大会					

续表

		非常差	比较差	一般	比较好	非常好
14	企业无雇用童工现象					
15	企业对于性骚扰或虐待员工的情况做的					
16	员工平均收入与行业平均水平					

三、企业员工忠诚度调查表现

		极不符合	不符合	一般	比较符合	非常符合
1	我每天尽全力工作既为自己，也为企业的发展					
2	如企业发展遇到困难，我会与企业共渡难关					
3	我相信企业管理者的能力，继续留在本企业不会受到亏待					
4	我经常在朋友面前提到我所工作的企业是很优秀的企业					
5	我可能会离开企业另谋他就					
6	如果我听到别人说我的企业不好，我会与之辩驳					
7	企业提供的各项工作条件有利于我实现理想					
8	我愿意向正在求职的朋友推荐企业					
9	企业愿意帮助我在工作中发挥出我的最大能力					
10	我在工作中感到很快乐					
11	我很喜欢目前的工作氛围，即使在非工作时间也愿意与同事在一起					
12	我对目前企业提供的工资和福利与本地区同行业相比感到满意					

四、您认为贵企业在以下各方面的绩效如何，请在相应□中打"√"。

1. 本企业的盈利水平：　　□非常低　　□比较低　　□一般
　　　　　　　　　　　　□比较高　　□非常高

2. 本企业的市场占有率：　□非常低　　□比较低　　□一般
　　　　　　　　　　　　□比较高　　□非常高

3. 本企业的市场扩张速度：□非常慢　　□比较慢　　□一般
　　　　　　　　　　　　□比较快　　□非常快

4. 本企业的企业形象：　　□非常差　　□比较差　　□一般
　　　　　　　　　　　　□比较好　　□非常好

5. 本企业的品牌声誉：　　□非常差　　□比较差　　□一般
　　　　　　　　　　　　□比较好　　□非常好

6. 本企业的公司治理水平：□非常差　　□比较差　　□一般
　　　　　　　　　　　　□比较好　　□非常好

7. 贵企业是否通过企业社会责任认证：□是　　　□否

如果贵企业通过企业社会责任认证，最希望从政府那里得到哪些待遇，或希望政府出台哪些配套、优惠政策来支持企业，请具体说明：

问卷完毕，再次感谢您的支持！

附件 4：

企业社会责任行为、员工敬业度及工作行为调查问卷

尊敬的女士/先生：

您好！首先非常感谢您能抽出宝贵的时间参加这次问卷调查。本问卷不记姓名，所有资料仅用于学术研究的整体分析，调查内容绝对保密。问卷中所有的问题和答案没有对错、好坏、高低之分，不会对您自己和所在工作单位带来任何不良影响，请放心填写！谢谢您的支持与帮助！

江苏理工学院课题组

第一部分　员工基本信息

（请您根据自身的实际情况填写数字或打 "√"）

1. 性别：　　A. 男　　B. 女	2. 婚姻状况：　　A. 已婚　　B. 未婚
3. 出生年月：　　A. 1979 年及以前　　B. 1980～1989 年　　C. 1990 年及以后	
4. 受教育程度： A. 初中及以下　B. 高中或职中　C. 大专或高职　D. 本科　E. 研究生及以上	
5. 政治面貌是：　　A. 中共党员　　B. 民主党派　　C. 共青团员　　D. 一般群众	
6. 您的工作性质： A. 生产工人　B. 营销人员　C. 管理人员　D. 技术人员　E. 后勤服务人员　F. 其他（请填写）	
7. 您的职位：A. 一般员工　　B. 基层管理者　　C. 中层管理者　　D. 高层管理者	
8. 您的月平均收入状况： A. 2000 元以下　B. 2001～5000 元　C. 5001～10000 元　D. 10001～20000 元　E. 20000 元以上	
9. 您所在企业的性质： A. 国有或国有控股　　B. 民营　　C. 外商独资　　D. 中外合资　　E. 其他（请说明）	
10. 您所在企业所在行业：A. 制造业　　B. 服务业　　C. 其他（请说明）	
11. 您所在企业成立时间：＿＿＿＿＿年	12. 您所在企业员工人数＿＿＿＿＿人
13. 您的工作年限：＿＿＿＿＿年	14. 您在本企业的工作年限：＿＿＿＿＿年

第二部分　员工敬业度表现

（请按照每项陈述与自己理解、感知及实际情况的吻合程度在相应数字上打"√"）

	A. 员工敬业度	完全不同意	基本不同意	说不清	基本同意	完全同意
1	我很自豪地告诉别人我是这公司的一员	1	2	3	4	5
2	我对朋友高度评价我所在的公司	1	2	3	4	5
3	我愿意向正在求职的朋友推荐公司	1	2	3	4	5
4	如果有机会，我将向公司以外的人员介绍在这里工作的益处	1	2	3	4	5
5	我很高兴向朋友和家庭介绍我的公司产品服务	1	2	3	4	5
6	我每天尽力工作	1	2	3	4	5
7	在工作中，我常常不知疲倦	1	2	3	4	5
8	当我工作时，我脑子里就只有工作	1	2	3	4	5
9	当我工作时，时间总是不知不觉就过去了	1	2	3	4	5
10	我常常做得比要求得更多	1	2	3	4	5
11	在工作时很忘我	1	2	3	4	5
12	让我放下手中的工作是件很困难的事情	1	2	3	4	5
13	能从我的工作中体验出一种成就感	1	2	3	4	5
14	我发现我所做的工作充满意义和价值	1	2	3	4	5
15	我的工作对我来说很有挑战性	1	2	3	4	5
16	我的工作很有激励性	1	2	3	4	5
17	我在工作中感到很快乐	1	2	3	4	5

第三部分　影响员工敬业度的因素

（下面是一些有关您自己和工作单位的一些陈述，请按照每项陈述与自己理解、感知及实际情况的吻合程度在相应数字上打"√"）

	B. 员工感知的企业社会责任	极不符合	较不符合	不确定	比较符合	非常符合
1	我们公司提供广泛的福利待遇来提高员工的生活质量	1	2	3	4	5
2	员工在我们公司得到了合理的工资待遇，以保证满意的生活质量	1	2	3	4	5
3	我们公司制定政策来为全体员工提供安全和健康的工作环境	1	2	3	4	5
4	我们公司支持员工进一步深造	1	2	3	4	5
5	在我目前的工作中，有足够的机会可以发展我的技能	1	2	3	4	5
6	我们公司的政策鼓励员工的技能及职业发展	1	2	3	4	5
7	我们公司实行灵活的政策，使员工的工作与生活得到了很好平衡	1	2	3	4	5
8	我们公司的管理会首先考虑员工的需求和欲望	1	2	3	4	5
9	与员工有关的管理决策通常都是公平的	1	2	3	4	5
10	我相信我们公司为所有员工都提供了平等的机会	1	2	3	4	5
11	我们公司的主要原则之一，就是为顾客提供高品质的产品	1	2	3	4	5
12	我们的产品符合国家及国际标准	1	2	3	4	5
13	我们承诺综合来讲我们的产品是客户在市场上最好的选择	1	2	3	4	5
14	我们公司为客户提供了全面准确的产品信息	1	2	3	4	5
15	我们公司对客户权益的尊重甚至超出了法规所要求的范围	1	2	3	4	5
16	顾客满意对我们公司来说极其重要	1	2	3	4	5
17	我们公司会及时回应客户的投诉	1	2	3	4	5

续表

B. 员工感知的企业社会责任	极不符合	较不符合	不确定	比较符合	非常符合
18 我们公司采取一些特殊手段与措施尽量减少对自然环境的负面影响	1	2	3	4	5
19 我们公司参与那些以保护并改善环境为目的的活动	1	2	3	4	5
20 我们公司拥有必要的设备以减少对环境的负面影响	1	2	3	4	5
21 我们公司为避免环境恶化进行了很好的投资规划	1	2	3	4	5

C. 个人—工作特征匹配	很差	比较差	一般	比较好	很好
1 对目前工作负荷大小的感觉	1	2	3	4	5
2 目前工作的稳定性	1	2	3	4	5
3 人能力及特长在工作中的发挥情况	1	2	3	4	5
4 工作对个人能力提升的情况	1	2	3	4	5
5 在工作中的威信和影响力	1	2	3	4	5
6 所从事工作的挑战性	1	2	3	4	5
7 目前工作令我愉快的程度	1	2	3	4	5
8 公司使命和目标使我觉得自己工作的重要程度	1	2	3	4	5
9 在工作中的自主程度	1	2	3	4	5

D. 员工工作价值观	非常不重要	不重要	不确定	重要	非常重要
1 有固定工作时间和地点（不用经常出差）	1	2	3	4	5
2 工作有保障（即有稳定的工作）	1	2	3	4	5
3 工作中有明确的规则和程序可循	1	2	3	4	5
4 有充足的业余时间	1	2	3	4	5

续表

	D. 员工工作价值观	非常 不重要	不重要	不确定	重要	非常 重要
5	有舒适的工作环境与条件	1	2	3	4	5
6	工作中需要与许多人打交道	1	2	3	4	5
7	所做工作能够激发自己动脑	1	2	3	4	5
8	所做工作需要创造力	1	2	3	4	5
9	所做工作对社会有贡献	1	2	3	4	5
10	所做工作能够满足自己个人兴趣	1	2	3	4	5
11	工作中能够不断地学习新的知识和技能	1	2	3	4	5
12	工作中允许摸索自己的做事方法	1	2	3	4	5
13	所做工作能够给自己带来成就感	1	2	3	4	5
14	工作中可以承担各种不同的职责和任务	1	2	3	4	5
15	有升职机会	1	2	3	4	5
16	有获得高收入的机会	1	2	3	4	5
17	工作中可以监管别人（即拥有管人的权力）	1	2	3	4	5
18	所做工作能够使自己得到别人的尊敬	1	2	3	4	5
19	所做工作是企业的核心任务，至关重要	1	2	3	4	5
20	有工作自主权（即能够独立地控制自己的工作）	1	2	3	4	5
21	工作具有风险性（即能够承担更大的责任）	1	2	3	4	5

第四部分　员工的工作行为

（请按照每项陈述与自己理解、感知及实际情况的吻合程度在相应数字上打"√"）

	E. 员工的工作行为	极不 符合	较不 符合	不确定	比较 符合	非常 符合
1	我履行了工作描述和岗位职责中的所有工作	1	2	3	4	5
2	我总是能够实现岗位职责所要求的工作绩效	1	2	3	4	5
3	我认真负责地完成了被期望完成的职责任务	1	2	3	4	5

	E. 员工的工作行为	极不符合	较不符合	不确定	比较符合	非常符合
4	我充分完成了部门安排给的我所有工作	1	2	3	4	5
5	在某种情况下，我没有完成必须工作的职责	1	2	3	4	5
6	偶尔可能会忽略本来应该完成的一部分工作	1	2	3	4	5
7	我乐意帮助新同事尽快熟悉和适应工作环境	1	2	3	4	5
8	我总是愿意帮助同事解决工作上遇见的问题	1	2	3	4	5
9	如果需要，我愿意为单位同事分担部分急需完成的工作	1	2	3	4	5
10	平时工作中，我非常乐意与同事进行沟通、协调	1	2	3	4	5
11	如果同事在工作中需要，我总是乐于助人	1	2	3	4	5
12	我非常乐意推荐我的好朋友从事我做的这种工作	1	2	3	4	5
13	假如需要重新进行工作选择，我依然要选择现在的这种工作	1	2	3	4	5
14	总体上看，我对自己现在所从事的工作感到非常满意	1	2	3	4	5
15	我对所在单位的工作作出了显著贡献	1	2	3	4	5
16	我总是能够按时完成上级分派的工作任务	1	2	3	4	5
17	我是所在企业中的最优秀员工之一	1	2	3	4	5
18	我的工作业绩总是能够达到上级的要求	1	2	3	4	5
19	我对我自己的工作成绩感到非常满意	1	2	3	4	5
20	我的上级对我的工作成绩感到非常满意	1	2	3	4	5
21	我曾经考虑过要离开现在的工作单位	1	2	3	4	5
22	明年我可能会去找一个新工作	1	2	3	4	5
23	我非常希望能够离开现在的工作单位	1	2	3	4	5

您对新生代员工利益需求的认知，请列出：

问卷到此结束，再次感谢您的支持！

附件 5:

制度压力、企业员工社会责任与企业绩效调查问卷

尊敬的女士/先生:

您好!本问卷旨在从管理者角度了解企业履行员工社会责任情况。答题没有对错、好坏之分,请您根据企业实际情况及您个人的实际感受作答。本问卷不记姓名,所有资料仅用于学术研究的整体分析,不会对您自己和所在工作单位带来任何不良影响,且调查信息绝对保密。请放心填写!谢谢您的支持与帮助!

江苏理工学院课题组

说明:企业员工社会责任是指企业针对内部利益相关者——员工承担的社会责任,包括有竞争力的薪酬、有效的健康和安全保障、培训和晋升机会等。

一、您和所在企业的基本信息(请在相应的选项上打"√")

1. 您的性别: □男　　　　　□女

2. 您的文化程度: □初中及以下　　□高中及中专　　□大专
　　　　　　　　　□本科　　　　　□硕士及以上

3. 您的年龄为:

□25 岁以下　　　　□26~30 岁　　　　□31~35 岁

□36~40 岁　　　　□41~45 岁　　　　□46~50 岁

□51~55 岁　　　　□56~60 岁　　　　□60 岁以上

4. 您的职位: □基层主管 □中层干部 □高层管理人员 □其他(请注明)

5. 您所在的部门:

□技术或研发　　　□生产　　　　　　□市场或销售

□财务　　　　　　□人力资源　　　　□行政

□其他(请注明)

6. 您是否相信儒家学说或佛教或基督教?

□明确反对　　　　□不大相信　　　　□不相信也不反对

□有些相信　　　　□非常相信

7. 贵企业/公司的员工人数＿＿＿＿人，贵企业/公司的成立时间＿＿＿＿年。

8. 贵企业/公司的性质：

□国有（含国有控股）□集体　　　　　　　□股份制

□外资或合资　　　　□民营　　　　　　　□其他（请注明）

9. 贵企业/公司的规模：□微型　□小型　□中型　□大型　□特大型

10. 贵企业/公司是否家族企业？　　□是　　　　□否

11. 贵企业/公司是否上市公司？　　□是　　　　□否

12. 贵公司/企业正处于哪个发展阶段：

A. 刚刚创建，各种资源比较匮乏，目前求生存是我们的首选目标

B. 公司开始步入良性轨道，正进入一个快速发展时期，需要调整企业战略实现规模扩张

C. 公司的规模已达到相当程度，企业更加关注社会责任的承担和履践

D. 公司已经过了发展高峰期，目前非常不景气，难以适应社会发展，面临被淘汰的局面

13. 下列哪些选项符合贵企业/公司的实际情况？（可多选）

A. 本企业中设有中国共产党的党委会或党支部

B. 本企业聘请了退休的政府官员担任职务或顾问

C. 本企业的重要场合会请有关政府官员出席

D. 本企业从财务上支持和参与政府组织的各项活动

E. 本企业对政府政绩工程投资

F. 本企业获得了重要的政府合同

G. 上述各项都不符合，补充说明

14. 下列哪些选项符合贵企业/公司高管（老总或董事长、副总、部门经理）实际情况？（可多选）

A. 本企业高管是人大代表或政协委员

B. 本企业高管在政府部门/国有企业任职或曾经任职

C. 本企业高管是政府部门的咨询顾问

D. 本企业的高管在行业协会中任职

E. 本企业老总或董事长加入了中国共产党或民主党派

F. 本企业的高管与政府官员保持经常的私人联系

G. 上述各项都不符合，补充说明

二、请您根据自己的观点对下列陈述进行判断，并在相应数字上打"√"

		非常 不赞同	不赞同	不确定	赞同	非常 赞同
1	企业严格追求经济利益就是对社会的最大负责	1	2	3	4	5
2	承担社会责任可能使企业资源的使用偏离企业主要目标	1	2	3	4	5
3	企业社会影响力已经过大，承担社会责任会进一步扩张其影响力	1	2	3	4	5
4	承担社会责任会增加企业成本，削弱企业竞争力	1	2	3	4	5
5	社会对企业的期望只是追求效率和利润最大化	1	2	3	4	5
6	承担社会责任使管理者挪用和出卖了股东的财富	1	2	3	4	5
7	让企业从事盈利以外的社会活动会使社会变得更糟而不是更好	1	2	3	4	5
8	企业已经有很多事情要做，不应再承担社会责任	1	2	3	4	5

三、请您根据本企业感知的外部宏观环境，对下列陈述作出判断，并在相应数字上打"√"

		非常 不符合	不 符合	不 确定	符合	非常 符合
1	各级政府对违反社会责任的经营行为有严厉的惩罚措施	1	2	3	4	5
2	政府通过举报和严格执法等措施来保障市场主体的利益	1	2	3	4	5
3	各级政府通过各种形式宣传企业社会责任理念	1	2	3	4	5
4	国家对公众反映的违反社会责任行为有迅速反应	1	2	3	4	5

续表

		非常 不符合	不 符合	不 确定	符合	非常 符合
5	公司从行业或职业协会中了解企业社会责任理念	1	2	3	4	5
6	对社会负责的经营理念备受本地公众的推崇	1	2	3	4	5
7	公众对企业负责任地对待利益相关者的行为非常赞赏	1	2	3	4	5
8	公司领导、员工接受的社会责任教育对企业有很强的影响力	1	2	3	4	5
9	业内企业因其社会责任履行较好而扩大了它的知名度	1	2	3	4	5
10	公司密切关注同业在公共关系中的策略和举措	1	2	3	4	5
11	企业所在的行业组织制定了企业社会责任准则	1	2	3	4	5
12	社会责任建设做得好的同行在经营中的效益也好	1	2	3	4	5
13	公司商业伙伴逐渐加强了企业社会责任体系建设	1	2	3	4	5
14	本地或同业标杆企业社会责任情况对本企业有深刻影响	1	2	3	4	5

四、请您根据本企业的实际情况对下列陈述作出判断，在相应数字上打"√"

		非常 不符合	不符合	不确定	符合	非常 符合
1	本企业职务晋升机会均等，无歧视与不公平待遇	1	2	3	4	5
2	本企业内部沟通渠道畅通	1	2	3	4	5
3	本企业决策的透明度高	1	2	3	4	5
4	本企业员工适才而用，合理配置	1	2	3	4	5
5	本企业员工有投诉渠道，并能迅速得到反馈	1	2	3	4	5
6	本企业有合理公平的奖酬、惩罚机制	1	2	3	4	5
7	本企业劳务合同的诚信度高	1	2	3	4	5

		非常 不符合	不符合	不确定	符合	非常 符合
8	本企业管理者尊重员工、维护员工尊严	1	2	3	4	5
9	本企业工资、奖金的分配合理公平	1	2	3	4	5
10	本企业工作分工明确，权责分明	1	2	3	4	5
11	本企业工作环境与安全有保障，工作场所卫生设施完善	1	2	3	4	5
12	本企业保护女性及未成年工，或为残障人士提供工作岗位	1	2	3	4	5
13	本企业额外发放加班补贴，有假期薪水	1	2	3	4	5
14	本企业有人性化的休息制度，能够为员工安排弹性工作时间	1	2	3	4	5
15	本企业退休养老制度完善，作为该公司的员工有自豪感	1	2	3	4	5

五、请您根据本企业的实际情况对以下问题进行单一选择，并在相应数字上打"√"

1. 本企业在市场扩张方面：

A. 市场缩小　　　　B. 扩大极慢　　　　C. 扩大较慢

D. 扩大较快　　　　E. 扩大非常快

2. 本企业在盈利方面：

A. 亏损　　　　　　B. 盈利较少　　　　C. 中等水平

D. 盈利丰厚　　　　E. 盈利相当丰厚

3. 预计本企业的规模将：

A. 迅速减小　　　　B. 有所减小　　　　C. 保持不变

D. 有所扩大　　　　E. 迅速扩大

4. 本企业的竞争能力：

A. 非常弱　　　　　B. 较弱　　　　　　C. 中等

D. 较强　　　　　　E. 非常强

5. 本企业完成任务的能力：

A. 非常差   B. 较差   C. 一般

D. 较好   E. 非常好

6. 本企业实际离职的员工：

A. 非常多   B. 较多   C. 中等

D. 较少   E. 非常少

7. 本企业员工工作满意度：

A. 非常低   B. 较低   C. 中等

D. 较高   E. 非常高

8. 本企业员工的出勤率：

A. 非常低   B. 较低   C. 中等

D. 较高   E. 非常高

9. 本企业应聘人员的求职意愿：

A. 非常弱   B. 较弱   C. 中等

D. 较强   E. 非常强

问卷到此结束，再次感谢您的支持！

附件 6：

新生代员工工作价值观及工作行为访谈提纲

尊敬的先生/女士：

您好！

感谢您在百忙之中接受本次访谈，本访谈旨在了解新生代员工的价值观及员工行为情况。访谈获取的资料仅供学术研究使用，调查信息绝对保密，请您根据自己的真实情况填写及回答相关问题。谢谢您的支持与帮助！

江苏理工学院课题组

一、您和所在单位基本信息（请根据实际情况在相应选项上打"√"）

1. 您的性别：　　　□男　　　　　　□女

2. 您的年龄：　　　□26～36 岁　　□26 岁以下

3. 您的文化程度：□初中及以下　　□高中及中专　　□大专
　　　　　　　　　□本科　　　　　□硕士及以上

4. 您的职位：□基层主管　□中层干部　□高层管理人员　□其他

5. 您所在部门：□技术或研发　　□生产　　□市场或销售　　□财务
　　　　　　　　□人力资源　　　□行政　　□其他

6. 贵公司的性质：□国有（含国有控股）　　□集体　　□股份制
　　　　　　　　　□外资或合资　　　　　□民营　　□其他

7. 贵公司的员工人数_____人，贵公司成立时间_____年

8. 贵公司是否上市公司：□是　　　□否

二、请根据自己的实际情况回答以下问题

1. 请详细描述一下您最初选择这一职业的原因。

2. 请详细描述一下目前工作最大的特点以及自己的工作特点。

3. 在工作情境中，您及身边"80 后""90 后"同事比较重视什么？包含精神、物质方面。

4. 请您描述一下所在企业或部门组织氛围，自己的工作生活是否会受到影响，具体产生了哪些积极或消极影响？

5. 您及身边的"80后""90后"同事会主动向领导提出意见或建议吗，为什么？

6. 请举一些例子来详细描述一下周边"80后""90后"同事的违法或违反组织规章制度的行为。

7. 您认为您身边的"80后""90后"同事工作积极性高吗，责任感强吗，是否都会积极主动地完成各项任务，对加班持什么样的态度？

8. 您认为您的能力适应目前的工作吗，目前工作能充分发挥自己的专长吗，为什么？

9. 您认为目前的工作对您来说具备挑战性吗，工作中您感到快乐满足吗？

10. 您有过转岗或离职改行的想法吗，您会主动向身边的人推荐您的单位吗，为什么？

附件 7:

企业员工社会责任建设访谈提纲

尊敬的先生/女士:

您好!

感谢您在百忙之中接受本次访谈,本访谈旨在了解企业员工社会责任建设情况。访谈获取的资料仅供学术研究使用,调查信息绝对保密,请您根据自己的真实情况填写及回答相关问题。谢谢您的支持与帮助!

江苏理工学院课题组

一、请您介绍一下贵公司概况及业务经营情况

1. 企业的成立时间、资产状况、员工数量与结构(年龄结构、知识技术水平等)。

2. 近两年的企业销售额及企业发展状况评价。

3. 主营业务以及行业竞争格局和发展趋势。

4. 企业承担社会责任方面取得的成绩或荣誉。

二、请介绍一下贵公司企业员工社会责任建设情况 (即公司为了履行员工企业社会责任实际做了哪些工作)?

1. 贵公司企业社会责任 (CSR) 建设通常涉及哪些利益相关主体 (投资者、消费者、环境、员工、社会公众等)?对公司经营会有什么影响?公司如何披露 CSR?

2. 贵公司员工社会责任在整个社会责任体系中的地位如何?如何收集、了解、预测员工的需求?新生代员工的需求有何特殊之处?

3. 贵公司在员工社会责任方面的具体举措有哪些?公司近年来投入到员工 CSR 的财力、物力、人力和时间如何?与同行相比处于何种水平?

三、请介绍一下贵公司履行员工社会责任的驱动性因素 (即公司开展员工社会责任行动的主要原因)?

1. 是否认为企业外部的制度环境给公司带来了较大的压力,如果有,这些压力主要来自哪些,它的表现形式是什么?

2. 公司感受的制度压力近年来有没有显著变化？

四、企业承担员工社会责任的绩效（企业员工社会责任效应）

1. 企业承担员工社会责任会为企业带来哪些经济绩效？（盈利性、成长性、企业声誉等方面）

2. 企业承担员工社会责任会为会对新生代员工产生哪些影响？